VICTORY CITY

勝利之城

薩爾曼・魯西迪——著

閻紀宇——譯

SALMAN RUSHDIE

For Hanan

目次

PART 1
BIRTH

第一部：誕生

第一章

在她生命的最後一天，兩百四十七歲的盲詩人、奇蹟締造者與先知潘帕．坎帕納為毗斯納伽帝國（Bisnaga Empire）完成了一部篇幅巨大的敘事詩，以蠟封存在一只陶土罐中，埋進王城的正中心，向未來的世代送出訊息。四又二分之一世紀之後，我們發現那只陶土罐，也第一次讀到這部不朽之作《闍耶帕羅闍耶》（*Jayaparajaya*），標題的意思是「勝利與失敗」。全篇以梵文寫成，長度與《羅摩衍那》（*Ramayana*）相當，總計兩萬四千行，讓我們見識到她深藏超過十六萬個日子的帝國祕辛。我們只知道帝國廢墟還在，但我們對帝國歷史的記憶也有如廢墟，因為時間的流逝、記憶的斑駁、世人的作偽而毀壞。我們一邊讀潘帕．坎帕納的作品，一邊回收過往時光，毗斯納伽帝國以它真實的模樣重生：它的女戰士、它堆積如山的黃金、它豐沛的精神與滿懷惡意的年代、它的弱點與強項。我們頭一回聽到王國完整的歷史，開端與終點都是一顆焚燒中的斷裂頭顱。這本書寫的就是那段故事，由作者以淺白的語言重述；作者既不是學者，也不是詩人，只是一個說故事的人，寫作這本書只希望能夠娛樂今日的讀者，也許也會教化他們：年老與年少、受過良好教育與沒讀過什麼書、尋求智慧與取笑他人愚蠢、北方人與南方人、各種神祇的信徒與什麼神也不信的人、心胸寬闊與心胸狹窄、男性與女性與兩者之外或之間的性別、金枝玉葉與平常百姓、好人與壞人、外國人與騙子、謙卑的智者與自以為是的傻瓜。

毗斯納伽帝國的故事從西元第十四世紀開始，在今日印度、婆羅多、興都斯坦的南部上演。一切起於一位老國王人頭落地滾動，但與其說他是君王，不如說他是兩個偉大王國之間過渡的統治者。老國王名叫坎毗拉，統治一個小小的王國坎毗離，人稱「坎毗拉羅耶」；**羅耶**在當地就是**羅闍**或者國王的意思。這個二流的國王坐在他三流的王位上正好有足夠的時間，在潘帕河岸邊建造一座四流的要塞，裡面藏了一座五流的神廟，山丘岩壁上還刻了堂而皇之的銘文。然而之後北方大軍南下，坎毗拉羅耶首當其衝。那場戰役是一面倒，完全沒有重要性可言，以致於人們甚至懶得為它命名。北方大軍擊潰坎毗拉羅耶的部隊，殲滅一大部分，俘虜這名冒牌國王，砍掉他已經沒有王冠的頭顱，在頭顱裡面塞滿稻草，送回北方，讓德里蘇丹龍心大悅。那場戰役沒有名號是很平常的事，那顆頭顱也是如此。當時戰爭此起彼落，許多人認為沒有必要命名。砍下的頭顱也在我們偉大的土地上來來去去，取悅各個地方的王公貴族。在北方的都城，蘇丹收集了不少這種頭顱。

無關緊要的戰役過後，發生了一樁出人意料、改變歷史的事件。在那個潰敗的小小王國，女性——大部分都因為戰爭而淪為寡婦——先對五流的神廟做最後一次獻祭，然後離開四流的河岸要塞，搭乘小船渡過潘帕河，難以置信地克服河中亂流，來到河的南岸，向西方跋涉一段路程，燃起一座巨大的篝火，在大火中集體自殺。她們神態莊嚴，沒有發出任何怨言，而是相互道別，堅定走向篝火。當她們的肌膚開始燃燒，死亡的氣味開始瀰漫，沒有任何一聲慘叫。她們在沉默中燃燒，唯一的聲音是篝火劈啪作響。潘帕·坎帕納目擊整個過程，就如同宇宙向她送出一道訊息，說道：打開妳的耳朵，深深呼吸，好好學習。那年她九歲，含著淚水站著觀看，死命緊抓著母親的手，母親沒有流淚。她看著自己認識的每一位女性走進火中，來到熔爐的中心或坐或站或躺，火焰從她們的耳朵與嘴巴冒出：見識過人生百態的老婦人，人生才開始的年輕女性，怨恨作戰陣亡父親的女孩，以丈夫沒有為國捐軀為恥的妻子，歌聲美妙的女子，笑聲駭人的女子，骨瘦如柴的女子，肥胖如瓜的女子。她們向篝火前進，她們發出的死亡氣味讓潘帕作嘔。她驚恐莫名，看著母親羅陀·坎帕納輕輕放開她的手，非常緩慢但絕對堅定地加入篝火死亡的行列，甚至不曾與她道別。

潘帕·坎帕納與岸邊發生集體自焚的河流同名，終其一生，她總是聞到母親肌膚焚燒的氣味。火葬堆以檀香木構成，添加了大量的丁香、大蒜、小茴香籽與肉桂棒，就好像這些烈火焚身的女子是一道撒滿香料的佳肴，為德里蘇丹大獲全勝的將軍準備，要讓他們大快朵頤。然而這些香料——還加了薑黃、大豆蔻、小豆蔻——無法掩蓋那些女子被活活燒烤時獨特、強烈的人肉氣味，反而讓女子的氣味更加令人難以忍受。潘帕從此再也不吃肉，再也無法靠近任何一間正在處理食物的廚房。所有的菜肴都會喚起她對母親的記憶；如果遇到有人正在吃死去的動物，她會移開視線。

潘帕的父親很年輕就過世，遠早於那場無名的戰役，因此她的母親並不是新寡女子。阿周那・坎帕納死得如此之早，以致於潘帕並不記得他長什麼樣子。她對父親的全部所知都來自母親羅陀的講述，他是一位和善的人，一位備受坎毗離人民愛戴的陶土匠，而且鼓勵妻子學習陶土匠技藝，因此在他過世之後，羅陀接下他的生意，而且做得比丈夫還好。後來羅陀也教導潘帕如何操作陶輪，讓她小小年紀就能做出陶罐陶碗，並且學到重要的一課：沒有什麼工作是只有男人能做。潘帕曾經認定，她會一輩子和母親一起操作陶輪，一起製作美好的物品。但是這樣的夢想已經破滅，那天母親放開她的手，把她丟給她自己的命運。

很長一段時間，潘帕嘗試說服自己，母親只是生性合群，只是跟著群眾行動，因為她一直非常看重女性之間的情誼。潘帕告訴自己那道綿延的火牆其實是一道簾幕，走進去的女性們在幕後閒話家常，等一下就會走出火焰，毫髮無傷，也許有一點燒焦，散發著廚房的香氣，也許，但很快就會消散，然後潘帕會和母親一起回家。

直到她看到最後一片烤乾的血肉從母親的骨頭剝落，露出赤裸的頭蓋骨，她才理解自己的童年已經結束，從此她必須當一個大人，而且絕對不要犯下母親一生最後的錯誤。她會嘲笑死亡，轉而面對生命。她不會只為了跟隨死掉的男人進入來世而犧牲自己的身體。她拒絕英年早逝，她要活到不可置信、傲視世人的歲數。就在這個時刻，她受到天神賜福，之後一切改變；因為就在這個時刻，女神潘帕與時間本身一樣古老的聲音，開始從她九歲的嘴巴發出。

那是一種巨大的聲音，有如高懸瀑布墜入山谷的雷鳴隆隆、回音陣陣。它帶有一種她從未聽過的音樂性，一種後來被她命名為**善良**的旋律。她當然嚇壞了，但是也感到安心。這並不是魔鬼附身，聲音帶有美好與威嚴。羅陀．坎帕納曾經告訴女兒，萬神殿中兩位最尊貴的神祇在這裡展開求愛的過程，就在洶湧湍急的河流旁邊。也許這就是眾神的女王在死亡的時刻回歸，回歸到自身愛意誕生的地方。潘帕．坎帕納與潘帕河一樣，名字都是來自女神潘帕，「潘帕」則是當地人對雪山神女的稱呼。雪山神女的情人、法力強大的舞蹈之神濕婆在這裡以三眼化身向她示現；因此一切都說得通了。凡人潘帕變得平靜淡定，開始傾聽自己脫口而出的女神潘帕話語。她無法控制那些話語，就如同觀眾無法控制演員的獨白；她的先知與奇蹟締造者生涯也從此展開。

在身體上，她並不覺得出現什麼變化，也沒有什麼不舒服的副作用。她並不會顫抖，不覺得虛弱，不會起紅疹，不會冒冷汗。她不曾口吐白沫，不曾癲癇發作；那些都是人們以為會發生的現象，也確實曾經發生在別人身上。一股非常平靜的氛圍籠罩著她，就像一襲柔軟的斗篷，讓她相信這世界仍然是一個美好的地方，一切事物都會有美好的結果。

「從鮮血與火焰之中，」女神說道，「生命與力量將會誕生。就在這個地方，一座偉大的城市將會興起，它的帝國將延續超過兩個世紀，而妳，」女神直接對潘帕．坎帕納說話，給予小女孩一種獨特的經驗——與一個陌生的超自然實體對話，對方也是使用她的嘴巴，「妳將努力做到不再有女性以這種方式自焚，男性開始以新的方式看待女性，妳會活到正好能夠見證自己的成功與失敗；看過這一切，訴說它的故事；儘管妳在說完故事之後會立刻死亡，之後的四百五十年間，沒有人會記得妳。」潘帕．坎帕納因此學到一件事：神祇的恩賜永遠有如一把雙刃劍。

她開始走路，然而不知道自己要去什麼地方。如果她活在我們這個時代，她可能會說景觀就像月球的表面：坑坑疤疤的平原、泥土積聚的谷地、石頭成堆、空空蕩蕩、不見蓬勃發展只見悲傷空虛；但是她對月球的實地狀況一無所知。她一步一步走著，一直走到她開始看見奇蹟。她看見一條眼鏡蛇撐起頸部皮摺，幫一隻懷孕的母青蛙遮擋陽光。她看見一隻兔子轉身面對追捕牠的狗，咬了狗鼻子一口，把牠趕走。這些奇觀讓她感覺到，周遭有非常奇妙的事正在發生。這些靈視可能是天神顯現的徵兆，不久之後，她來到一座名叫曼達納的小小**僧院**。

僧院也可以稱之為**寺院**，為了避免困擾，我們簡單解釋為：僧侶的住所。後來隨著帝國的崛起，曼達納**僧院**也變得富麗堂皇，一路擴張到湍急河流的岸邊，成為一座龐然大物，僱用數千名僧侶、僕役、商販、工匠、管理員、象伕、馴猴人、馬廄工人、廣大稻田的工人。曼達納僧院後來被尊為一座聖地，帝王會來這裡尋求意見；然而在「開始」還沒有開始之前的早期時代，曼達納僧院還十分簡樸，只有一位苦行僧的洞窟和一座菜園。苦行僧當時很年輕，是一位二十五歲的學者，頭髮又長又捲，披散在背後垂到腰際，名叫毗德薩伽，意思是他碩大的腦袋裡有一座**知識的海洋**（vidya-sagara）。毗德薩伽看到小女孩走上前來，嘴巴透露著飢餓，眼神透露著瘋狂，他知道小女孩經歷了恐怖的遭遇，於是給她水喝，將自己稀少的食物與她分享。

之後的時日，他們自然而然一起生活，至少這是毗德薩伽的說法；他們睡在洞窟地板的相對角落，相處和諧；一部分原因在於苦行僧發誓禁絕肉欲，因此當潘帕．坎帕納發育長成一位美女，他從來不曾染指她；儘管洞窟空間不大，兩人在黑暗中獨自相處。終其餘生每當有人問起，毗德薩伽都是如此回答；而且還真的有人問起，因為這世界是一個悲觀負面、充滿懷疑、騙徒橫行的地方，認定每一件事都是謊言。毗德薩伽的說法也正是一則謊言。

潘帕．坎帕納被人問起時從不回答。她從小就培養出一種能力，將人生帶來的邪惡排除在意識之外。當時她還不明白、還無法駕馭內在的女神力量，因此當那個理應禁欲的學者越過兩人之間無形的界線、對她為所欲為時，她無法保護自己。他並不常這麼做，因為學術研究往往讓他疲憊，沒有多少精力解決自己的性欲。但他做得次數也夠多了，每當他做過之後，她就用意志力將他做的事從記憶中抹除。她也抹除了關於母親的記憶，母親的自我犧牲讓女兒淪為苦行僧欲望祭壇上的犧牲品。很長一段時間，她嘗試告訴自己，洞窟裡發生的事都是幻覺，而且她從未有過母親。

以這種方式，她能夠默默接受自己的命運。然而，一股憤怒的力量開始在她心裡滋長，「未來」將從這股力量之中誕生。就等時間，適當的時間。

接下來的九年時間，她一句話都不曾說；這意謂毗德薩伽儘管博學多聞，但是無法得知她的名字。他決定叫她恆伽提毗（Gangadevi），她悶聲不吭接受，幫助他採摘莓果根莖充當食物，打掃兩人簡陋的居所，從井裡打水。她的靜默對他而言再完美不過，因為他大部分的時間都沉浸在冥想之中，從默記的經文思考意義，試圖回答兩個重大的問題：智慧是否存在，抑或世間只有愚昧？真正的知識是否存在，抑或世間只有各式各樣的無知，真正的知識（他的名字由來）專屬於天上眾神？此外，他也思考和平，探索如何在一個暴力的年代讓非暴力得到勝利。

男人就是這副德性，潘帕．坎帕納心想。男人會構思和平的理念，但是對待睡在自家洞窟中一個無助的女孩，他的所作所為與理念是兩回事。

小女孩成長為年輕女子，儘管一句話不說，但她寫下很多東西，字跡龍飛鳳舞，讓原本以為她是文盲的智者大感驚訝。等到她開始說話，她承認她也不知道自己能寫，並將自己的識字奇蹟歸功於女神伸出援手。她幾乎每天都在寫，讓毗德薩伽唸出她的手稿。因此在那九年之間，那位訝異的智者成為她詩歌才華綻放的第一個見證者。也就是在那段期間，她寫成《勝利與失敗》的〈序曲〉。《勝利與失敗》的重心是毗斯納伽帝國從建立到滅亡的歷史，但當時歷史尚未發生。〈序曲〉上溯古代，訴說猴王國的故事；遙遠的寓言時代，猴王國曾在這個地區蓬勃發展。〈序曲〉也生動描述了猴王哈奴曼的生平事蹟，他強壯如大山，一躍過海洋。學者與一般讀者普遍認為，潘帕．坎帕納的詩筆能夠比擬《羅摩衍那》的文字，甚至更上層樓。

九年期間結束之後，桑伽馬兩兄弟登門拜訪：哥哥身材高大，頭髮灰白，相貌英俊，總是靜靜站立，深深凝視著你的眼睛，彷彿可以讀透你的心思；比他小好幾歲的弟弟身材圓胖，總是跟在哥哥與其他人前前後後，活像一隻蜜蜂。他們是來自山城古提的牧牛人，投入當時的新興產業——戰爭。他們加入一位地方貴族的軍隊，但是還不擅長殺戮，結果被德里蘇丹的部隊俘虜，帶往北方。他們假裝皈依俘虜者的宗教，因此保全性命，而且不久之後就逃回南方，像丟掉一件不值錢的披肩一樣丟掉半路接受的信仰，而且及時躲過這種宗教要求進行的割禮，反正他們根本不是真心信奉。他們表示自己是在地人，聽說了智者毗德薩伽的智慧，而且說實話，也聽說了那位與他同住的啞女如何美麗，因此他們專程前來想要尋求一些明智的建議。

他們並沒有空手上門。兩兄弟帶了幾籃新鮮水果、一袋堅果、一罈自家最好母牛的牛奶，還有一袋後來改變他們人生的種子。他們報上姓名，胡卡．桑伽馬與布卡．桑伽馬——胡卡是英俊的哥哥，布卡是有如蜜蜂的弟弟。兩兄弟從北方逃回來之後，要尋求人生的新方向。他們經歷了軍旅生涯，不想再回去牧牛；他們說現在自己的視野更廣，野心更大，因此非常需要任何形式的引導，浩瀚知識海洋的任何一絲漣漪，發自智者智慧深淵的任何一聲呢喃，都有可能為他們指出一條道路。「我們知道您是一位偉大的和平使徒，」胡卡．桑伽馬說道，「我們最近經歷過一些事，不想再打打殺殺。請告訴我們，非暴力可以結出什麼樣的果實。」

讓大家訝異的是，出面回答的人並不是苦行僧本人，而是他十八歲的同伴。她的聲音有如閒話家常，堅定而低沉，完全聽不出她九年不曾說話。兩兄弟立刻被她的聲音深深吸引，「假設你們有一袋種子，」她說，「假設你們可以播種下去，長出一座城市，也長出城裡的居民，居民就好比植物，在春天萌芽開花，在秋天枯萎凋亡。假設那些種子可以長出世世代代的人們，催生出一段歷史、一種新的現實、一座帝國。假設它們可以讓你們成為國王，而且子子孫孫長保王位。」

「聽起來很不錯，」年輕、比哥哥更敢表達意見的布卡說道，「但問題是我們要上哪兒找尋這樣的種子？我們只是兩個牧牛人，但我們不會輕易相信童話故事。」

「你們的姓氏桑伽馬就是一個徵兆，」她說，「**桑伽**是河流匯合的地方，就像通加河與巴德拉河匯流成潘帕河；這兩條河又是由毗濕奴頭部兩側的汗水流瀉而成，因此桑伽也意謂不同的部分匯合成為新的整體。這是你們的命運。去到那些女人犧牲的地方，我母親死亡的聖地，同時也正是遠古時代羅摩與弟弟羅什曼和猴王國強大的哈奴曼聯手擊敗楞伽多頭魔王羅波那的地方，羅波那劫持了羅摩的妻子悉多。你們兩兄弟正如同羅摩與羅什曼兩兄弟，你們要在那個地方建立你們的城市。」

這時智者開口：「牧牛人，這樣的出身不算太差，哥康達蘇丹國就是由牧羊人建立的，事實上，它的國名意思就是『牧羊人的山丘』。只不過那些牧羊人運氣好極了，發現山丘蘊藏大量鑽石；如今他們都成了鑽石大亨，擁有二十三礦場，是全世界最重要的粉紅鑽石發掘者；大台面鑽石也在他們手中，藏在一座山頂要塞最深的地窖之中，那是一座世上最難攻陷的城堡，比久德浦的梅蘭加爾城堡還難，也比這條路上的優曇耶耆利城堡還難。」

「你們帶來的種子比鑽石更有價值。」年輕女子說道，將袋子交還給兩兄弟。

「什麼，這些種子？」布卡非常驚訝，「但這些只是幾樣普通的種子，我們當作禮物送給你們的菜園種植，有秋葵、豆子與蛇瓜，都混在一起。」

女預言家搖搖頭，說道：「不再普通了。現在它們是未來的種子，將會長出你們的城市。」

兩兄弟當下明白，兩人都真心、深深、永遠愛上這位奇特的美女，她顯然是一位偉大的巫師，或者至少是曾經被神祇碰觸、賜予超凡的能力。「人們說毗德薩伽幫妳取名恆伽提毗，」胡卡說道，「但妳的真名是什麼？我很想知道，我希望能以妳父母取的名字記得妳。」

「去吧，去建立你們的城市，」她說，「當那座城市從岩石與塵埃中興起，再回來問我的名字，也許到時候我會告訴你們。」

第二章

桑伽馬兄弟來到女子指定的地方播撒種子，心中充滿困惑，只帶著些微的希望，爬上一座大石頭堆成的小山丘，身穿的農作服被帶刺樹叢割破；爬到最高處，時間已是傍晚，兄弟倆坐下來等候、觀察。等不到一個小時，他們看到空氣開始閃閃發亮，那是一年最熱的日子、最熱的時刻常見的景象。緊接著，一座奇蹟城市開始在他們驚訝的目光中生長，市中心的大型石造建築從岩石地表竄起，宏偉的王宮與第一座大神廟也跟著出現。（大神廟後來一直被稱為「地下神廟」，因為它是從地表下方升起；也有人稱之為「猴神廟」，因為從它出現的那一刻開始，就吸引大批長尾灰猴或者哈奴曼葉猴湧入，在神廟中交談、敲鐘；稱為「猴神廟」還有另一個原因：一座巨大的猴王哈奴曼雕像隨著神廟出現，矗立在大門旁邊）。所有這一切都有如舊日的榮光再現，俯瞰漫長市集街道遠端的王宮與王城。平常百姓用泥巴、木材、牛糞搭建的房舍也在城市的周邊出現。

（關於猴子。猴子將在潘帕．坎帕納的敘事中扮演重要角色。在她早期的詩作中，猴王哈奴曼強大、美好的身影籠罩著紙頁；他的力量與勇氣也成為毗斯納伽帝國的特質，後者是他神祕的猴王國在現實世界的後繼者。不過在稍後的篇章中，我們會遭遇來者不善的猴子。我們不必過度期待，只需指出猴子主題在潘帕作品中的雙重、二元特質。）

在誕生的最初時刻，城市還沒有完全活過來。它從荒瘠岩石山丘的陰影中向外擴展，看起來就像一座燦爛輝煌但居民逃散一空的國際都會。富人的別墅不見人影，石造的地基上方是優雅、柱式的磚造與木造建築。搭著頂篷的市集攤位仍然空著，等候花匠、肉販、裁縫、酒商與牙醫進駐。來到紅燈區，有妓院但沒有妓女。河水從城市邊流過，河岸未來會有男男女女洗濯衣物，此時似乎仍在期待一些行動、一些動作，來為這個地方賦予意義。王城之中有一座龐大的象園，十一道拱門正在等候大象與糞堆的光臨。

接著生命出現。數百名——不，數千名——男男女女從褐色的土地誕生，一出土就是成年人。他們抖掉衣服上的泥土，在夜晚的微風中湧上街頭。流浪狗與瘦骨嶙峋的牛隻在街道上穿梭。樹木長出花朵與葉片，天空出現大批鸚鵡，還有烏鴉。人們在河岸邊洗滌衣服，王室象群在象園嘶吼，武裝侍衛——是女性！——駐守王城大門。城市的外圍一座軍營映入眼簾，營區占地廣大，駐紮著一支精銳部隊，由數千名新誕生的人類組成，配備鏗鏘作響的盔甲與武器，還有成排的大象、戰馬與攻城器械——衝車、投石機等等。

「原來身為神明就是這種感覺，」布卡．桑伽馬對哥哥說道，聲音顫抖，「這是進行創造，只有神明才能做到。」

「現在我們必須成為神明，」胡卡說道，「確保人民崇拜我們。」他抬頭看著天空，「你看上面，」他邊指邊說，「那是我們的父親，月亮。」

「不，」布卡搖搖頭，「我們永遠做不到。」

「偉大的月神是我們的祖先，」胡卡開始編造故事，「祂生了一個兒子，名叫部陀。幾個世代之後，家族傳到神話年代的月亮王，洪呼王是他的名字，他有兩個兒子雅度與杜爾婆藪。有人主張洪呼王生了五個兒子，但我認為兩個就已足夠。我們是雅度的孫輩，屬於顯耀的月神譜系，就如同《摩訶婆羅多》（*Mahabharata*）中的偉大戰士阿周那，甚至如同克里希納。」

「我們家也有五個人，」布卡說道，「桑伽馬家的五個人就像月亮王的五個兒子——胡卡、布卡、普卡、楚卡與戴夫。」

「也許是如此，」胡卡說道，「但我認為兩個就已足夠。我們其他的兄弟不是品行高尚的人，他們名聲欠佳，他們一文不值。但是沒錯，我們必須想個辦法處理他們。」

「我們下山去吧，去看一看那座王宮。」布卡提議，「我希望那裡有很多的僕人和廚子，不要只是一堆空蕩蕩的房間。我希望那裡有柔軟如雲朵的床鋪，或許還有一個**女眷區**，眾多美到不可思議的現成妻子。我們應該好好慶祝，對吧？我們不再是牧牛人了。」

「但是牛隻對我們還是很重要。」胡卡提議。

「你只是在打比方吧，」布卡問道，「我可不想再去擠牛奶。」

「沒錯，」胡卡．桑伽馬回答，「當然是打比方。」

兄弟倆沉默了半晌，對自己造就的事物驚歎不已。「如果無中生有可以做到這種程度，」布卡終於打破沉默，「也許這世上沒有什麼事不可能發生，我們真的可以成為偉大的人物。不過我們也必須擁有偉大的思想，只是我們沒有思想的種子。」

胡卡想著另一回事：「如果我們可以種植人類像種植樹薯一樣，那麼我們在戰場上損失再多的部隊也無所謂，因為兵力供應會源源不絕；如此一來，我們將能夠征服全世界。眼前這幾千人只是開端，我們將種出幾十萬人民，甚至種出一百萬人，還有一百萬部隊。種子還剩下很多，我們才用了差不多半袋。」

布卡想到潘帕．坎帕納，「她談了很多關於和平的事，但是她如果真心想要和平，為什麼會讓我們種出一支軍隊？」他滿腹狐疑，「她要的是和平還是復仇？我是指為她母親的死去復仇。」

「這問題由我們決定，」胡卡告訴弟弟，「一支軍隊可以發動戰爭，也可以維持和平。」

「我也在思考另一個問題，」布卡說道，「底下這些人，我們的新人民——我是指男人，你認為他們有受過割禮嗎？」

胡卡也陷入思考，「你要怎麼做？」他反問，「難道你要下去叫他們解開籠吉、脫下睡褲、打開紗籠？你覺得第一次見面就這樣做好嗎？」

「事實上，」布卡回答，「我並不在乎，可能兩者皆有，無所謂。」

「正是如此，」胡卡說道，「無所謂。」

「只要你不在乎，我就不在乎。」布卡說。

「我不在乎。」胡卡回答。

「那麼就無所謂了。」布卡再一次說道。

兄弟倆再一次陷入沉默，俯瞰這場奇蹟，試圖接受它的不可思議、它的美好、它的結果。「我們應該下去做一番自我介紹，」布卡打破沉默，「人們必須知道是誰當家做主。」

「不急，」胡卡回答，「我想我們現在有一點狂亂，因為我們正處在一場巨大的狂亂之中。我們需要一點時間來體會這一切，恢復自己的理智。第二件事……」胡卡欲言又止。

「怎麼樣？」布卡追問，「第二件事是什麼？」

「第二件事，」胡卡慢條斯里，「我們必須決定我和你誰先當國王，誰排第二順位。」

「這個嗎，」布卡的語氣帶著期盼，「兄弟中我最聰明。」

「那倒未必，」胡卡說道，「但是我最年長。」

「我人緣最好。」

「那也未必。我要再說一次，我最年長。」

「沒錯，你最年長，但我最有活力。」

「有活力和王者風範是兩回事，」胡卡說道，「我還是最年長。」

「你好像把年長當成某種戒律，」布卡抗議，「老大優先，這是哪裡來的規定？寫在什麼地方？」

胡卡一隻手移向自己的劍鞘，「寫在這裡。」他說。

一隻鳥飛過太陽，地球深呼吸一口氣，諸神如果真的存在，也會停下手中的事情，關注此時此刻。

布卡退讓，「好吧，好吧，」他舉起雙手，表示認輸，「你是我哥哥，我愛你，你先當國王。」

「謝謝你，」胡卡說道，「我也愛你。」

「但是，」布卡補充說明，「下一件事由我決定。」

「同意。」胡卡·桑伽馬回答，如今他已是胡卡王、胡卡羅耶一世，「你可以先挑選王宮的房間。」

「還要先挑選妃嬪。」布卡堅持。

「好吧，好吧，」胡卡羅耶一世很不高興地揮揮手，「讓你先選妃嬪。」

兩人又安靜了一會兒，布卡提出一個重大的想法，「人類是什麼？」他問道，「我的意思是，讓我們成為人類的要素是什麼？如果我們回溯得夠遠，會不會發現我們的起源都是種子？祖先都是植物？或者我們都是來自魚類，學會在空氣中呼吸的魚？或者也許我們本來是牛，後來失去牛的乳房和兩條腿。不知為何，我覺得植物的可能性最讓人不安，我可不希望發現自己的曾祖父是一棵茄子或一片豌豆。」

「然而我們的子民正是從種子誕生，」胡卡邊說邊搖頭，「如此看來植物的可能性最大。」

「植物的狀況比較簡單，」布卡思索，「你會扎根，所以你知道自己身在什麼地方；你會生長，你會盡到繁殖的責任，然後被吃掉。但是我們沒有根，不想被吃掉，所以我們該怎麼生活？人類該怎麼生活？良好的生活和不好的生活是什麼樣子？我們剛製造出來成千上萬的人，他們是誰？有什麼特質？」

「關於起源的問題，」胡卡嚴肅地說，「我們必須留給神明。我們必須回答的問題是這個：我們發現自己置身此時此地，他們——我們的種子人類就在下方，接下來我們要如何過日子？」

「如果我們是哲學家，」布卡說道，「我們就可以用哲學回答這類問題，但我們只是兩個貧窮的牧牛人、失敗的軍人，突然間爬升到高位，所以我們最好直接下去，實地尋找答案，看看情況會如何發展。一支軍隊是一個問題，這個問題的答案是戰鬥。一頭牛也是問題，這個問題的答案是幫牠擠奶。現在下方有一座城市，我們從來不曾面對這麼大的問題。對於城市的問題，答案或許就是生活在其中。」

「還有，」胡卡說道，「我們要趕在其他兄弟來到之前行動，他們會試圖占我們的便宜。」

儘管如此，兩兄弟像是陷入恍惚狀態，待在山丘上動也不動，看著下方的新人類在新城市的街道上行動，不時搖搖頭表示不可置信。他們似乎害怕走下山丘、走入街道；害怕整個過程只是某種幻覺；害怕自己一旦進城，騙局會被揭穿，幻覺煙消雲散，兩人回到過去的一無所有。也許正因為兩兄弟太過震驚，他們並沒有察覺新街道與更遠處軍營的人們，行為方式也相當奇特，彷彿他們也因為無法理解自身的突然存在而有一點精神失常。人們從子虛烏有中誕生，但是無法面對這樣的現實。咆哮聲、哭泣聲此起彼落，有些人在地上打滾，雙腳雙拳空中亂踢亂揮，彷彿在說：**我在什麼地方，讓我離開這裡**。來到果菜市場，人們用農產品相互投擲，無法分辨他們是在玩耍還是表達無法言喻的憤怒。事實上，他們似乎無法表達自己到底需要什麼，食物，住所，能夠為他們解釋這個世界、並且讓他們感到安全的人，能夠以溫柔話語為他們帶來快樂幻象、以為自己能理解不可能理解事物的人。軍營裡的新人類配備武器，打鬥起來更加危險，已經有人掛彩。

太陽沉向地平線，胡卡與布卡終於走下多岩石的山丘。他們一路上密集遇到許多謎樣的巨石，被黑夜暗影逐漸覆蓋；他們覺得那些岩石長出人類的臉，以空洞的雙眼仔細打量他們，有如在質問：**什麼，這兩個其貌不揚的人竟然讓一整座城市活起來？**胡卡擺出王者的氣派，就像一個小男孩睡醒在床邊發現爸媽買給他的生日禮物新衣服，趕忙試穿；他選擇不理會岩石的凝視，但布卡害怕起來，因為這些岩石似乎不太友善，而且隨時可以天崩地裂永遠埋葬兩兄弟，讓他們根本沒有機會踏入光明的未來。除了河岸一帶之外，新城市的周遭都是像這樣的岩石山丘，現在山上的巨石似乎成為碩大的頭顱，皺著眉的臉龐滿懷敵意，嘴巴欲言又止。兩兄弟一句話不說，但布卡記下這個時刻，「我們被敵人包圍，」他告訴自己，「如果我們不盡快採取行動保衛自己，這些巨石會雷霆萬鈞把我們壓個粉碎。」他大聲對自己的國王哥哥說：「你知道什麼是這座城市尚未擁有、但是必須盡快擁有的嗎？城牆，又高又厚的城牆，足以抵擋任何攻擊。」

胡卡點頭表示同意，「建城牆。」他說。

兩兄弟進入城市，夜幕低垂，他們發現自己來到時間的開端，而且一如所有新宇宙的起步，處於混亂之中。他們催生的新人類有許多已經入睡，睡在街道上、王宮的台階上、神廟的陰影中，到處都是。空氣中飄散著惡臭，因為成百上千的人弄髒了衣褲。還沒有入睡的人有如夢遊者，空洞的人張開空洞的眼睛，像機器人一樣走過街道；有些人跟水果攤買水果，卻不知道自己往籃子裡裝了什麼；有些人賣水果，卻不知道這些水果的名字。有些人來到賣宗教用品的攤子，買賣粉紅色與白色相間、虹膜是黑色的搪瓷眼睛。這些眼睛和其他小飾品用於神廟的日常獻祭，但是買賣的人們並不知道哪些祭品適用哪些神祇與個中緣由。黑夜已經來臨，然而就算身處黑暗之中，夢遊者還是繼續買東西、賣東西，漫遊在混亂的街道上；他們呆滯的存在要比惡臭的入睡者更讓人擔憂。

新國王胡卡對子民的情況非常失望，「看來那個女巫給我們一個次等人類的王國。」他大喊，「這些人和牛一樣無腦，甚至沒有乳房可以讓我們擠奶。」

布卡是兩兄弟中比較有想像力的一個，伸手搭在胡卡的肩膀上安慰哥哥，「冷靜一點，」他說，「就連人類的嬰兒也需要一段時間才能夠離開母親的身體、開始呼吸空氣。他們一開始的時候也不知道該做些什麼，於是他們哭泣、發笑、撒尿、拉屎，一切事情都要父母親照顧。我認為現在的狀況是，我們的城市還處在出生的過程中，包括成年人在內的所有人都還是嬰兒，我們必須期望他們快快長大，因為我們可沒有母親來照顧他們。」

「如果你是對的，我們對這些還在出生的人們該怎麼辦？」胡卡想要知道。

「我們等待，」布卡告訴哥哥，他也拿不出更好的想法，「這是你當上國王之後的第一課：耐心。我們必須讓新市民——我們的新子民——能夠變得真實，充分成長為他們新創造出來的自我。他們知道自己的名字嗎？他們以為自己是哪裡來的？這是大問題。也許他們很快就會改變。也許到了明天早晨，他們會成為男人與女人，然後我們可以討論各種事情。在那之前，我們無能為力。」

天空迸現一輪滿月，就像天使下凡，讓這個新世界沐浴在牛奶般的光輝之中。在這個月光美好的晚上，在開始的開始，桑伽馬兄弟瞭解到，創造的行動只是許多必要行動的第一樁，就連種子的神奇魔力也無法提供必要的一切。他們已經精疲力竭，被他們經歷的每一件事情消耗，因此他們直接走向王宮。

王宮似乎適用另一套規則。兄弟倆走向第一座庭院的拱門，看到全體僕役像雕像一樣站在他們面前；掌馬官與馬伕站在馬匹旁邊，人與馬都紋風不動；樂師在舞台上靠向無聲的樂器；僕人與助理盛裝打扮，符合服侍國王的標準——有帽徽的頭巾、錦緞外套、腳尖捲起的鞋子、項鏈與戒指。胡卡與布卡才剛通過拱門，整個景象活絡起來，生機蓬勃。侍臣趕上前來護駕，他們不是城裡街道上的巨嬰，而是發育成熟的男性與女性，口齒清晰，知識豐富，而且完全能夠擔負職責。一名男僕走向胡卡，捧著一頂放在紅色天鵝絨上的王冠。胡卡龍心大悅，將王冠戴在頭上，發現尺寸正好適合。他接受王宮人員的服侍，彷彿這是他的權利與應有待遇，但是走在他身後一兩步的布卡有別的想法。他心想，**看來神奇種子對統治者與被統治者似乎有兩套規則**。**但是被統治者如果繼續不受控制，要統治他們可不是容易的事**。

王宮裡有眾多的寢宮，因此誰睡哪一間的問題很快就解決。寢宮侍臣為兩兄弟送上睡袍，向他們展示衣櫃，裡面掛滿符合兩人身分地位的王室服飾。但他們太過疲累，無力好好欣賞自己的新家，也無力對妃嬪產生興趣，兩人很快就沉沉睡去。

第二天早上，狀況有了變化。「今天城市的情形如何？」胡卡詢問走進寢宮、拉起窗簾的侍臣，「非常完美，一如以往，陛下。」對方回答，「城市在陛下的統治下欣欣向榮，今天和每一天都是如此。」

胡卡與布卡吩咐準備馬匹，兩人騎出王宮，想親眼看看城市的狀況。他們非常驚訝地發現，這是一座蓬勃發展的大都會，成年的市民熙熙攘攘，行為也有成年人的樣子；兒童跑來跑去，也正是兒童該有的樣子。人們彷彿已在這座城市居住多年；成年市民彷彿是在這裡度過童年，長大成人，結婚並生兒育女，彷彿擁有記憶與歷史，形成一個源遠流長的社會，一座愛與死亡、淚水與歡笑、忠誠與背叛的城市，還蘊含了人類本性其他各式各樣的成分，這些成分融合成為生命的意義；這一切都是由神奇的種子從子虛烏有中帶來。城市的聲音——街頭小販、馬蹄達達、車輛哐啷作響、歌聲與吵架聲——無所不在。來到軍營，一支部隊整裝待發，就等領導人發號施令。

「這一切是如何發生的？」胡卡問弟弟，驚歎不已。

「答案就在那裡。」布卡回答，指著前方。

一名女子穿過人群，走向他們，她身披苦行僧簡樸的番紅花色裹布，手持一根木杖，她是讓兩兄弟陷入情網的潘帕．坎帕納。她雙眼冒出的熊熊火焰，要再過兩百多年才會熄滅。

「我們建造了這座城市，」胡卡告訴她，「妳說過一旦我們完成，我們就可以問妳的真名。」

於是潘帕．坎帕納說出自己的名字，同時祝賀兩兄弟，「你們做得很好。」她說，「這些人們只需要有人對著他們的耳朵，悄悄將夢想傳送進去。」

「人們需要一位母親，」布卡說道，「現在他們有了，一切都上軌道了。」

「城市需要一位王后，」胡卡羅耶一世說道，「潘帕很適合當王后的名字。」

「我不能當一座無名城市的王后，」潘帕．坎帕納說道，「你們的城市要怎麼稱呼？」

「我要將它命名為『潘帕納伽』，」胡卡說道，「因為建造它的人是妳，不是我們。」

「那樣稱呼太虛榮了，」潘帕．坎帕納說道，「選別的名字。」

「那麼就叫『毗德納伽』，」胡卡說道，「向偉大的智者致意。」

「毗德薩伽也不會接受，」潘帕．坎帕納說道，「我代替他婉拒。」

「那麼我就不知道了，」「也許叫它毗奢耶（Vijaya）。」

「那是勝利的意思，」潘帕·坎帕納說道，「的確，這座城市是一場勝利。但是我不知道這樣自吹自擂是否明智。」

城市名稱的問題懸而未決，直到一個說話結結巴巴的外國人來到城裡。

第三章

那位葡萄牙訪客在復活主日（復活節）當天抵達，他的名字也是「主日」的意思：多明哥·努涅斯。他像日間陽光一樣英俊，眼睛像黎明時分的草地一樣碧綠，頭髮像落日一樣火紅；他的語言困難反而讓新城市的人民更加著迷，因為如此一來他不會流露白種人與深膚色人種打交道時的傲慢。他做馬匹生意，但生意只是表面工夫，他真正的熱愛是旅遊。他已經將這世界從開端看到盡頭、從上揚到下墜、從給予到奪取、從贏得到喪失。他的心得就是：無論走到哪裡，這世界是一個幻象，而且這是美好的事。他曾陷身洪水與大火，間不容髮逃生。他看過沙漠、採石場、岩石、峰頂直觸天際的山嶺；至少他是這樣說的。他曾經被賣為奴隸，後來贖身成功，繼續踏上旅途，向任何願意聆聽的人訴說自己的旅行故事。這些故事一點也不單調平凡，不是關於這世界的日常記事，而是關於這世界的奇蹟，強調人類的生活絕不庸庸碌碌、而是非凡絕倫。當他抵達這座新城市，他立即明白它是人世最偉大的奇蹟之一，能夠與埃及金字塔、巴比倫空中花園、羅德島太陽神巨像等奇觀相提並論。因此他將從果阿港帶來的馬匹賣給軍營的馬伕長之後，立刻前往金色的城牆參觀，眼前景象讓他不敢置信，後來寫入他的旅行日誌，部分內容也被潘帕·坎帕納的書引述。他看到城牆從土地中升起，一個小時又一個小時愈來愈高；表面平整的石塊莫名其妙出現，一塊接一塊，一層疊一層，整整齊齊排列，唯一的可能就是一位魔法師來到附近，揮舞強而有力的魔杖，變出城市的防禦工事。

「外國人！過來！」多明哥·努涅斯學過一點當地語言，知道對方是在跟他說話；對方態度傲慢，不怎麼在乎是否禮貌。城市與軍營之間矗立著一座甕城，他看著兩座望樓不斷向天際升高，城門陰影中，一名矮小的男子從一頂華麗的轎子探出頭來，喊道：「你！外國人！過來！」

多明哥·努涅斯心想，這個人可能是一個粗魯的小丑，也可能是一位貴族，或者兼具兩種身分。他決定打安全牌，以禮貌回應粗魯。「很榮幸為您服……服……服務。」他邊說邊深深鞠躬，讓王儲布卡印象深刻。布卡還不太習慣當一個會讓陌生人深深鞠躬的人。

「你是那個馬販子嗎？」布卡問道，稍稍客氣了一點，「有人告訴我，城裡來了一個講話不清不楚的馬販子。」

多明哥·努涅斯的回答耐人尋味，「我靠馬……馬……馬匹賺錢，但其……其實我的任……任務是旅行世……世……界並講述故事，好讓人們知……知……知道世界的樣子。」

「我不知道你是如何講故事，」布卡說道，「你連好好講一句話都有困難。但這很有趣，過來坐在我旁邊，我的國王哥哥和我會想聽你的故事。」

「在那之前，」多明哥．努涅斯大著膽子回答，「我必……必……必須先知道這堵神奇城……城……城牆的祕密，它是我見過最大的奇……奇蹟。是哪個魔法師做……做……做出來的？我想跟他握……握……握個手。」

「進來吧，」布卡挪動身體，在轎子裡空出一個位子給外國人。抬轎子的人負擔更重，努力掩飾自己的感受。「我會介紹你認識她，城市的耳語者、種子的賜予者。你應該讓她的故事廣為人知。你還會瞭解到，她也是一個說故事的人。」

這是一個小房間，和王宮裡其他房間都不一樣，完全沒有裝飾，刷白的牆面空無一物，唯一的物品是一個木質底座。房間高處有一扇小窗，讓一線陽光以陡峭的角度落在下方年輕女子身上，就像一束天使的恩典降臨。在如此簡約的環境中，被一道驚人的光線如雷電般擊中，雙腿交叉，雙眼閉上，雙臂展開放置膝蓋，雙手拇指與食指指尖連結，雙唇微微張開，這就是她：潘帕．坎帕納，失落在創造行動的狂喜之中。當多明哥．努涅斯被布卡．桑伽馬帶進來，她一句話也沒說，但他感受到她的呢喃話語滔滔不絕溢出，從她微張的嘴唇流瀉到下巴與脖子，沿著她的臂膀流到地板，離開她就像一條河流離開源頭、前往世界。她的呢喃是如此柔和，大音希聲；一時間，多明哥．努涅斯告訴自己，這些只是他的想像，他對自己引述某種魔法的故事，試圖理解自己看到的不可思議。

布卡．桑伽馬在他耳邊說道：「你聽到了，是嗎？」

多明哥．努涅斯點點頭。

「她一天有二十個小時保持這樣，」布卡說道，「然後她會睜開眼睛，吃一點東西，喝一點東西。然後她會閉上眼睛，躺下來休息三個小時。然後她會坐起來，重新開始。」

「但是她到……到……到底是在做什……什……什麼事？」多明哥．努涅斯問道。

「你可以問她。」布卡溫和地說，「接下來這段時間，她會張開眼睛。」

潘帕．坎帕納睜開眼睛，看到一個年輕的美男子凝視著她，臉上洋溢著愛慕之情。就在這個時刻，關於她是否要嫁給胡卡羅耶一世、也許還要嫁給布卡王儲（取決於兩兄弟誰活得比較久）的問題，發展出新的複雜狀況。他不必提出任何問題，「好的，」她直接回答他沒有說出口的問題，「我會告訴你一切的一切。」

她終於打開一道上鎖的門，打開一個收藏她關於母親和童年早期記憶的房間，記憶如洪水湧出，以力量灌注她。她告訴多明哥．努涅斯陶土匠羅陀．坎帕納的故事，母親讓她明白女人的陶土技藝不輸男人；還有母親的離開如何掏空了她，如今她正試圖填補。她描述那場大火，以及女神如何透過她的嘴巴說話。她告訴他種子的事，在她個人災難的發生地建造了這座城市。她說，當人們決定到任何一個新地方過生活，他們都要過一段時間才會感覺活得踏實，可能要一個世代或者更久。第一批抵達的人們，行囊裡帶著世界的圖像，腦子裡充斥著其他地方的事物，但是新地方讓他們感到陌生，感到難以相信，儘管他們去不成其他地方，也當不成其他人。他們盡可能善用新地方，然後他們開始遺忘，告訴下一代一些新地方的事，遺忘其餘部分。他們的孩子遺忘更多，並且在腦子裡改變事情。但孩子是在新地方誕生，這個差別很重要，他們是新地方的人，他們就是新地方，新地方就是他們。他們的盤根錯節為新地方帶來必要的養分，讓它百花齊放，讓它活下去。因此當第一代人離開時會相當欣慰，知道自己開啟了一項可長可久的事業。

小個子布卡對她的滔滔不絕非常驚訝，「她從來不曾像這樣談話，」他困惑地說，「當她年紀更小的時候，曾經整整九年一句話都不說。潘帕．坎帕納，妳為什麼突然間說這麼多話？」

「我們有客人，」她說，凝視著多明哥．努涅斯碧綠的雙眼，「我們必須讓他賓至如歸。」

每個人都來自一顆種子，她告訴他。男人在女人體內播種，藉此繁衍生命。但是這地方的情形不一樣。整座城市，形形色色、不同年齡的人們在同一天從大地綻放，這樣的花朵沒有靈魂，他們不知道自己是什麼人，原因在於他們實際上什麼都不是。她說她因此必須採取一些行動，對治這種大規模的不真實性。她的辦法就是虛構，她要設想出這些人的生命、種姓、信仰、有多少兄弟姊妹、童年玩過什麼遊戲，然後將這些故事化為耳語，從街頭巷尾傳送到必須聽到的耳朵；她還要為城市寫作堂皇宏偉的敘事，先是創造它的生命，然後創造它的故事。她的故事有一部分來自回憶失落的坎毗離，被殺害的父親與被焚燒的母親，她試圖讓坎毗離在這座新城市重生，以新生命帶回舊日的死亡者；但是只靠回憶並不足夠，有太多的生命要重新賦予生命，因此想像力必須從回憶無能為力的地方接下重擔。

「我的母親遺棄了我，」她說，「但是我會成為這地方每一個人的母親。」

多明哥·努涅斯對自己聽到的故事似懂非懂。但是突然間，他聽到一陣耳語，不是透過雙耳，而是直接傳入大腦。耳語蜿蜒穿過他的喉嚨，打開他內在的死結，清除糾結的事物，讓他的舌頭自由。他狂喜不已又恐懼不已，他發現自己掐住自己的咽喉，大喊：**停止、繼續、停止**。

「耳語知道你需要什麼。」潘帕·坎帕納說道，「新人類需要藉由故事來得知自己是什麼樣的人，誠實或不誠實，或者介於兩者之間。不久之後，整座城市都將擁有自己的故事、記憶、友誼、敵對。我們不能耗上一個世代才讓這座城市成為一個真實的地方。我們必須現在就動手，讓新帝國得以建立，讓這座勝利之城得以統治大地，確保屠殺永遠不再發生；還有最重要的是，永遠不再有女性走進火焰之牆，所有女性都能得到更好的待遇，不再有如任憑男性擺布、陷身黑暗之中的孤兒。但是你，」她改用補充說明的語氣，儘管其實這是她真正想說的話，「你有別的需求。」

「今天是復活之日，」多明哥·努涅斯不再口吃，「用葡萄牙語說是『Ele ressuscitou』，祂復活了。然而我明白妳想要復活的是另一個人，妳摯愛但走入火焰的人。妳運用魔法為整座城市賦予生命，希望這麼做會讓她歸來。」

「你的語言障礙，」胡卡·桑伽馬問道，「怎麼消失了？」

「她對我的耳朵耳語。」多明哥·努涅斯回答。

「歡迎來到毗奢耶納伽（Vijayanagar，勝利之城）。」潘帕·坎帕納說道，她的發音讓「毗」聽起來像「庇」，這是不時會發生的狀況。

「比桑那……」多明哥·努涅斯複述，「真抱歉，妳剛剛怎麼說的？」

「先說『毗奢耶』，勝利的意思，」潘帕·坎帕納回答，「然後說『納伽』，城市的意思。沒那麼難，納伽，毗奢耶納伽：勝利之城。」

「我的舌頭沒辦法發這些音，」多明哥·努涅斯承認，「不是因為我的語言障礙，我就是沒辦法像妳那樣脫口而出。」

「你的舌頭想要怎麼稱呼？」潘帕·坎帕納問道。

「毗耶……毗茲……，第一部分唸毗斯……第二部分……納伽，」多明哥·努涅斯說道，「兩個部分連起來，我最多只能唸成**毗斯納伽**。」

潘帕．坎帕納和王儲布卡都笑了，潘帕拍拍手，布卡凝視著她，看出來她已墜入情網。

「那麼就叫毗斯納伽吧，」她邊說邊拍手，「你為我們的城市取名了。」

「妳在說什麼？」布卡大喊，「妳要讓這個外國人用他糾纏的舌頭發出的雜音為我們的城市命名？」

「是的，」她回答，「這不是一座擁有古老名稱的古老城市，城市和他一樣是新來乍到，我接受他的命名。從現在開始，直到未來，這座城市就叫毗斯納伽。」

「有朝一日，」布卡憤憤不平地說，「我們將再也不容許外國人決定我們的身分。」

（潘帕．坎帕納被多明哥．努涅斯和他的口齒不清逗樂，因此她選擇在史詩中以「毗斯納伽」來稱呼這座城市與其帝國，也許她也是想藉此提醒我們，儘管她的作品是根據真實事件，然而想像世界與真實世界之間仍有無可避免的差距。「毗斯納伽」不屬於歷史，但屬於她。畢竟，詩歌不同於散文、不同於新聞報導，詩歌的真實與想像依循自身的規則。我們選擇跟隨潘帕．坎帕納的帶領，因此本書也要稱呼、描述她的夢幻城市為「毗斯納伽」。不這樣做將形同背叛一位藝術家及其作品。）

儘管潘帕．坎帕納每天仍然會深陷在耳語昏睡狀態中二十個小時，但她對那位外國人呼之欲出的感受——當她眼睛睜開的時候，總是在尋找他的身影——讓王室兄弟很不開心。胡卡羅耶一世還沒正式接見努涅斯，就已聽說潘帕對他的迷戀，而且非常生氣。這個葡萄牙人並不清楚狀況，晉見國王時做足了禮數，提到自己訴說旅行故事的才能，「如果承蒙恩准，」他說，「我是否可以說幾個來聽聽？」

胡卡哼了一聲，不置可否：「也許吧，」他說，「對我們而言，旅行者本人比他的故事更有意思。」

多明哥．努涅斯不知該如何是好，在困惑中，他說起自己的旅行見聞，遇過食人族與一種腦袋長在肩膀下方的人種。但是胡卡舉起一隻手要他停下：「跟我們談談別的，那些臉色發白怪異的人種，白種歐洲人，粉紅膚色的英國人，談談他們是如何不可信賴、詭計多端。」努涅斯緊張起來，「陛下，在歐洲各個民族之中，法國人的野蠻只輸荷蘭人的殘酷，英國人目前還是一個落後民族，但是我推測——儘管我的許多同胞會不以為然——他們將成為歐洲民族最惡劣的一種，將世界地圖的半壁江山塗成粉紅色。至於我們葡萄牙人，我們可以信賴、重視榮譽。從熱內亞到阿拉伯的貿易商，都會告訴你我們有多公平。但我們也是夢想家，舉例來說，我們可以想像地球是圓的，夢想我們可以航行一圈。我們想到非洲的海岬，懷疑汪洋大海的西方還有未知的大陸存在。我們是全世界最重要的探險家，但是和其他次等民族不同，我們會履行合約，向來準時付款。」

胡卡羅耶一世與他新誕生的子民一樣，還在習慣自己的新身分。他的人生起起伏伏，已經歷幾次重大變化。他原本過著牧牛人悠遊自在的生活，後來成為紀律嚴明的軍人；接著他淪為戰俘，被迫改變宗教信仰，連姓名也換掉；從敵國逃回來之後，他拋棄偽裝的信仰，也擺脫軍人的裝扮與習性，多多少少回歸牧牛人的本來面目，或者至少是一個尋找新命運的農民。童年的時候，他曾經希望世界永遠不要改變，他會永遠保持九歲，父母親永遠張開愛的雙臂迎向他；然而人生帶給他偉大的教訓，那就是人生多變化。現在，他坐上國王寶座，發現童年時希望永不改變的夢想再度浮現。他希望眼前景象、王座大廳、女子侍衛、華麗裝潢都能夠超越變化、定格永恆。然而在永恆降臨之前，他必須先迎娶一位王后，他需要潘帕．坎帕納接納他，兩人花團錦簇相伴而坐，讓市民為他們的婚禮歡呼喝采。等到那偉大的一天結束，時間就可以畫下句點；作法可以是胡卡本人高舉權杖下令，由潘帕．坎帕納動手更有可能做到，因為如果她只憑著一把種子和幾天的耳語就能夠創造出一個世界，那麼她應該也能夠用一道神奇花環圍繞整座城市，魔力足以超越歲月的流逝，兩個人從此過著幸福快樂的生活。

外國人的來到與潘帕．坎帕納對他的情有獨鍾，將新王狠狠從夢境搖醒。胡卡開始想像將外國人的腦袋砍下來，塞滿稻草；他之所以還沒有動手，唯一的原因是擔心潘帕．坎帕納會強烈反對。然而每當他看著多明哥·努涅斯長而優雅的脖子，總會興起一股致命的欲望。

「那麼我們還真是何其幸運，」胡卡的語氣充滿諷刺，「今天大駕光臨的是一位見多識廣而且英俊的葡萄牙紳士，一位能言善道的萬人迷；不是代表野蠻的法國人或荷蘭人，或者原始、膚色粉紅的英國人。」多明哥·努涅斯還來不及接腔，國王揮揮手要他退下，兩名武裝女侍衛護送他離開。他走出王座大廳，心想自己可能性命不保，也知道殺機可能起自他和耳語女子的見面，他立刻開始思考逃生之道。然而天不從人願，他在這座城市一待就是二十年。

當潘帕·坎帕納終於脫離長達九天九夜的魔力狀態，她不太確定自己先前看到的一個紅髮碧眼、正當年少的神祇是真有其神，或者只是幻象。王宮裡沒有任何人能夠回答她的問題，她的懷疑愈來愈深。然而她必須先暫時擱置自己的困惑，為胡卡與布卡送上一個訊息；他們從走下山丘、踏進這座人們眼神空洞的城市開始，一直在等候這個訊息。她發現這對王室兄弟為了排遣無聊，下起西洋棋；兩人的棋藝都是初學乍練，因此高估了城堡與騎士的重要性，而且男性本位，嚴重低估了王后。

「完成了。」潘帕·坎帕納宣布，打斷兩兄弟不照規矩的業餘遊戲，「每個人都已被告知自己的故事，城市已經完全活了起來。」

看看市集大街外面的情況，很容易就能證明她的說法。女人像老朋友一樣彼此問候；情侶購買對方最愛吃的甜點；鐵匠為馬匹打造馬蹄鐵，把騎士當成多年顧客；老祖母為孫子女講述家族故事，至少回溯三個世代；男人對舊日恩怨耿耿於懷，與對頭爆發鬥毆。這座新城市的性格有一大部分決定於潘帕．坎帕納不再壓抑的回憶，那是母親對她的教誨。城市各處女性從事的工作，在別的國家會被認定為不適合女性。來到一家法律事務所，律師與職員都是女性；駁船停靠河岸邊的碼頭，強壯的女工忙著卸貨。城裡有女性當警察巡邏街道、擔任抄寫員、拔牙；廣場上有女性敲打木丹加鼓，男性隨著節奏起舞。人們不覺得這些事有何特別。這座城市的蓬勃發展有賴於它豐富的虛構；潘帕．坎帕納以耳語傳入人們耳朵的故事；故事的虛構性被新時代的喧嚷節奏徹底淹沒、消失無蹤；環繞人們的城牆不再上升，但高度已無法翻越；雄偉的甕城有一道石造拱門，上面鐫刻著城市的名字，每一位居民都瞭然於心；如果你問他們，他們會堅稱這個名字年代久遠，來自數個世紀前的傳奇年代，當時猴神哈奴曼還活著，住在附近的猴王國；城市的名字是：

毗斯納伽。

一場為期九天的節慶即將登場，消息很快就發布並傳遍全城。諸神將在神廟接受祭拜，人們將在街道歡欣舞蹈。多明哥．努涅斯將馬匹賣給軍營的馬伕長之後，寄住在對方家中的乾草棚之中；他聽說了節慶的消息，想到一個點子可以保護自己，抵擋嫉妒他的國王與其兄弟的報復。他正準備前往王宮大門、請求晉見的時候，馬伕長的妻子告訴他有人拜訪。他爬下木梯，發現來者是潘帕．坎帕納，她為全城居民帶來可以相信的夢想，如今她想知道她能不能相信自己的夢想。她看到多明哥．努涅斯，歡喜鼓掌。

「好極了。」她說。

兩人四目相接的那一刻，不能說的話語都在無聲中傾訴。多明哥知道自己最好快速行動，轉往安全的地方。「我在中國旅行的時候，」他說著說著，微微冒汗，「得知他們的煉金術祕密，原本叫做『魔鬼的餾出物』。」

「你今天第一次跟我說話就提到魔鬼，」她說，「那不是歡愛的言詞。」

「那祕密其實與魔鬼沒有關係，」他說，「煉金術士無意中發現它，嚇得要命。他們原本試圖煉製黃金，當然不會成功，但後來卻製造出更強而有力的物質。它的原料只需要硝石、硫磺和木炭，搗成粉末之後混合。如果你點火，砰！非常壯觀。」

「儘管你去過那麼多地方，」她回答，「你還是沒學會如何和女人說話。」

「我想告訴妳的是，」他說，「首先，魔鬼的餾出物可以讓城市的慶典更加精彩。我們可以製造所謂的『煙火』，旋轉的火輪，沖天的火箭。」

「你想告訴我的是，」她說，「你的心就像火輪快速旋轉，你的愛就像火箭飛向神祇。」

「還有，第二件事，」他說，汗流得更多了，「中國人知道這種物質可以用來當武器。

他們不再為它冠上魔鬼之名，而是發想出新字眼來稱呼新事物。他們所謂的『炸彈』可以炸掉一間房子，或者轟倒要塞的一堵牆。他們開始稱這種餾出物為『槍砲火藥』，那是在他們發明『槍砲』這個字眼之後。」

「槍砲是什麼？」潘帕．坎帕納問道。

「那是一種即將改變世界的武器，」多明哥．努涅斯回答，「如果妳想要，我可以幫妳製造一具。」

「葡萄牙人的求愛方式很不一樣。」潘帕．坎帕納說道，「現在我明白了。」

那天晚上，整個城市樂聲飄揚，人來人往，潘帕．坎帕納帶著胡卡與布卡來到一座小型廣場，多明哥．努涅斯等在那裡，周圍放了許多瓶子，瓶口插著棍子。胡卜看到葡萄牙情敵，火冒三丈。布卡身為王位第一順位繼承人，深信自己有機會接收潘帕．坎帕納，也非常不高興。

「妳為什麼帶我們來找這個人？」胡卡質問。

「看著點，」潘帕告訴他，「看著點也學著點。」

多明哥．努涅斯點燃煙火，煙火沖上天際。桑伽馬兄弟看著煙火飛行，目瞪口呆，知道自己見證了未來的誕生，多明哥．努涅斯則扮演助產士的角色。

「教導我們。」胡卡羅耶一世說道。

第四章

胡卡與布卡另外三個名聲欠佳的弟弟稍早之前已經抵達，三人聯袂騎馬進城，行經大街，明明是強盜卻裝成貴族。他們的頭髮濃密凌亂，鬍子與翹八字鬍也是恣意生長，看起來與聞起來都比較像不法之徒，而非王公貴族。然而他們想盡辦法裝模作樣，人們的反應則是恐懼而非尊重。他們背著鑄鐵盾牌。普卡．桑伽馬的盾牌上面繪有一頭咆哮的老虎，楚卡．桑伽馬以蝴蝶與飛蛾裝飾，戴夫．桑伽馬則是花朵圖案。三兄弟的腰帶上、盾牌下掛著寶劍與匕首，以骯髒的皮鞘包覆。劍柄部分突出，便於掌握。簡而言之，普卡、楚卡與戴夫的模樣無比駭人，三人騎馬向王宮大門前進，一路上市民紛紛鳥獸散。

胡卡與布卡統治了一座神奇誕生的新城市，這消息快速傳播開來，謠言還說他們得到一座寶藏，擁有數不完的**帕哥達**金幣，還有不同重量的黃金**婆羅訶**神像。普卡、楚卡與戴夫堅決要求，如果有現成的財富可拿，他們絕不會從歷史缺席。來到王宮大門，他們並未下馬，要求進宮。

「我們那兩個惡棍哥哥在哪裡？」楚卡．桑伽馬大喊，「他們以為自己可以獨占這些財富嗎？」

但是他和兄弟們遇到一個從未經歷的狀況，戳穿他們耀武揚威的虛張聲勢，讓他們摸不著頭腦。站在他們前面的是一個方陣，王宮侍衛手持長矛，配戴著金色的胸鎧、護脛與臂環，腰間掛著金色劍鞘的寶劍，一頭長髮編成美麗的辮子。這些侍衛拿著金色的盾牌，露出嚴肅的表情。而且她們是女人，每一個都是，高大、強壯的女人，絕非兒戲。楚卡、普卡與戴夫從來沒見過這番光景。

「那兩個傻瓜現在要這樣玩嗎？」楚卡質問，「要女人做女人不該做的事？」

「這不是什麼新鮮事，」侍衛隊長回答，她身材魁梧，臉孔凶悍，雙眼巨大且眼皮厚重。她名叫優樓比，與蛇王女兒的名字一樣。「在這座城市，王宮世世代代都由女性守衛。」

「這就有趣了，」普卡．桑伽馬說道，「因為我很確定上回我們經過這一帶時，這座城市根本還沒出現。」

「那你一定是瞎了眼，」優樓比隊長回答，「帝國的國勢與其首都的宏偉，早已為各方所知，不需多言。」

「所以胡卡與布卡都在王宮，都是這場海市蜃樓的一部分？」戴夫質問，「不管這些幻象到底是怎麼一回事，他們都樂得配合是嗎？配合妳們？」

「國王與王儲完全支持訓練精良、高度專業化的王宮侍衛軍官，」隊長表示，「你們也將發現，如果膽敢反抗我們，我們可是一點都不像女人。」

事實上，桑伽馬家最年輕的三兄弟近年來都靠一些見不得人的勾當維生，他們攔路搶劫、偷竊牛隻，最近還開始偷馬，這是因為在果阿港建立的國際馬匹貿易。葡萄牙商人開始從海路進口阿拉伯駿馬，賣給幾名當地的貴族。三兄弟半路埋伏襲擊運馬車隊，再將美麗的馬匹賣到黑市，這樣的勾當有厚利可圖，但也愈來愈危險，因為殘忍無情的馬拉瓦爾與卡拉爾等坦米爾盜賊幫派已經進駐當地，殺戮名不虛傳。桑伽馬兄弟擔心性命難保，本來就不是什麼英雄好漢，如今尋求沒那麼危險的勾當。他們兩位兄長新建立的黃金之城閃閃發亮，正是他們積極尋求的機會。

「立刻帶我們去找兩位兄長，」楚卡．桑伽馬以他最有威嚴的聲音說道，「我們必須跟他們解釋，其實盜賊和國王沒有什麼兩樣。」

來到王座大廳，胡卡羅耶一世與王儲布卡已經習慣寬大的座位，**坐墊**上綴滿珠寶，必須再加幾個厚厚的絲綢織錦厚墊，坐下去才不會不舒服。胡卡很快就發現，如果他直挺挺坐著，**坐墊**會讓他的腳碰不到地面，看起來像個小孩。因此他還是懶洋洋靠坐著比較好，如果非要坐直起來不可，他會要人準備一個腳凳。這些問題都要好好解決，務必要讓王儲展現王儲風範、國王展現國王風範。楚卡、普卡與戴夫走入王室天地，看著王室成員——他們的兄長——試用不同高度的腳凳。布卡的坐墊比較低一點，他也在學習如何大模大樣地靠坐著，但他如果坐直，腳是可以踩到地板，因此不必煩惱雙腳懸空的問題。

「所以當國王就是這麼回事，」楚卡．桑伽馬調侃哥哥，「最重要的事就是把家具擺對。」

「我們對我們的手足感到失望，」胡卡羅耶一世回答，首度以複數形式來指稱王室；而且他是對整個王座大廳發話，有如將房間當成一個人。「我們的手足無法接受歷史為我們選擇的角色，他們成了黑暗王子、陰影貴族、血之幽靈。他們是走味的麵包，他們是腐壞的水果，他們是月食的月亮。」

「他們是我們的弟弟，」布卡說道，同樣是對著虛空發話，「我們的選擇直接了當，但是很有限。我們可以立即將他們處決，視為圖謀不軌的背叛者、篡奪者。或者，我們可以給他們一份工作。」

「上午時間還早，不適合家人濺血，」胡卡羅耶一世說道，「我們思考一下，看他們能夠做什麼事。」

「給他們一份遙遠的工作。」布卡建議。

「天遙地遠。」胡卡羅耶一世同意。

「內羅爾，」布卡建議，那地方位於東部海岸，路程大約三百哩；「那地方必須征服，」布卡補充說道，「而且這三個傢伙在那裡不會對我們造成大麻煩。」

但是胡卡看得更遠，「首先是東邊的內羅爾，然後是南邊的穆爾巴加爾，接下來是南邊的錢卓古提。楚卡老弟，你打下內羅爾之後可以待在那裡，統治那裡。普卡老弟，穆爾巴加爾陷落之後就是你的地盤。戴夫老弟，你要一個人負責攻占錢卓古提，得手之後待在那裡。這樣一來，你們每個人都會有一個**王座**，我希望你們會非常開心。在這段期間，我和布卡會征服三個地方之間的所有土地。」

三個名聲狼籍的弟弟改變站姿，皺眉思索，這是一筆划算交易，還是死亡陷阱？他們難以確定。「你們坐擁寶藏，**帕哥達**金幣多到數不盡，」楚卡反對，「這不太對勁。」

「我要講清楚，」胡卡羅耶一世說道，「我會提供你們每個人一支強大的軍隊，戰無不勝的軍隊。但是有一個條件：我的將軍負責作戰，你們可以安心地騎在馬上，待在帝國旗幟下方；戰鬥過後，我的將軍會把你們送上王座，但是在戰鬥之中，你們要完全遵照將軍的指示。等到一切完成，你們會各統治一個省分，遠遠勝過偷竊馬匹、死在卡拉爾與馬拉瓦爾幫派手裡。楚卡老弟，你將有幸在普里的札格納特神廟祭拜。普卡老弟，偉大英雄阿周那的神廟將歸你管轄。戴夫，沒錯，你的神廟在一座山洞裡，但為了補償這一點，你將得到三座城堡中最好的一座，一座位於山頂的雄偉要塞，四面八方美不勝收。除此之外，我還要提供你們每個人一支侍衛隊，遴選自帝國防衛軍的女性官兵。她們會保護你們安全，但如果你們企圖背叛帝國、背叛我們，她們會將你們就地正法。」

「這提議聽起來蠻糟的，」普卡說道，「我們只能當你們的傀儡，這是你們的意思。也許我們應該拒絕這項提議，賭一賭自己的運氣。」

「你們當然有權拒絕，」胡卡羅耶一世說道，語氣和悅，「但是這樣一來，你們將無法活著走出這間大廳。你們知道原因，這不是針對你們個人，只是要處理家庭問題。」

「不接受就拉倒。」布卡告訴弟弟們。

「我接受。」戴夫．桑伽馬立刻同意，楚卡與普卡也緩緩、若有所思地點頭。

「那麼你們就出發吧，」胡卡羅耶一世吩咐，「有一個帝國將被創建，一段歷史將被締造。」

侍衛隊長優樓比就像她取名由來的蛇王之女，對楚卡、普卡與戴夫發出嘶嘶聲，示意覲見已經結束。她說話之前和之後，都會快速吐出舌頭。

「還有一件事，」胡卡羅耶一世叫住三個弟弟，「我不知道我們何時會再見面、是否會再見面，所以有件事要告訴你們。」

「什麼事？」楚卡咆哮，他是三兄弟之中最不滿的一個。

「我們愛你們，」胡卡說道，「你們是我們的兄弟，我們會深愛你們，直到你們死亡。」

即將離去的桑伽馬三兄弟無法立即動身，軍隊行動需要時間；軍方長官乘坐的轎子需要加上襯墊、打磨光亮，才能讓他們舒舒服服抵達；附罩篷的象轎要架上戰象背部，才能讓同一批軍方長官在衝鋒陷陣的時候，有墊子與枕頭可以倚靠。此外，軍隊有數千頭大象要餵養，包括馱象與戰象，牠們時時都在進食；大象必須自行攜帶糧草，還要運送軍團需要的一切物資；例如一些巨大的零件，稍後會用於組裝攻城器械，將巨石投向敵軍要塞的外牆。營帳必須拆卸壓平，送上牛車，和長凳、小凳、營房稻草墊、簡易廁所一起運送。還有一整個軍火部門要運送，以確保部隊的武器井然有序，刀劍磨得鋒利，弩箭配重均衡，弓弦保持緊繃；標槍的槍頭每天檢查，確保有如匕首鋒利；盾牌在激烈戰事之後要一一修復。規模堪比一座城市的廚房要動員起來，從爐子到廚子，一車一車的蔬菜、稻米與豆子，養在籠子裡的雞，繫著繩子的山羊；許多官兵愛吃雞肉與羊肉，甚至不惜違反自身宗教信仰的規定。用於燒火的薪柴，盛裝湯汁與燉菜的大鍋，兩者都不可或缺。軍營需要各色人等，包括夜晚滿足飢渴軍人需求的妓女。醫療裝備、外科醫師與護理師、用於截肢的可怕鋸子、治療眼睛失明的罐裝藥膏、水蛭、藥草都會裝載在車隊的後端。上戰場的軍人都不想看到這些東西，必須讓他們覺得自己刀槍不入，或者至少相信重大傷殘與死亡只會發生在別人身上。很重要的一點是，每一名步兵與騎兵都能夠相信，戰鬥過後他們依然毫髮無傷。

這絕不是一支尋常的軍隊，它是一股逐漸誕生的戰鬥力量。就像新城市的每一位居民一樣，官兵每天早上醒來都會聽到耳語，首度聽到他們的生命故事（或者她們的生命故事，女性官兵人數較少，但不可忽視，她們也有耳語灌輸的記憶），但其中的訊息卻像是原本就已存在。在那半睡半醒的神祕時刻，他們每個人都聽到關於自身家族虛構世代的想像敘事，得知自己是在多久之前決定加入新帝國的軍隊、自己已經走過多少地方、渡過哪些河流、沿途結交哪些朋友、必須克服哪些障礙與仇敵。他們得知自己的名字、父母親的名字、村莊與部落的名字，以及妻子——留在老家養兒育女！——帶給他們的愛的名字。他們的人格也是點點滴滴傳入耳朵，讓他們得知自己是風趣抑或脾氣暴躁、自己是如何說話；有人滔滔不絕，有人沉默寡言，有人言辭粗鄙，那是軍人的常態，但是會讓其他人反感；有些人能夠坦誠談論內心感受，有些人深藏不露。軍人以這種方式成為人類，如同城市裡的民眾，儘管他們腦袋裡的故事都是虛構。虛構的力量不在歷史之下，為新人類揭示自己的面貌，讓他們認識自己與周遭人們的本性，也讓他們變得真實。這是耳語故事的弔詭：它們只是以假亂真，但也創造出真相，催生出一座城市與一支軍隊，並且具備了非虛構人類的豐富多樣性，有如深深扎根在真實存在的世界之中。

耳語讓每一個軍人知道，他們有一個共同點：戰場上的勇氣與技能。他們是情同兄弟

（以及姊妹）的一群強大戰士，他們永遠能夠克敵制勝。每一天當他們醒來時，這種戰無不勝的認知就更加深一層。不久之後，他們將心悅誠服接受命令，徹徹底底殲滅敵人，不屈不撓邁向勝利。

城市的金色城牆每天都在升高，越來越雄偉，高牆的陰影中有一座鋪著地毯的帳篷，供三位未來遠征名義上的領導人居住。帳篷內部陳設有如王宮，四處散放著織錦墊子，以花絲鑲嵌的黃銅燈籠照明。桑伽馬家的楚卡、普卡與戴夫——有名無實的遠征軍指揮官——正試圖理解自己所處的新世界。三兄弟顯然知道，某種強大的魔法正在發生，恐懼與野心在他們胸中交戰。

「我有一種感覺，」楚卡．桑伽馬說道，「我們家的胡卡與布卡儘管擺出王者的模樣，但他們其實是被某個巫師一手掌握；這個巫師能夠賦予無生物生命。」楚卡是三兄弟中最有信心、最積極進取的一個，然而此時他的聲音顫抖，充滿疑慮。

他的兄弟普卡沒那麼粗魯，更工於心計，此時權衡輕重得失：「我們可以當上國王，」他說，「前提是我們同意帶領一支幽靈大軍。」

戴夫年紀最輕，最不像英雄但最為浪漫，「不管是不是幽靈，」他說，「我們的守護天使是一群最優秀的女性，如果我們能夠把她們收為妻妾，我才不在乎她們是人類還是夜晚的幽靈。在死神把我帶走之前，我要嘗一嘗愛情的滋味。」

「在死神找上門來之前，」楚卡說道，「我要統治內羅爾王國，或者至少掌控那個地方，當作開端。」

「如果死神前來收拾我們，」普卡．桑伽馬推論，「派祂來的一定是我們的兄長胡卡與布卡。我要在他們動手之前先發制人，先為他們送上滅絕天使，完事後再來煩惱幽靈的問題。」

三位勇猛無畏的宮廷軍官沙伽蒂隊長、阿迪隊長與皋麗隊長，被指派保衛並監視即將動身的桑伽馬三兄弟，她們不是姊妹卻號稱「雪山姊妹」，因為她們的名字正是雪山神女——喜馬拉雅的女兒、眾山之神——眾多化名的其中之三，而且她們的權威感讓人難以抗拒，也讓三個新近才改邪歸正的強盜不由自主地愛上她們。

三兄弟進入夢境時，會看到各自的雪山姊妹向他們招手，做出活色生香的挑戰，承諾甜美歡愛的獎勵。楚卡．桑伽馬是三兄弟中最為外向、甚至咄咄逼人的一個，遇上與他旗鼓相當的沙伽蒂，後者的名字意為「宇宙的動能」。「楚卡，楚卡，」沙伽蒂在他的夢中對他耳語，「我是一道閃電，想抓到我就試試看。我是雷鳴與雪崩，變形與流動，毀滅與再生。我可能會讓你消受不了。楚卡，楚卡，來到我這裡。」她帶來的狂喜令他著迷，但是當他醒來時，沙伽蒂手執長矛，表情有如石像，冷靜淡漠，佇立在帳篷門口；她應該不曾做過與他相同的夢。

普卡．桑伽馬是三兄弟中審慎與理性的代表，他會夢到阿迪，現身為宇宙的永恆真理，「普卡，普卡，」她歎息說道，「我知道你是一個追尋者，想要知道萬事萬物的意義。我是你所有問題的解答。我是如何與為何，何者、何時與何處。我是你需要的唯一解釋。普卡，普卡，尋找我，你將得知一切。」他醒來時雙眼發亮，無比急切，但是阿迪和她的姊妹一樣，手執長矛，冷靜淡漠，佇立在帳篷門口，表情有如最堅硬的花崗岩雕刻。

戴夫．桑伽馬是三兄弟中最俊美、最不勇敢的一個，得到絕世美人皋麗的造訪。她在他夢中的化身有四條手臂，拿著一具鈴鼓與一把三叉戟，夢中她的肌膚白如冰雪；儘管戴夫．桑伽馬生活在炎熱地帶，從未見過冰雪，還是可以如此類比。「戴夫，戴夫，」皋麗呢喃，將話語像甜蜜的毒液一樣滴進他沉睡的耳朵，同時輕搖鈴鼓，「你的俊美配得上我，但是沒有凡俗男子能夠活著承受與女神歡愛的可怕力量。戴夫，戴夫，你是否願意奉獻生命、換取一夜的天人交歡？」他醒來時唇邊浮現話語，**願意，願意，我願意，願意**。但是現實中的皋麗臉龐有如花崗岩，與石像般的姊妹站在一起，同樣冷靜淡漠，只有兩隻手臂，手中沒有鈴鼓，拿的不是三叉戟，而是長矛。

雪山姊妹討論事情時會緊密相聚，頭碰著頭，說著一種私密的語言。一些話語是日常使用，桑伽馬三兄弟還聽得懂，例如**食物**、**刀劍**、**河流**、**殺戮**；但是還有許多字眼神祕難解。膽小的戴夫．桑伽馬相信她們說的是某種魔鬼的語言。來到軍營，官兵傾聽來源不可知的祕密耳語，藉此獲取個體性、記憶與歷史，逐漸轉化為完全真實化的人類；因此戴夫很容易就此認定一個魔鬼的王國已經誕生，胡卡與布卡兩位兄長鬼迷心竅。大白天的時候，戴夫試圖說服楚卡與布卡相信，他們可能會喪失永恆的靈魂，與其充當一支魔法軍隊有名無實的指揮官，還不如回去幹攔路打劫馬匹的勾當比較安全。然而到了晚上，當三姊妹中的皋麗造訪，他的恐懼也隨之平息，一心只渴望她的歡愛。因此他陷入掙扎，無法做出任何決絕的決定，但是也沒有放棄自己的計畫。

終於，戴夫向皋麗問起那些不可知的話語，皋麗告訴他那是一種隱密的安全語言，有如密碼，任何人都無法監聽。安全語言會使用平常的話語來代表非常的事物，**流動的溪水**可能指騎兵進軍，**饗宴**可能指屠殺。因此有些話語就算戴夫聽得懂，也可能代表他無法得知的意義。如果要求更高層級的安全，就會創造出新的話語。例如關於人們與戰場關係的話語，「前線官兵」與「側翼官兵」就會以不同的話語代表。此外還有時間順序的話語，基於人們在時間中的移動來做描述；戰爭時，這些話語的運用將攸關生死。「別擔心話語，」皋麗告訴戴夫，「話語只對會使用它的人有意義。你不是那種人，你要把自己看成一個行動的人。」戴夫不太確定她的勸告是不是在羞辱他，他懷疑是，但他不以為意，他被愛牢牢掌握。

每天晚間，桑伽馬三兄弟與雪山三姊妹在王室營帳共進晚餐。三兄弟長期逍遙法外，粗魯無文，狼吞虎嚥一盤又一盤烤羊肉，完全不在乎宗教的繁文縟節。加入大量辣椒的羊肉讓三個男人眼睛泛淚、頭上冒汗、怒髮衝冠。三個女人則是另一番光景，優雅而審慎，品嘗調味細緻的蔬菜，模樣看起來就像不吃飯也無關緊要。然而他們六個人都清楚知道，三位彬彬有禮的天使其實極具危險性，三個男人看著她們時既害怕又渴望，而且因為害怕所以無法表達渴望。他們的男子氣概被剝奪殆盡，因此撕扯羊腿時更是野蠻凶狠，希望自己至少表面上看起來還有一點男子氣概。他們並不清楚自己在餐桌上的表現能否得到女士們的青睞，後者的表情依然高深莫測，甚至撲朔迷離。

普卡．桑伽馬想要答案，於是發問：「當妳們三個人頭碰頭聚會的時候，」他想要知道，「那是一種更祕密的溝通方式嗎？一種不用話語的方式？妳們是不是大腦直接相通、交換訊息？或者那是一種讓妳們可以站著休息的舒服方式？」

「普卡，普卡，」阿迪隊長責備他，「不要問你根本沒有能力理解答案的問題。」

楚卡．桑伽馬大發脾氣，「現在是怎麼一回事？」他質問，「我們在這座營帳裡待這麼久了，日子越過越糊塗，我甚至記不清現在是什麼時間。總要有人告訴我們該做什麼事、什麼時候做。我們不是那種習慣無所事事的男人，活像等待餵食的寵物犬。」

「感謝你們的耐心等候，」皋麗姊妹回答，「其實我們正打算今天晚上告訴你們，部隊已經準備就緒，將在拂曉出發。」就在此時此刻，潘帕．坎帕納告訴胡卡羅耶一世與王儲布卡，這座城市的故事灌輸工作已經完畢，它的創造過程已經完成。從士兵到市民都已做好準備，即將迎向自身的歷史。

楚卡跳起來，「謝天謝地，」他大喊，「事情終於有道理了。我們要發動戰爭，為這塊土地帶來和平。」

「照著指示行動，」皋麗說道，「一切都會順順利利。」

城裡音樂聲大作，儘管城牆厚實，軍營裡的桑伽馬三兄弟仍然能夠清楚聽到慶祝活動。他們還聽到尖叫聲與歡呼聲，伴隨著煙火在人群上空高高綻放，為這塊土地締造歷史創舉。但是三兄弟無法參加慶祝活動。「睡吧，」皋麗姊妹命令他們，「跳舞不重要。明天，一個帝國即將誕生。」

第五章

多明哥．努涅斯留在由他命名的城市毗斯納伽，直到潘帕．坎帕納讓他心碎。早年他還不確定自身地位，擔心王室兄弟會在某個月黑風高的夜晚，用刀鋒尋找他的肋骨；當時他曾經長期離開城市，到西方旅行，越過大海，向阿拉伯人買馬，經由果阿港帶回城市，賣給馬伕長。城市的騎兵——擁有眾多大象、駱駝和馬匹——每一年都隨著帝國的擴張而壯大。他待在毗斯納伽的時候盡可能避免引人注意，繼續住在馬伕長家中簡陋的乾草棚。潘帕．坎帕納不時造訪，頻繁到可能惹上麻煩，馬伕長一家人裝做若無其事，也害怕王室會認定他們是共犯，怒火延燒讓他們大難臨頭。然而後來多明哥．努涅斯的火藥技術，他做為一位軍火專家對於帝國的價值，為他爭取到有利條件。他被賜予「備受信賴的外籍爆破主管」的頭銜，享有優渥薪水，當局並鼓勵他放棄馬匹買賣生意，全心全意為毗斯納伽效勞。後來潘帕．坎帕納與胡卡羅耶一世成婚，這位外國人受邀參加婚禮慶典，可見其地位重要；儘管心中感受五味雜陳，他在掙扎許久之後，仍然決定參加。

胡卡羅耶一世與潘帕．坎帕納的成婚並不是愛情的結合，至少新娘這一方不是。國王從第一次見到她開始就渴望著她，並且等候——時間之長超過任何一位王者的容許範圍——她接受他的求婚。他並不盲目，城市裡遍布他的耳目，因此他一清二楚自己愛戀的人經常夜訪一座乾草棚；而且就在她屈服於他的百般勸誘的同一天，他以自己得知的消息質問她。他邀請她到王宮的花園一起散步，與隔牆有耳的房間相比較，兩人在花園裡更可以私密談話。他問她最後是如何下定決心，她說：「有些事情攸關公眾利益，比我們個人還重要，因此非做不可。我們是為了未來做這些事。」

「我原本還希望會是更為個人化的原因。」胡卡告訴她。

「在個人方面，」她聳聳肩，「你知道我的心在哪裡，而且我要告訴你，雖然我接受你的求婚、確立帝國的血脈。但是我不會背棄我真正的心意。」

「妳指望我接受這種狀況？」胡卡問道，火冒三丈，「我今天下午就應該把那個混蛋的頭砍下來。」

「你不會那樣做，」她回答，「因為你的行為也必須為未來著想，你需要他的中國工藝。此外還有更切身的問題，如果你敢傷害他，你就休想碰我。」

胡卡忍無可忍：「沒有幾個男人，更別說是君王，會願意娶一個——抱歉我這麼直白——放蕩的女人——有些人會說妓女——至少會說是蕩婦——無拘無束地——有些人會說無恥地——我要說**搞上**——某個甚至不是自己種族或教派成員的人——而且告訴未婚夫自己要繼續那種難以容忍的行為——我要說淫亂的行為——直到婚後。」他拉大嗓門，不在乎被人聽到。但是她的反應卻讓他猝不及防，大感訝異：她放聲大笑，就好像他剛說了什麼全世界最可笑的事。

「我看不出有什麼好笑的，」胡卡憤憤不平，但是潘帕．坎帕納笑到掉眼淚，指著他的方向，「你的臉，」她說，「全都是斑點，都是化膿的痘子，我的老天爺，你每說出一個惡毒的字眼，皮膚就會爆出一顆痘子。我想你的嘴巴最好放乾淨一點，不然你整張臉會變成一個大膿瘡。」

胡卡緊張起來，雙手撫摸臉龐，前額、臉頰、鼻子與下顎，確實摸到許多膿疱。顯然潘帕．坎帕納的魔力不只是讓種子發生神奇作用。他體會到自己對她的恐懼，而且隨即發現，恐懼她的魔力會讓他興奮起來。

「我們立刻結婚。」他說。

「只要你明白我的條件就可以。」她堅持。

「妳說什麼都好，」他大喊，「是的，我接受。妳危險到不可思議的地步，我必須擁有妳。」

從婚禮過後到毗斯納伽帝國的前二十年，潘帕．坎帕納王后公開擁有兩位情人——國王與外國人；儘管兩個人都不滿這樣的安排，也經常表達不滿，但潘帕在兩個男人之間如魚得水，顯示她對這樣的安排毫無問題，但兩個男人反而因此更加惱怒。後來兩個人都找到辦法，長期遠離引發不滿的源頭。多明哥．努涅斯為帝國製造了大量的強力炸藥之後，重回馬匹買賣本行，從對馬匹的愛得到撫慰——他夢寐以求的女人只能給他一半的愛。至於胡卡羅耶一世，他投入建立帝國的偉大事業，在巴庫魯、巴達米、優曇耶耆利等地修築雄偉的要塞，征服潘帕河沿岸的所有土地，並且成為從西海到東海之間唯一的君主。然而這些成就都無法讓他快樂，「不論你擁有多少土地，」他對潘帕抱怨，「或者你曾經涉足幾座海洋，都無關緊要；如果你的妻子會在兩間房子過夜，而且其中只有一間屬於你。」

胡卡不在的時候，布卡嘗試介入調停。他帶潘帕．坎帕納到那條與她同名的河邊散步，勸她停止與外國人來往，「為帝國著想，」他請求潘帕，「我們對妳俯首，妳是讓這一切成為真實的女魔法師；但是我們希望妳高高在上，不要淪落溝渠。」

那個骯髒的字眼**溝渠**是如此強烈，促使潘帕回應：「我告訴你一個祕密，」她說，「我懷孕了，但是不確定他們兩個人誰才是孩子的父親。」

布卡停下腳步，「孩子是胡卡的，」他說，「這不能有任何疑問，否則妳建立的城市將四分五裂，城牆將在我們的耳邊坍塌。」

接下來三年時間，潘帕．坎帕納生了三個女兒。之後，王宮之中與她丈夫所到之處都不能提及那個外國人的名字。任何人就算面對痛苦與死亡，也不能提及三位小公主的伊比利人（Iberian）美貌、她們淺色的肌膚、她們泛紅的頭髮、她們碧綠的雙眼等等。未來，這些特質會在王國內部造成分歧；但在當時，她們的王室成員身分無可置疑。然而胡卡也注意到那些值得注意的事，他的行為舉止變得陰鬱、退縮；還有一個原因是潘帕．坎帕納無法幫他生一個兒子。隨著時間過去，胡卡的悲傷愈來愈深，儘管他在軍事上高奏凱歌，但仍然被形容為一個陰沉的國王。當他出外征戰，心情也會好轉，因為他能夠在戰場上斬殺對手，但是無法在家中斬殺情敵。每一個被他殺害的人都有多明哥．努涅斯的臉孔，但這份滿足感來得快去得也快，因為真正的多明哥．努涅斯正在毗斯納伽和王后做愛。胡卡帶著滿身血腥與滿懷怨恨回到王宮，心中那份得不到回報的愛讓他轉向神祇。

胡卡在位最後一年的某一天，天氣乾燥炎熱，他召集手足們到曼達納**僧院**聚會，奉獻當地一座興建中的神廟。當時楚卡．桑伽馬已經是內羅爾地位穩固的攝政者，普卡是穆爾巴加爾無可置疑的強人，戴夫在錢卓古提的**王座**難以動搖。他們在光鮮亮麗的騎士與旗幟的簇擁之下來到曼達納，他們的妻子與王妃也正是他們的守護戰士：雪山姊妹沙伽蒂、阿迪與皐麗。胡卡看著已經成家的兄弟來到，不免有些嫉妒——他們的妻子不會和混帳外國人上床，不會吧？然而他又想到雪山姊妹有任務在身：一旦丈夫有意背叛毗斯納伽的統治者——也就是他本人，就要將丈夫割喉處決。當初是他親自下達這樣的命令，而且雪山姊妹的忠誠無可置疑。

「我想，配偶不忠還不是最糟的事，」他告訴自己，「總好過配偶的首要效忠對象不是你而是你的兄長，永遠有一把刀放在你脆弱的喉嚨附近。」

桑伽馬兄弟中的楚卡講話肆無忌憚，看到曼達納的情況相當訝異，「這裡發生了什麼事？」他高聲說道，「難不成是有神明下凡現身，決定把僧人的洞窟改建成王宮？」曼達納未來將成為一處宗教勝地，吸引大批朝聖者與教士；眼前興建中的建築將富麗堂皇，與智者毗德薩伽——知識的海洋——簡樸的苦行僧住所大異其趣。

毗德薩伽親自出面回答：「諸神有比興建神廟更好的事要做，」他說，「然而對人們來說，興建神廟是至高無上的工作。」

「小心一點，」胡卡警告弟弟，「你這番話已近乎褻瀆，如果你一意孤行、墜人深淵，再多的祈禱也救不回你悲慘的靈魂。」

「所以你也改變了，和這個地方一樣，」楚卡反脣相譏，「如今你把曼達納變成一座王宮一般的神廟，也許你會以為自己在這裡也是國王。」

「第二次警告，」胡卡羅耶一世說道，楚卡的王妃沙伽蒂一隻手移向掛在腰間腰布的匕首。

「但是神廟還沒有完成，」楚卡繼續說道，「你現在只有一座工程進行到一半的**瞿布羅**

門樓，命名為不朽之門。因此我認為你自身的修行也還沒有完成，還沒有達到神聖或不朽。」

「我們今天聚集在這裡，是要將神廟奉獻給毗樓博叉，也就是濕婆，河神潘帕法力強大的丈夫；潘帕則是雪山神女的化身。」胡卡怒沖沖說道，「我今天也不打算讓你濺血。今天有更重要的目的。除了神廟之外，我們也要討論北方哥康達蘇丹國的鑽石王，他現在過於強大，反而會惹禍上身；而且他還信奉外來宗教，因此我們要將他視為死對頭。也別忘了他還擁有那麼多的鑽石礦。」

桑伽馬兄弟中比較理智的普卡接著開口：「鑽石礦的事我瞭解，那不用多說。但是其他的事，像是外國信仰，別鬧了，布卡一直說你們兩個人都不在乎包皮的事，割或不割都好；現在你們突然間變成憎恨行過割禮的人？這種說法根本沒道理。在毗斯納伽，軍隊裡至少三分之一的官兵、街道上可能半數的商人與店主，都是信奉那種外來信仰；他們也在突然間成為我們的敵人嗎？布卡認同你新近的極端思想嗎？對了，王儲人呢？」

「無所謂。」胡卡羅耶一世說道，「討論夠了。毗德薩伽，請進行奉獻典禮。我們必須懇求神祇庇佑我們，甚至包括那些信仰不堅的人。」

「你年紀漸長之後，真的和以前不一樣了。」戴夫．桑伽馬第一次開口，「我想比較喜歡以前的你。我想知道一件事，如果整個毗斯納伽是在一夜之間出現，還包括城中人民，如果城牆在第二天升起，如果這一切都是一袋種子的功勞；同樣的事為什麼不能發生在這裡，讓整座神廟出現？為什麼我們不能舒舒服服坐著，欣賞神廟在我們眼前生長出來的魔法？」

潘帕王后代替國王回答：「魔法並非無限量供應。」她說，「當人們首度踏上這個世界，有時會得到神聖的魔力。那個初期階段過去之後，人們必須學習自立自強，爭取自己的成就，贏得自己的戰役。可以這麼說，人們一開始都是兒童，但是終究要長大，在成年人的世界討生活。」

「妳是這個帝國的母親，」戴夫．桑伽馬說道，「但是今天妳給出的愛的訊息聽起來有點嚴厲。」

毗斯納伽城一條髒亂的偏僻街道，一間名為「腰果」的破落酒館，就在神廟奉獻儀式舉行的同一時刻，王儲布卡．桑伽馬喝酒度過午後。酒友訶里亞．寇特也是他尋芳獵豔的戰友，一名頭髮灰白的老兵，介紹他喝城裡新近流行的腰果芬尼酒。很多種原料都可以提煉芬尼酒，最著名的是椰子芬尼酒，但是腰果芬尼酒很不一樣，許多酒客認為更加好喝，酒性也濃烈得多——至少這家酒館賣的酒是如此。腰果是阿拉伯駿馬之外，葡萄牙人飄洋過海帶來的另一項大禮；事實上，這家酒館的幕後老闆是多明哥．努涅斯，只是他不欲人知，僱用日班與夜班經理來掩飾他的身分，原因也很有道理：他擔心潘帕．坎帕納反對他開酒館。在這個狹長、陰暗的空間，酒客坐在簡單的三腳凳上，圍繞著最靠近門口的木桌，啜飲著濃烈的芬尼酒；視個人性情而定，有些人愈喝愈快樂，有些人愈喝愈悲傷。在酒館後方會有一些特殊活動，進行時最好放下簾幕。然而幾瓶烈酒下肚之後，酒精會讓酒客朦朦朧朧，對酒館後方的活動也就見怪不怪。

訶里亞．寇特並不是神奇種子創造出來的毗斯納伽市民，胡卡與布卡早年軍旅生涯曾與他並肩作戰，他的年紀比兩兄弟大十歲，作戰經驗也更為豐富，但是和兩兄弟一樣曾被北方蘇丹的大軍俘虜，也從遙遠的德里逃離苦役，只不過時間點晚了幾年。他抵達毗斯納伽時的模樣與桑伽馬兄弟的記憶有些不同，頭髮更為灰白、身材更為瘦削，但是好酒貪杯讓他日漸發福。當時胡卡已經迷失在金碧輝煌的王權迷宮之中，沒有什麼時間理會昔年老友，但是布卡很高興看到熟悉的面孔，能夠與對方分享真實的記憶，而不是潘帕．坎帕納耳語的創造物。幾年過去，胡卡因為個人恩怨而投入宗教懷抱，兩兄弟也漸行漸遠，布卡對信仰的事輕描淡寫，胡卡的態度卻日益嚴峻。此外，布卡也開始擔心王位繼承的問題，他與胡卡曾經有過兄終弟及的約定，這約定還算數嗎？還是胡卡的葡萄牙裔私生子會試圖奪取帝國？布卡又邀潘帕．坎帕納到河岸邊散步，討論這個問題；她的答覆非常正面，讓他相當意外。

「當然，你會繼承你哥哥的王位，」潘帕．坎帕納告訴他，「而且老實說，我簡直等不及要當你的王后。」

布卡感到一陣恐懼，背脊發涼。他知道多明哥．努涅斯英俊的頭顱仍然留在他修長優雅的頸子上，已經讓他的國王哥哥很難容忍；現在，另一顆頭顱與頸子也面臨分家的危險。如果胡卡羅耶一世察覺任何一絲的跡象，自己的妻子——美麗卻放蕩，時間無法讓她老去，母親身分無法將她馴服——準備在自己死後躺上弟弟的床，而且相當期待這麼做，熱切盼望國王駕崩的那一天來到！那麼鮮血的浪潮一定會化為洪水，帝國會淪入恐怖的內戰亂局。

「我們兩個人不能再做任何交談，」布卡告訴潘帕．坎帕納，「直到那一天來臨。」

那天之後。布卡開始喝酒。訶里亞．寇特來到城市的時機恰到好處，王儲正好需要一位酒友，兩個人從此形影不離。胡卡對布卡與潘帕．坎帕納的談話一無所知，感歎弟弟沉湎於酒精之中，先是威脅他若不戒除惡習，就要將他逐出樞密院，那是城市的治理機構與帝國的監督機構；後來布卡擺明無意改變，胡卡果真將他逐出位高權重的樞密院，因此也將人們竊竊私語已久的一件事公諸於世：兩位帝國最高領導人、毗斯納伽創建者兄弟鬩牆。朝廷也因此爆發黨派之爭。有些人肯定胡卡的統治帶來高效能行政與軍事勝利，疏遠好酒貪杯的布卡；有些人注意到國王的健康開始走下坡，經常頭痛、發燒、畏寒，認為如果要確保自家政治利益，效忠王儲比效忠國王更為重要。在此同時，王儲日復一日流連腰果酒館，沉浸在芬尼酒醞釀的朦朧氛圍之中。

布卡生性逗趣搞笑，欠缺王者威儀，因此這些年來在城市頗受愛戴。與愈來愈嚴峻悲傷的國王相比，他更容易讓市民有親切感。他成為一位優秀的君王之後，人們不免懷疑他當年的酗酒只是逢場作戲，他並不是一個不知節制的傻瓜。對於這個問題，布卡只給了一個莫測高深的答案，「我讓自己看起來像個傻瓜，」他說，「因此當我揚棄愚行、戴上王冠，我的形象會更加突出。」

對於訶里亞·寇特，沒有人會問這種問題。在眾人眼中，他只是一個身軀肥胖、早已過氣的酒鬼。事實上，寇特加入了一個名為「異議」的極端地下教派，甚至可能是領導人；這個組織的文宣小冊詳述所謂的「五大異議」，指控當時宗教界的「結構性要素」——也就是僧侶教士——嚴重貪腐，必須徹底改革。他們在第一異議強調，宗教信仰的世界與世俗權力走得太近，那是智者毗德薩伽樹立的惡例；帝國神廟的領導階層不應該參與城市的統治機構。第二異議批判最近為奉獻新神廟舉行的大規模集體膜拜儀式，指稱這些新儀式並沒有神學或者經文的基礎。第三異議認為禁欲主義——尤其是男性僧侶的守貞——助長了男男性交的風氣。第四異議主張真正的信徒必須棄絕一切戰爭行為。第五異議譴責藝術，指稱人們過度關注建築、詩歌與音樂無關緊要的美好，必須立即、永遠將注意力轉向對諸神的崇拜。

異議人士的出現或許可以視為一種徵兆，顯示這座城市與從它擴張出來的帝國正在快速茁壯。然而「異議」運動在毗斯納伽乏人問津，因為市民們熱愛一切美麗的事物，自豪於擁有一幢又一幢壯麗的建築，享受詩歌與音樂帶來的樂趣；毗斯納伽市民對男男性交與異性戀一樣熱愛，並不認為有必要將情愛局限於異性之間，人們與同性伴侶也可以享受歡愛。每當傍晚日落散步時間，各式各樣的情侶都會出來呼吸新鮮空氣，手牽著手大大方方：男人與男人，女人與女人，當然也有男人與女人。這些人不太可能認同「異議」對性行為的譴責。此外，「異議」的政治主張也讓市民戒慎恐懼。他們從品格問題攻擊受敬重的毗德薩伽；他們基於和平主義反對戰爭，儘管毗斯納伽軍隊幾乎是百戰百勝；他們指控官方貪腐猖獗；公開表達這些信念只會招來殺身之禍。因此截至當時，「異議」一直是個規模很小的狂熱教派，訶里亞．寇特只能借酒澆愁。

王儲很清楚這些狀況，但從來不曾透露自己知情；無論是新神廟奉獻那天下午在腰果酒館，或者任何一個下午。如果有某個間諜告訴他，他的酒友是帝國最惡名昭彰、企圖發動革命的地下組織叛亂犯，他會假裝大感震驚，向對方表示他再也無法安心暢飲芬尼酒。如果訶里亞．寇特曾經懷疑這位王儲儘管看似遊戲人間，其實正慢慢發展為一位偉人而堅定的國王、已經設想詳細計畫要來對付「異議」組織；那麼他可能要擔心自己的性命安全。然而兩人繼續度過一個又一個快樂的午後，看似毫不在乎外面的世界發生什麼事。至於未來，就讓它在水到渠成的時機來到。

多明哥·努涅斯是一個基督徒、異教徒，當然不會參加神廟奉獻儀式。但是當天晚上，潘帕·坎帕納來到他的住所。蝸居乾草棚多年之後，他終於在城裡一個不知名的地方買了一間小房子；房裡堆放著一疊一疊的紙，寫下他在毗斯納伽的生活。**這地方風很大**，他寫道，**除了山區之外，是一個平坦的國家；西邊風勢沒那麼猛烈，因為種了許多樹林，有芒果與波羅蜜**。他似乎很有興趣一一記載平凡的事物，列舉當地所有的牲畜與農產品，乳牛、水牛、綿羊、鳥、大麥與小麥，就彷彿他是一名農夫，儘管他從未做過任何一種農業工作。**從果阿港來到這裡的路上，我發現一棵大樹，樹蔭可以讓三百二十匹馬遮陽避雨**。諸如此類。他談到夏季的乾旱和雨季的洪水；他提及一座神廟供奉了一位象頭神，廟中還有女性為神明舞蹈。**這些女子性情放蕩**，他寫道，**但是她們住在城裡環境最好的街道上，不時拜訪國王的妃嬪，一起嚼檳榔。她們也吃豬肉與牛肉**。他對多個主題留下大量紀錄，例如國王每天塗抹大量的芝麻油，一年之中節慶盛宴的日子，還有一些當地人都知道但不感興趣的事情。他的寫作顯然是針對外國讀者，潘帕·坎帕納看過，儘管不懂他使用的語言，但是猜到他的寫作目的，於是問他是不是打算永遠離開毗斯納伽，而不再是出門買了馬匹之後就返回。多明哥·努涅斯矢口否認，「我只是為自己留一些紀錄，」他說，「這地方太神奇了，應該好好記載一番。」

潘帕·坎帕納不相信，「我想你是害怕國王，準備逃走，」她說，「儘管我跟你說過好幾回，在我的保護之下，誰都無法傷害你。」

「不是這樣，」多明哥．努涅斯說道，「我對妳的愛遠勝於我一生中對其他人的愛，然而我漸漸明白，妳並不是那麼愛我——而且不僅是因為我必須和國王分享妳！——但那的確是部分原因！——也甚至不是因為妳要求我不能承認！——不能見到！——那三個可愛的女孩，人們甚至不能悄悄說她們長得跟我一模一樣！——但那的確是部分原因！——我完全同意妳的要求——完全同意！——因為我愛妳！——然而我還是日復一日有這樣的感受：我付出的愛遠比我接受的愛強烈。」

潘帕．坎帕納聽他說完，沒有打斷。然後親吻他，但是他並沒有因此得到安撫，她也沒有這個意思，「你好英俊，我好愛你的身體在我的身體上動作。但是你說得對，我很難全心全意只愛一個人，因為我知道他們有朝一日終將死亡。」

「這是什麼藉口？」多明哥．努涅斯質問，憤憤不平，「全人類的每一個成員都面臨同樣的命運，妳也一樣。」

「不，」她說道，「我會活到將近兩百五十歲，但是容貌永保年輕，或者說幾乎如此。然而你，相較之下，你已經開始老去，開始垂肩駝背，到最後……」

多明哥．努涅斯雙手摀住耳朵，「不！」他高喊，「不要跟我說這些事！我不想知道！」他已經察覺自己正在嚴重老化，健康狀況不如從前，開始擔心自己無法活到很老。有時候他會想像自己不得善終，很可能就發生在果阿港與毗斯納伽的馬匹貿易路線上，卡拉爾與馬拉瓦爾幫派的打劫行動仍然是一大威脅。他甚至懷疑，胡卡羅耶一世之所以對偷馬賊無所作為，原因正是私心期望他們會對他動手，幫國王代勞：挖出這個外國人的壞心腸。但是潘帕．坎帕納為他設想了一個不一樣的結局。

「……結局即將來到，」她說，「你將在後天死亡，你的心臟將會爆裂，也許這是我的錯，對不起。」

「妳是個沒心肝的賤女人，」多明哥．努涅斯說道，「不要煩我。」

「是的，那樣最好。」潘帕．坎帕納說道，「我並不想看到這樣的結局。」

潘帕冷酷的話語背後另有真相，她的拒絕老去不僅讓世人費解，對她自己而言也是一大謎團。從九歲那年女神開始透過她的嘴巴說話之後，她像一般女孩一樣發育成長，直到十八歲那年。然而在她將那袋神奇種子交給胡卡與布卡．桑伽馬兄弟之後，狀況起了變化，二十年過去，她的王宮閨房牆上掛著一面打磨光亮的盾牌，當她仔細看著自己在盾牌上的倒影，她估計自己在這二十年中大約只老了兩歲。如果這樣的估計正確，等到女神賜予她的兩百多年壽命來到尾聲時，她的模樣應該會是一個四十多歲的女人。她相當訝異，原本預想自己活超過兩百歲時會老態龍鍾、又皺又乾，如今看來事與願違。她的愛人將會死亡，她的子女（現在看起來已經比較像她的姊妹）會比自己的母親還要老邁，一個一個離她而去。人間世代從她身上流過，但她的美貌不會消失。這樣的理解讓她心情沉重，「一個生命的故事，」她告訴自己，「應該要有開端、中間與結束。然而如果中間部分異常地延長，這故事將不再有任何樂趣，而是化為詛咒。」

她瞭解這是她的命運，她將會失去自己關愛過的每一個人，到最後孤獨佇立，被他們焚燒中的屍體圍繞；正如同當年九歲的她孤獨佇立，看著母親與其他女人焚燒。她將會重新經歷童年時期的火葬堆浩劫，以慢動作的方式，在無止境的時間。一如已往，每個人都將死去；然而她的第二場火葬不會是幾個小時，而會持續將近兩百五十年。

第六章

多明哥・努涅斯無法不相信潘帕・坎帕納的預言，當天晚上與接下來的二十四小時都在腰果酒館，和布卡・桑伽馬、訶里亞・寇特一起喝得酩酊大醉，大聲咒罵滅絕天使亞茲拉爾與潘帕聲稱祂即將降臨的預言。因此當多明哥・努涅斯的心臟一如潘帕的預言爆裂，消息傳遍毗斯納伽，人們不僅知道這位為城市命名的傳奇外國人已經過世，也知道潘帕・坎帕納展現了預言的能力，預言人們何時會從今生出發前往來生——簡而言之，她的耳語不僅能夠帶來生命，也能夠帶來死亡。那天過後，人們對她恐懼更多於愛戴，她的拒絕變老更加深了這份新浮現的恐懼。胡卡羅耶一世對死去的情敵寬宏大量，從果阿找來一位主教，將多明哥・努涅斯的遺體放在冰塊上，直到主教帶著十二個容貌俊美，由他親自訓練的果阿青年抵達。接下來，努涅斯接受一場美好的羅馬式葬禮，儀式應有盡有。這同時也是毗斯納伽歷來第一場基督教葬禮，演唱來自外國的聖歌，提及三位一體的外國神祇，包括一個奇特的聖靈。城外一塊土地被劃為墓地，讓這位異教徒外國人長眠。潘帕・坎帕納站在國王丈夫身旁，向愛人告別。每個人都注意到，胡卡羅耶一世五十年生命的每一天都顯現在他刻痕累累、飽經風霜的臉龐，事實上大部分的人都覺得他看起來遠遠不止五十歲，君王工作的憂慮與戰爭的緊張情勢讓他的衰老超過了年歲；相較之下，潘帕．坎帕納幾乎一點也沒變老。她的青春美麗和她對多明哥．努涅斯的死亡預言一樣恐怖。毗斯納伽的民眾原本因為她創造了這座城市而愛戴她，在多明哥的葬禮之後開始與她保持距離。當她搭乘王室馬車行經街道，民眾紛紛退避三舍，不敢以恐懼的雙眼注視。

被詛咒的感受籠罩了她原本明朗的性情，當她與胡卡共處的時候，房間裡空氣瀰漫著悲傷意味的香氛。兩人相互誤解，胡卡以為妻子的悲傷是在哀悼逝去的愛人；潘帕．坎帕納以為丈夫的嚴肅陰沉來自他新近崇尚的宗教戒律；然而事實上，國王滿腦子想的是如何贏回妻子的似水柔情；至於王后，她的意念常是自己生不如死。

兩人每天會有一個小時坐在覲見大廳，有時候王座並排擺放，有時候直接躺在鋪地毯的平台上，斜倚著許多刺繡靠墊，欣賞樂師們以十種傳統卡那提克樂器演奏南方風格音樂，享用管家送上一盤又一盤甜點、一壺又一壺新鮮石榴汁。值此同時，毗斯納伽的人民向兩人提出各種請願，可能是因為雨量不足而請求減免稅負，也可能是懇求國王同意自己把女兒嫁給一個不同種姓的男孩，「因為陛下，真正重要的事情是愛。」在接見民眾的過程中，胡卡盡可能壓抑自己日益崇尚的宗教戒律，盡可能批准民眾的請求，希望藉由展現自己仁慈的一面，來讓王后回心轉意。

胡卡在回應民眾請願的空檔中，也試圖向潘帕．坎帕納求情，「我想我是一個好國王，」他對她呢喃耳語，「人民都稱讚我建立的行政體系。」然而他很快就察覺，建立公務員體系一點也不浪漫。為了不讓潘帕．坎帕納覺得乏味無趣，他轉向戰爭，「儘管我有念頭，但我更有智慧，因此沒有攻打哥康達蘇丹國固若金湯的城堡，讓那個異教徒鑽石王多享受幾天擁有王國的滋味，就等到我們的軍隊歷經戰爭考驗，能夠徹底擊敗對方。然而我已經為帝國征服大片土地，越過北方的馬拉普拉巴河並占領卡拉吉，勢力擴張到東海岸與西海岸、康坎與馬拉巴。此外，在馬都來蘇丹崛起並殺害曷薩拉王朝（Hoysala Empire）末代君王域拿．巴拿那三世之後，我立刻行動填補權力真空，將曷薩拉的領土據為己有……」他停頓下來，發現潘帕．坎帕納已經睡著。

愛人死去之後，潘帕．坎帕納開始有一種奇特的自我疏離感。她行走在王宮花園的綠色隧道中，那是由國王建立，讓自己晚間出行時不為人知。她走過九重葛花架，開始覺得自己像個迷宮之中的漫遊者；迷宮的中心處有一頭怪獸等候：也就是說，她迷失在自我之中。我是誰？她不禁自問。也許她就是那頭迷宮中心的怪獸。因此當她行經那座綠色迷宮時，她其實正一步一步接近自己本性中的獸性。自從那天母親選擇成為她的陌生人，自從第二個母親——女神——透過她的嘴巴說話，她的身分就化為一個謎團，連她自己也無法解答。她經常覺得自己只是某個目的的工具，一條深藏不露的水道，讓時間之河能夠流動而不氾濫成災；或者她是一具無比堅固的容器，用來收藏被鏟進去的歷史。然而她也逐漸明白，這個謎團的答案是一個故事的重點，故事是關於她一手創造的世界；對她與毗斯納伽而言，當兩者同時抵達自身漫長故事的終點，答案才會水落石出。

然而有一件事她確實明白：她的性欲力量一年一年愈來愈強，就好像她身體的欺騙時間能力與生理需求攜手並進。她也想過，在欲望這件事上，自己其實比較像男性而非貴族女性，當她遇見自己中意的人，她會緊盯著他，她必須擁有他，不在乎有何後果。她曾經渴望多明哥．努涅斯，也曾經擁有他，但如今已失去他；相較之下，崇尚宗教戒律的國王越來越不合她的口味。在王宮裡，一位王后如果想要縱情聲色，她會有許多衣冠楚楚、巴結討好的男性可以選擇；然而她目前並不打算這麼做。這些人原本有如半成品，生命故事來自她的耳語灌輸，因此很難讓她感興趣。無論他們年紀多大，在她感覺中都像自己的孩子，引誘他們簡直如同母子亂倫。此外還有一個問題必須考量：那些被她看中的男人，生命與美貌是否也會被她榨乾？這就是他們看起來要比實際年齡更老、而且英年早逝的原因嗎？她是否應該從此不再談情說愛，放過那些被她看中的男人，然後她會開始像一般人一樣老化？

這些是潘帕．坎帕納的重重心事。然而她的性欲渴望越來越強，壓過了心中疑慮。她開始尋找男人，目光有如一個致命的掠食者，最後鎖定她丈夫的弟弟：短小精悍、有如蜂針般犀利的布卡。

布卡是唯一能夠讓她開心的人。他為她講述腰果酒館深夜發生的風流情事，讓她樂不可支；他還邀請她找一天晚上到酒館與他和酒友訶里亞相聚；這項提議非常誘人又很犯忌諱，讓身為王后的她躍躍欲試。但她還是克制住自己，聽聽他天花亂墜的故事就好。她也注意到，這些故事不僅會引起她的興趣，而且經常會讓她情欲高漲。

她被王儲吸引這件事，很快就在宮廷人盡皆知。布卡不是多明哥・努涅斯之類的美男子，當時他的身材已經發福，幾個地方鬆垮下垂，無助的表情讓他看似一種人形的球根蔬菜，蕪菁甘藍或者甜菜根。說也奇怪，這個鬆垮垮的男人讓性欲強烈的王后相當動心，而且她還有性欲之外的動機。他對她的女兒很好，有如一個淘氣的叔叔，會用各種花招取悅小公主。潘帕・坎帕納在一場夢境中得知，今年會是丈夫生命的最後一年，也是多明哥・努涅斯死去的一年，因此她要為未來做打算。國王一旦駕崩，並沒有明確的繼承順位可以依循，他的每一位近親都會面臨危險。因此她必須確保布卡早已提出的即位主張，只要他能戴上王冠，她的孩子就會安全。如果她站在他身旁力挺，毗斯納伽沒有人敢反抗他們。

她邀他到花園的綠色隧道散步，在丈夫闢建的祕密隧道中，她第一次親吻他。「布卡，布卡，」她低聲呢喃，「人生有如一顆球，我們必須拿在手中。要進行哪一場比賽，如今由我們決定。」

當然，潘帕．坎帕納與王儲有私情的消息幾乎立刻就傳進胡卡耳裡，花園樹蔭也遮掩不了。戴上綠帽的國王不願意對自己的弟弟動手，被迫最後一次出國遠征，藉以掩飾——如果勝利，還可以消除——自己的恥辱。馬都來的蘇丹必須鏟除，他在推翻曷薩拉王朝之後不可一世，儘管後來並無法征服曷薩拉舊日的疆域，如今那是毗斯納伽帝國的領土。蘇丹讓帝國如坐針氈，帝國必須處理。因此胡卡羅耶一世發動畢生最後一場戰役，從此一去不回。他對王儲與王后的最後交代非常簡單：「我將這個世界交在你們手中。」潘帕．坎帕納了然於心，他害怕自己正步向死亡，她並沒有必要證實他的恐懼。他擁抱自己的弟弟，一時間，這對兄弟又成為兩個貧困的牧牛人，剛踏上人生的道路。然後胡卡出發，知道自己的人生道路很快就會來到盡頭；關於幽靈的世界，他想了很多。

胡卡當初在多明哥．努涅斯的葬禮上第一次聽到羅馬天主教的儀式用語，之後對一個概念一直感到困惑：基督信仰的神明之一是一個幽靈。他熟悉各種類型的神祇、比喻的神祇、死後復生的神祇、液態甚至氣態的神祇，但是這個「幽靈神祇」的概念讓他深感不安。基督徒會崇拜死者嗎？這個幽靈神祇是不是曾經活過，後來因為具備神祇的特質，因此被其他神祇擢升進入萬神殿？或者祂是被指定負責管理死者，另外兩位神祇聖父與聖子負責管理活人？或者祂是一個死亡後無法復活的神祇？或者祂從未活過；一個沒有形體的幽靈，從太古之初就已存在，無影無蹤地在活人之間穿梭，溜進溜出臥房與馬車，像間諜一樣監視人世的善行與惡行？如果其他的神祇可以被描述為創造者或救世主，那麼幽靈可以被描述為裁判者嗎？或者祂只是一個沒有特別興趣的神祇？一個沒有專門職責的神祇？這是……一個謎團。

他對幽靈的問題左思右想，原因是近來謠諑紛傳，聲稱出現了一個所謂的「幽靈蘇丹國」，一支由死者——或是不死者——大軍，成員都是毗斯納伽帝國在勃興過程中殲滅的士兵、將領與王侯，每一個都復仇心切。死者大軍領導人「幽靈蘇丹」的故事開始傳布，他手執一把長矛，座騎是一匹三眼馬。胡卡曾經表明他並不相信幽靈存在，但是私底下不免懷疑，這支戰無不勝的幽靈部隊會不會幫助馬都來的蘇丹，讓他在戰場上除了要與一個活的蘇丹作戰，還得對付一個幽靈蘇丹。如此一來，勝利的希望將非常渺茫。此外他也暗自恐懼，他日益嚴峻的宗教立場在幾乎完全世俗化（因此放蕩不羈）的弟弟布卡看來，違背了毗斯納伽的立國宗旨，或許也會讓幽靈部隊更熱切希望對決他的大軍，原因當然是這些幽靈活著的時候，全都信奉他無法容忍的宗教。

他為什麼會改變？（通往戰爭之路千里迢迢，有許多時間可以省思。）他並沒有忘記撒下神奇種子的那一天，他與布卡在山丘頂上的對話，「底下這些人，我們的新人民，」布卡問道，「你認為他們有受過割禮嗎？」然後又說道，「事實上，我並不在乎，可能兩者皆有，無所謂。」兩兄弟達成共識，「只要你不在乎，我就不在乎。」「無所謂。」

胡卡的問題有答案：他之所以改變是因為智者毗德薩伽發生改變。毗德薩伽六十歲的時候，這個看似謙卑（其實私底下掠食成性）的穴居者已經化身為一個掌權者，如果當時有「首相」這個職稱，他堪稱胡卡的首相，不再是年輕時那個純粹（其實也並不純粹）的神祕主義者。在革命宣傳小冊《第一異議》——可能是地下激進分子（地上身分則是酒鬼）訶里亞．寇特本人的手筆——之中，點名批判毗德薩伽跟國王關係密切。現在，他每天起來之後的第一件事不是祈禱、冥想與齋戒，也不是思考「十六種哲學體系」，而是履行身為胡卡羅耶一世寢宮侍臣的職責。毗德薩伽是每天早上第一個見到胡卡的人，因為胡卡沉迷於占星術，還沒用早餐就需要他來解讀星象，預期今天一天會發生什麼事情。毗德薩伽每一天會告訴國王，星象要他考慮哪些事情、在王宮接見哪些人，哪些人星象示警應該迴避。布卡對占星術並不迷信，視為胡扯瞎說，打從心底討厭毗德薩伽，認為他的預測根本就是政治伎倆。如果他能夠決定國王會見的人，如果他是寢宮與王座大廳的守門者，他的權力將是一人之下、萬人之上。布卡懷疑智者利用這種權力，向國王的朝臣與有求於國王者索討大筆捐贈，受惠者除了曼達納的神廟，顯然也包括他本人。他的權力已經可以和國王分庭抗禮，甚至足以推翻國王。胡卡聽不進去任何對於自家導師的批評，然而布卡告訴潘帕．坎帕納：「當我的時代來臨，我會剪除這個教士的羽翼。」

「對，」她斬釘截鐵的口氣讓他大感訝異，「你一定要這麼做。」

胡卡原本接納某種形式的宗教融合，讓不同信仰的民眾、貿易商、地方首長、士兵甚至將領都能平起平坐，但新近涉足政治的毗德薩伽強烈反對，「阿拉伯的神祇沒有容身之地，」他對胡卡堅定表示。然而這位聖人卻對一神教的理念很有興趣，並且特別重視對濕婆在當地化身的崇拜，提高其地位超越所有其他神祇。此外他也非常關注阿拉伯神祇信徒的大規模集體祈禱。「我們沒有任何可以相提並論的活動，」他建議胡卡，「但是我們應該舉辦。」大規模集體祈禱的推行是一項劃時代創舉，開啟了後來的「新宗教」。但是「異議」運動強烈反對，他們是「舊宗教」的信徒，宣傳小冊主張舊信仰才是真信仰，膜拜神祇不是群眾活動，而是個人行為。那些人山人海的祈禱活動其實是偽裝的政治集會，濫用宗教來為權力服務。除了一些不食人間煙火、無足輕重因此被容許存在的知識分子小團體之外，「異議」的小冊並沒有引起多少人注意，集體膜拜的想法也流行起來。毗德薩伽對國王耳語說，如果由國王親自帶領這些儀式，人們將難以區分對神祇的膜拜與對國王的效忠，這會是一樁好事：後來的發展果然是如此。

向馬都來蘇丹進軍也符合毗德薩伽「新宗教」的立場，那個暴發戶小王侯與他的暴發戶宗教，現在必須好好教訓一番；這場教訓的象徵意義將會引發廣大的迴響。

這一切的一切都讓布卡與胡卡兩兄弟漸行漸遠，正因如此，當潘帕·坎帕納在綠色隧道親吻王儲時，他並沒有抗拒，而且熱情回應。對她而言，兩兄弟的分歧顯而易見，她已經做出選擇。

讓多明哥．努涅斯仰慕，來自摩洛哥的全球旅行家伊本．巴圖塔（Ibn Battuta）在前往中國的漫漫長路中，曾經在開伯爾山口遭到搶劫，在印度河岸邊看到犀牛吃草，在前往科羅曼德海岸的路上被強盜綁架；如今他停下腳步，迎娶一位馬都來公主，因此能夠記錄自己的親身見聞：馬都來蘇丹的殘酷暴行與這個蘇丹國的滅亡。短命的馬都來蘇丹國內部動亂不息，八位統治者都是靠著殺害前任而登上血腥的王座，一個接一個快速更迭。因此當胡卡羅耶一世兵臨城下，當初擊敗曷薩拉王朝的蘇丹——伊本．巴圖塔的岳父——早已死亡。而且從那位蘇丹開始，馬都來不斷發生權力鬥爭、貴族遭到暗殺、老百姓被公開處以刺刑，這些暴刑是要讓貴族與平民知道是誰擁有生殺大權，但也引發強烈的怨恨，以致於馬都來的軍隊發生兵變、拒絕作戰，讓胡卡兵不血刃獲取勝利。當最後一場處決執行，沒有人哀悼死者——馬都來八位血腥蘇丹中最後、最殘暴的一位。

（胡卡以勝利者之姿進入馬都來之前，伊本．巴圖塔已經踏上逃亡之路，身為一個覆滅王室成員的外國配偶，他覺得自己最好不要在場。因此這位偉人的著名遊記並未提及毗斯納伽帝國，我們也讓他就此離去，不再多做評論。至於那位被他

遺棄的公主妻子，從此也是杳無音信；她從歷史淡出，就連她的名字也只能猜測。可憐的女士！嫁給一個浪蕩不羈、四處旅行的男人，永遠是不智之舉。）

胡卡進入馬都來之後，得知這個剛被他終結的恐怖王朝發生過什麼事，立刻想到自己的家人，後悔自己疏遠了王儲弟弟，與另外三個弟弟更是早已形同陌路。他下令四位騎士跨上軍中腳程最快的四匹駿馬，傳送四封內容相似的信給四個弟弟：老家毗斯納伽的布卡、內羅爾的楚卡、穆爾巴加爾的普卡、錢卓古提的戴夫。

「馬都來的王族似乎每隔幾週就會自相殘殺，多年來都是如此，」胡卡寫道，「兒子殺害父親，堂表兄弟相互殺戮；而且沒錯，也有兄弟相殘。這個血腥宗族的行為讓我比以往更熱愛我的家人，因此我要寫信告訴你們，我親愛的手足，我絕對不會為了保有權力而傷害你們。我相信你們也不會傷害我，我懇求你們信任彼此，絕對不要做出傷害自己血親的事。我很快就會回到毗斯納伽，一如以往，一切都會平安順利。我愛你們。」

布卡收到這封信，將它解讀為某種隱性的威脅，「馬都來的血腥事件讓國王有了一些血腥念頭。」他告訴潘帕．坎帕納，「我們必須在周遭部署一個武裝部隊方陣，時時刻刻保護我們，就從現在開始。這些信件也會讓我們的弟弟們緊張起來，天曉得會發生什麼事？其中一個或者他們三個可能會做出決定，與其坐等攻擊，不如先發制人。」

潘帕．坎帕納首先想到自己的孩子，儘管她們都是女兒——此時已長成美麗的少女，比較不會被視為威脅。也許她應該離開毗斯納伽，試圖尋求庇護，但是要到何處尋求？國王的弟弟們不可信賴，帝國各處都被國王牢牢掌控，帝國之外的地區則是充滿敵意。布卡認為只要胡卡還在世，三個小公主安全無虞；然而一旦國王駕崩，她應該把女兒喬裝成貧窮的牧牛女，送回桑伽馬兄弟遙遠的老家古提；那是一座位於高聳岩壁下方的村落，村民們會照顧三個女孩。「這只是短時間的必要作法，只須維持到我確實掌控整個國家。」布卡要潘帕安心，「就算我失敗了，無論是誰篡奪我的繼承權，楚卡、普卡或者戴夫，他們一定想不到女孩會被送到古提。」他說。「如今他們在自己小小的城堡畫地作威作福，我想他們已經忘本，恐怕根本不記得古提這個地方。而且他們在古提也沒有待多久，早早就走上為非作歹的道路。」

毗斯納伽帝國爆發歷史上第一次偏執妄想引起的恐慌。在內羅爾、穆爾巴加爾與錢卓古提，桑伽馬三兄弟愈來愈不放心自己的妻子——雪山三姊妹，擔憂她們可能已接獲國王的祕密訊息，正準備殺害自己的丈夫。潘帕．坎帕納則是開始為女兒做準備，必要時逃入古提的牛群藏身。布卡回信給胡卡，傳達他所能想到最具兄弟之情的訊息，並且準備面對災難。

這樣的時刻可能預示了一個帝國的傾覆，然而毗斯納伽並沒有倒下。

倒下的是胡卡。他從馬都來班師回朝，騎馬走在部隊前頭，他突然間大喊一聲，從馬上墜落。大軍好不容易停止前進，以最快速度搭起王室營帳和一座野戰醫院，然而國王已陷入昏迷。三天之後，他一度短暫甦醒，主治醫生問他幾個問題，試圖判定他的心智狀態。

「我是誰？」醫生問道。

「一個幽靈將軍。」胡卡回答。

醫生指一指他的醫護助理，「他是誰？」

「他是一個幽靈間諜。」國王回答。

一名勤務員帶著乾淨的被單走進野戰醫院。

「他是誰？」醫生問胡卡。

「他只是某個幽靈，」胡卡不屑地說，「根本不重要。」然後他再一次沉沉入睡，此生最後一次睡眠。大軍回到毗斯納伽的同時，國王的死訊正式宣布。部隊官兵開始竊竊私語，關於國王在駕崩前說了什麼話；許多人聲稱看到幽靈蘇丹國的幽靈部隊來到，幽靈將軍騎著三眼馬衝向國王，以一把透明的長矛刺穿胡卡羅耶一世的心臟，讓人看得怵目驚心。然而如果有一個人願意編織這樣的故事，就有十個人表示他們沒有看到任何鬼影幢幢。幾位軍醫的共同結論是，國王的腦部發生病理危機，心臟可能也有重大問題，不需要什麼怪力亂神的解釋。

毗斯納伽第一位國王的葬禮營造出一個莊嚴的時刻，潘帕．坎帕納告訴布卡，這是帝國歷史從虛無到存有階段的最後一幕，「第一位國王的駕崩同時也是一個王朝的誕生，」她說，「一個王朝的演進也就是**歷史**。在這一天，毗斯納伽從奇幻的領域進入歷史的領域，它的故事有如一道大河，流入一座故事的汪洋大海——世界的歷史。」

葬禮過後，情勢很快平靜下來。潘帕．坎帕納並沒有將女兒送往古提流亡，喬裝成牧牛人。她孤注一擲，將家人的安全寄託在一個信念上：如果她站在王儲旁邊，就沒有人敢對他如何。事實果然如此，朝臣、貴族與軍方高層很快就承認布卡羅耶一世（Bukka Raya I）是毗斯納伽帝國的新任統治者，雪山三姊妹也有志一同。布卡還在世的三個弟弟如釋重負，因為妻子並沒有在接到胡卡的死訊時處決他們。三兄弟前往毗斯納伽城，跪在新王面前，大勢就此底定。布卡羅耶一世將統治帝國二十一年，比亡兄多一年。這二十一年也是毗斯納伽第一段黃金時期，胡卡清規戒律的宗教觀成為過去，取而代之的是布卡無憂無慮、對宗教等閒視之的心態。城市與帝國回歸誕生時期那種「那又如何」的氛圍。每個人都樂在其中，只有從教士變成政客的毗德薩伽不甚開心，他對潘帕．坎帕納表明自己的不悅，批評道德敗壞的輕薄風氣再度興起、其他宗教的信徒受到縱容、新政權的神學立場很不嚴謹。

然而她不再是當年那個飽受創傷，被他收留在洞窟中並且——她無聲地指控——加以侵害的女孩，因此她的選擇簡單明瞭：對他視而不見。

第七章

布卡登基為王的第一天就派人去找昔日酒友。訶里亞．寇特一生都在軍營與廉價旅館度過，王宮的富麗堂皇讓他不知所措。在幾名面無表情的女戰士護送之下，他走過裝飾繁複的水池與華麗的澡堂，走過描繪部隊進軍與上鞍大象的石材浮雕，走過穿喇叭裙女孩舞蹈的石像，一旁有樂師敲擊石鼓、以石笛吹奏美好旋律。在簷壁飾帶的上方，一塊一塊綢緞披覆著牆面，綴滿珍珠與紅寶石，角落佇立著金色的獅子。儘管私底下抱持激進思想，訶里亞．寇特仍然對這番景象歎為觀止，同時也心生畏懼。新王找他進宮，所為何來？也許國王想要抹殺自己好酒貪杯的往事，那麼訶里亞．寇特就得擔心人頭落地。女戰士將他送進私人覲見大廳，要他等候。

大廳裡絲綢閃閃發亮，石雕裝飾琳瑯滿目，訶里亞．寇特等候了一個小時，心情愈來愈忐忑不安。國王終於駕到，大批侍衛、管家與婢女隨行，訶里亞只覺得生命已來到盡頭。布卡羅耶一世不再是腰果酒館矮胖渾圓的布卡，他的外表光鮮亮麗，身披金色錦緞，戴著一頂搭配的帽子。布卡似乎長高長壯了，訶里亞．寇特知道這是不可能的事，壯觀華麗的表象會引發錯覺。但儘管只是錯覺，已經足以讓這名頭髮灰白的老兵提心吊膽。布卡開口說話，訶里亞．寇特心想：**我死定了**。

「我什麼都知道。」布卡說道。

原來與喝酒的事情無關。這樣一來，訶里亞．寇特更加相信今天就是自己的忌日。

「人不可貌相，你另有一副真面目。」布卡說道，「我的特務已經跟我做了報告。」這是新國王第一次承認，在他哥哥當政時期，他仍然保持自己的安全人員與情報單位；現在他的人馬已經取代胡卡的團隊，後者被要求退職，棲身偏遠小村，再也不准回到毗斯納伽城。

「我的特務，」布卡補充說道，「非常可靠。」

「他們說我的真實身分是？」訶里亞．寇特問道，雖然他知道這問題的答案。他有如一個已被定罪的被告，發問後就會聽到死刑的宣判。

「你提出**異議**，是這個字眼吧？」布卡心平氣和，「事實上據我所知，你可能是我亡兄認為關係重大的人，《五大異議》的真正作者，並不單純只是個狂熱信徒而已。更有甚者，你為了掩飾自己的作者身分，刻意表現出不像一個信仰虔誠保守派人士的行為，背離人們對作者的推想。你若不是刻意偽裝欺瞞，就是那些宣言並不代表你的本質，你只是利用它們來吸引一批你不配擁有的信徒。」

「我不願意侮辱你的情報團隊，因此不會否認你掌握的消息。」訶里亞・寇特說道，他直挺挺站著，有如一名在軍事法庭受審的軍人。

「現在，關於五大異議，」布卡說道，「我完全認同第一異議，信仰的世界應該與世俗權力分離，而且從今天開始就這樣要求。至於第二異議，我同意對我們而言，那些集體膜拜儀式是外來事物，我也會開始禁絕。接下來的異議就比較麻煩一點。禁欲主義和男男性交的關連並未得到證實，守貞與男男性交的關連也是如此。此外，毗斯納伽有許多人都很享受男男性交的樂趣，不應該由我來規定哪些樂趣沒有問題，哪些樂趣違反法律。你還要求我們不再進行任何軍事行動，我可以理解你和許多沙場老兵一樣痛恨戰爭，但是你也必須認同，如果軍事行動攸關帝國的利益，我們就會進行。最後，你的第五異議反對藝術，完全是一種市儈無知的想法。我的宮廷會有詩歌與音樂，我也要興建壯觀的建築。諸神都非常清楚，藝術絕不是無聊瑣事。藝術對於社會的健全與福祉不可或缺。因陀羅在《樂舞論》就曾宣示，劇院視同聖地。」

「陛下，」訶里亞・寇特說道，對往日酒友使用正式的稱號，「希望您給我時間做一番解釋，同時懇求您的慈悲。」

「你沒有必要懇求什麼，」布卡說道，「五大異議有兩項過關，已經很不錯了。」

訶里亞・寇特大大鬆了一口氣，但是又非常困惑，抓一抓頸背，搖一搖腦袋，顫抖了幾下，讓人覺得他好像跳蚤上身，這也很可能是實情。他終於開口問道，「陛下，您為什麼要召我入宮？」

「今天清晨時分，」布卡告訴他，「我款待我們偉大的智者毗德薩伽，知識的海洋，提到他正在撰寫一本探討十六種哲學體系的巨著，據說內容會是無比精闢，如果因為他必須分神為宮廷效力而無法完成、功虧一簣，那將是一大悲劇。我還冒昧指出，我個人對占星術沒有多大興趣，因此從前我哥哥要求的每日晨間星象解讀工作已無必要進行。我必須表明，整體而言，毗德薩伽欣然接受我說的一切。他這個人風度翩翩，當他發出一聲並非語言的叫喊——「哈！」的一聲巨響，連馬廄的馬匹都受到驚嚇，我理解這是一種超越性的靈修，一種控制得宜的吐氣方式，完全排除他體內多餘的東西，一種釋放。之後，毗德薩伽離開，我相信他已回到多年前棲身的洞窟，就位於曼達納僧院周遭；他將展開為期九十一天的冥想與靈魂更新。我知道我們將會感謝這種修行帶來的美好成果，感謝他的靈性以更豐富的型態重生。他是我們當代最偉大的人物。」

「你將他解職了。」訶里亞．寇特斗膽做了總結。

「我的宮廷現在的確有一個職缺，」布卡回答，「但是我不能只用一個顧問來取代毗德薩伽，因為他一個人可以抵過好幾個人。所以我想請你承接他五分之二的職責，也就是擔任我的政治顧問。我會另外找人負責另外五分之二，也就是社會生活與藝術，你在這兩方面太過無知、盲目頑固，因此應付不來。至於戰爭的議題以及何時必須作戰，我自己負責。」

「我會嘗試改進自己的頑固與無知。」訶里亞．寇特說道。

「很好，」布卡羅耶一世說道，「我拭目以待。」

潘帕．坎帕納重見天日的巨著《闍耶帕羅闍耶》以等量齊觀的清晰與懷疑來呈現勝利與失敗；書中提到布卡挑選的社會與藝術事務顧問名叫「恆伽提毗」，並描述她是一位詩人，也是「布卡兒子鳩摩羅．坎帕納的妻子」，曾經寫下史詩《馬都來的征服》（*Madurai Vijayam*）。本書（完全是順水推舟之作）謙卑的作者斗膽指出，這是不朽的潘帕——肉身近乎不朽，文字永遠不朽——一個小小的伎倆。我們都知道毗德薩伽已經用過「恆伽提毗」這個名字，來稱呼那個在母親火葬悲劇之後遇到他的無聲女孩；「坎帕納」則當然永遠讓人聯想到潘帕．坎帕納。至於「布卡兒子的妻子」，嗯，這在生理上與道德上都不可能，因為潘帕．坎帕納不久之後為布卡生了三個兒子——是的！她這回生的都是男孩。這些兒子在馬都來遠征戰役時期都還沒出生；就算他們已經出生，母子結婚也是無法想像、世人不容的事情。因此我們必須認定，「鳩摩羅．坎帕納」是個不存在的人物，「恆伽提毗」與潘帕．坎帕納是同一個人。潘帕本人也正是《馬都來的征服》的作者，但她非常謙虛，不追求個人名聲，因此才會披上薄薄一層、很容易就能揭開的虛構面紗。然而我們可以進一步推想，從這層面紗如此之薄可以看出，潘帕．坎帕納其實希望未來的讀者將它撕個粉碎；這意謂她一方面試圖營造謙虛的形象，一方面暗中渴望她透過化名放棄的聲譽。我們無法得知真相，只能揣測。

言歸正傳：潘帕．坎帕納做到非比尋常的成就，毗斯納伽君權更迭，但王后都是她，而且前後兩代國王還是兄弟。布卡讓她負責督導帝國的建築、詩歌、繪畫與音樂，性愛事務也歸她管。

布卡羅耶一世時期的詩歌創作極為優秀，唯一能夠相提並論的是一百年之後克里希納提婆羅耶（Krishnadevaraya）國王的輝煌歲月（我們之所以知道，是因為潘帕．坎帕納在她深埋地下的著述中，引述了許多兩個時代的作品；那些長期默默無聞的詩人，直到現今才獲得應有的肯定。）至於王室畫院的作品，如今已全部失傳，原因是在毗斯納伽帝國滅亡的時候，毀滅者處心積慮抹殺它所有的具象藝術。此外，關於琳琅滿目的性愛主題雕塑與壁飾，如今也只剩下她的文字記載。

儘管發生許多糾葛，布卡仍然期望與哲學家教士毗德薩伽保持良好關係，因為許多毗斯納伽民眾的情感與理智仍然深受他的影響。布卡將毗德薩伽逐出宮廷之後，為了不讓這名聖人心懷怨恨，特別同意他自行徵稅，以便經營日益擴張的曼達納神廟群，交換條件是廟方保證不涉入世俗事務。

至於潘帕．坎帕納：她曾經再次造訪毗德薩伽棲身的洞窟，當初就在這個地方，他顯露自己的弱點，反覆摧殘她的胴體。她前往時沒有帶任何一名侍衛或婢女，身上只披著托缽僧的兩塊布，形同將自己變回當年那個修習苦行的年輕女孩，年復一年睡在洞窟地板上，在沉默中承受他對她的為所欲為。她接過他送上的一杯水，行禮如儀寒暄之後，開始說明她的計畫。

她告訴這位偉人，自己出任文化大臣的核心計畫，將是在城內建立一座壯麗的神廟，奉獻給毗德薩伽選擇的神祇，其中的教士、**廟妓**、舞孃都由大祭司指派。至於她本人要負責的工作，她一本正經地對毗德薩伽娓娓道來，似乎完全不知道這番話語會讓他膽顫心驚：她將親自遴選毗斯納伽最有才華的石匠與石雕師傅，打造一座宏偉的建築，並且在神廟的高牆從裡到外、巨大的尖塔、**瞿布羅**刻上性愛主題的淺浮雕，描繪美麗的**廟妓**與她們精挑細選的男伴，呈現各種性愛交歡的體位，有些見於怛特羅傳統的討論，有些是由古代《愛經》推薦；後者出自哲學家巴連弗邑的筏蹉衍那的手筆，她特別提到，毗德薩伽一定是筏蹉衍那的仰慕者。她也向智者建議，這些石雕應該包括**性交**與**愛侶**兩種類型。

「正如同我們從《廣林奧義書》得到的教誨，」她在毗德薩伽面前連續引述兩部經典，非常清楚自己有多麼傲慢無禮，「性交的**情欲**形象是**解脫**的象徵，人們一旦達到這種超越的狀態，就可以脫離生死輪迴，『當男子被女子緊擁，將不復有**內外之分**』。」她引述《奧義書》，「『當男子被靈性緊擁，也將不復有**內外之分**。他的欲望與靈性得到滿足。他將無所渴求，也無有痛苦。』至於**愛侶**的雕像，」她繼續說道，「它們代表自性的重新結合。《奧義書》開宗明義教導我們，自性或者**神我**需要第二個實體，並且會一分為二。夫妻之道從此開始，一旦重新結合，自性將再度完整完全。我們都知道，兩個部分的結合讓完整的宇宙得以存在。」

毗德薩伽此時五十多歲，留著長長的白鬍鬚，可以盤繞在身上。他不再是當年那個瘦削、鬈髮蓬鬆的二十五歲青年，在同樣的洞窟裡玷汙潘帕。王宮中的生活讓他腰圍變粗、頭頂變禿。他的許多特質也一一消失，例如面對他人理念與意見時的謙虛和寬容。他聽完潘帕．坎帕納的話，開始以傲慢自大、高高在上的語氣答覆。

「小恆伽提毗，我擔心妳受到北方人的影響。妳引用古人的智慧，試圖將淫亂猥褻正當化，作法相當巧妙，但也是拐彎抹角、受到誤導。我們南方人都很情楚，科納拉克等遙遠地方神廟的情色雕像，只不過是在描述**廟妓**的生活；北方的廟妓比娼妓好不到哪裡去，給她們幾文錢，她們就會把身體扭曲成各種淫蕩的姿態。在毗斯納伽的淨土聖地，我絕不容許如此展示。」

潘帕．坎帕納的聲音冷若冰霜，「第一點，大師，」她說，「我不再是你的小恆伽提毗，我已經逃離那種被詛咒的生活，如今是毗斯納伽的二度王后。第二點，雖然我至今絕口不提那些年你在這座洞窟中的行為，但是如果你妨礙我的工作，我隨時有可能開口。第三點，我們的討論與北方或南方無關，而是願意禮讚神聖的人體形象與運動，涵蓋一夫一妻制與多重配偶制。第四點，我剛剛決定，其實根本不需要建造新神廟，只需要將石雕添加到既有的神廟，像是新神廟與猴神廟，那樣你就可以天天觀看，花一輩子思考兩情相悅的性愛與粗暴侵犯弱小有何差別。我還有進一步的想法，但是沒有必要與你分享。」

「妳的力量比我更強大了，」毗德薩伽告訴她，「至少現在是如此。我無法阻擋妳。妳可以為所欲為。我從妳不可思議的長保青春可以看出，女神確實有長生不老的本領，而且本領高強。但妳要知道，我也會向諸神祈禱，賜予我同等的長壽，只要我們都還在世的一天，我就會對抗妳墮落敗德的行為。」

如此一來，一言以蔽之，潘帕．坎帕納與毗德薩伽成了敵人。

以下是潘帕．坎帕納「進一步的想法」：情欲藝術長期以來一直被人們放置在宗教背景看待，她要讓兩者劃清界線，打消將情欲藝術正當化的必要性，方法是引述古代的文獻，從怛特羅、《愛經》到《奧義書》，從印度教、佛教到耆那教，將情欲藝術從高深的哲學與神祕主義概念抽離，轉化為面對日常生活的讚頌。布卡是一位奉行享樂主義的君王，已經給予她全力支持。接下來的幾個月到幾年之間，城中各地的牆壁刻上**廟妓**與其男伴的形象，從住宅區到腰果酒館與其他廉價旅館，市集商場的裡裡外外。簡而言之，無所不在。

她募集並且訓練一批新世代的女性工匠，除了石雕之外還有木雕；這是因為毗斯納伽大多數的世俗建築都是木造，王宮一大部分也是如此。另一方面，女性對於情欲的想法要比男性更為複雜、趣味盎然。在她生下生兒子、和布卡享受魚水之歡——遠勝於她和胡卡——的那幾年裡，她著手推動讓毗斯納伽脫胎換骨，從毗德薩伽說服胡卡打造的清規戒律世界，轉型為一個充滿笑聲、快樂、頻繁且多彩多姿的男歡女愛的天地。她新近發現的快樂讓她對多明哥・努涅斯仍有回憶，但不再痛苦；她的計畫就是要擴散這份快樂，當成一份禮物送給芸芸眾生。這項計畫也有可能並不那麼純潔，其實是一種復仇，推行它正是因為毗德薩伽反對——這名如今備受景仰的教士當初在曼達納洞窟中當苦行僧的時候，所作所為與他灌輸給人們的僧侶形象是兩回事。

訶里亞・寇特晉見布卡，警告他這項計畫會引發風暴。

「關於創造歡樂的人生有一個重點，」這名老兵與國王走進宮廷花園裡隱密的綠色隧道，邊走邊談，「那就是它不適合由上而下推行。人們不會只因為聽從王后吩咐而去享樂，對於何時、何地、如何享樂也會自有主張。」

「但是她並不是真的在吩咐人們做哪些事，」布卡反駁，「她只是營造一個能夠鼓舞人們的環境，她希望自己發揮激勵的力量。」

「有些人是老奶奶，」訶里亞說道，「不希望床鋪上方有三人做愛的木雕場景。有些人是別人的妻子，受不了丈夫死盯著這些新出現的浮雕與壁飾，心想自己的妻子會不會被木雕的男人或女人撩動。有些人是父母親，發現自己很難對孩子解釋這些雕刻是在描繪什麼。有些人一事無成、孤單寂寞，看到別人的歡樂只會讓他們更加難受。就連錢卓謝卡爾——腰果酒館的酒保——「都說，一整天、每一天看著這些完美的形體和技能，會讓他產生自卑感，因為普通人根本做不出這些有如特技的動作。所以你看，問題相當複雜。」

「老錢這樣說？」

「沒錯。」

「人們真不懂得感恩，」布卡若有所思地說，「明明是很單純地公開展現美、藝術與喜悅，他們卻要搞得這麼複雜。」

「一個人的藝術品可能是另一個人的春宮圖，」訶里亞．寇特說道，「毗斯納伽還有大批毗德薩伽的信徒，您也知道他會如何形容這些爬滿神廟、充斥街道的雕刻。」

「『爬滿』！『充斥』！我們是在形容蟑螂嗎？」

「是的，」訶里亞．寇特回答，「他就是用這個字眼。他說那些木雕與石雕有如骯髒的蟑螂相互交配，他鼓勵人們採取行動阻止蟑螂入侵。有些新雕像已經遭到破壞毀損。」

「我明白了，」布卡說道，「所以呢？你有何建議？」

「這不是我的職責，」訶里亞．寇特退卻，不想和潘帕．坎帕納發生衝突，「這件事您應該與王后討論，然而……」他欲言又止。

「然而什麼？」

「然而帝國最好能夠遵循不會造成分裂、能夠凝聚人們的政策。」

「我會考慮一番。」國王表示。

「我瞭解，」當天晚上，他在寢宮對潘帕．坎帕納說道，「對妳來說，身體的愛代表精神的愛。但是，有些人顯然不是這麼看待。」

「這太可恥了，」她回答，「難道你要和那個又老又禿又胖的騙子聯手來對付我？毒害人們心靈的人是他，不是我。」

「情況也許是，」國王好聲好氣，「對十四世紀而言，妳的理念太過於進步，妳走在自身時代的前端。」

「像我們這樣的強大帝國，」她回答，「正應該挺身而出，帶領人們邁向未來。且讓其他地方留在十四世紀，毗斯納伽將要邁入十五世紀。」

第八章

潘帕．坎帕納與多明哥．努涅斯生的三個女兒，後來都被官方認定為胡卡羅耶一世的孩子。三個女孩的名字分別是：尤喜娜，意思是「月光」，潘帕以這個名字呼應桑伽馬兄弟以月神後代自居的說法；澤瑞妲，意思是「勇敢的女戰士」；尤克塔絲麗，意思是「聰明頑皮的女孩」。來到布卡年代的中期，三個女孩都長成為近三十歲的女人，潘帕的預言本領一覽無遺，三個名字完全預示了三個女兒的性格。尤喜娜性情平和，成為一位嫻靜的美女，猶如籠罩河面的滿月一般明亮，猶如東方升起的新月一般誘人。尤喜娜天生口吃，但潘帕．坎帕納用耳語將治療的藥方注入她的耳朵，確保沒有任何流言蜚語會說她「就像多明哥．努涅斯一樣。」二女兒澤瑞妲性情像男孩，和朝臣的女兒們玩耍時有時會太過粗魯，她們因為她的地位而不敢還手，只能忍氣吞聲挨打；她長大成人後震驚宮廷，將頭髮剪短，改穿男裝。年紀最小的尤克塔絲麗是王族學校最聰明的女孩，她的老師告訴潘帕．坎帕納，如果她不是公主，一定能夠成為一位數學家或是哲學家。但她喜歡惡作劇捉弄同學與老師的習性，恐怕要好好克制一下。尤克塔絲麗長到十六歲的時候，仍然是家庭的智囊，而且與兩個姊姊有一個突出的共同點：三姊妹都沒有興趣尋求配偶。

潘帕·坎帕納無意逼迫女兒結婚。她向來讓她們自由自在，以自己的方式長大成人。如今三姊妹不再是女孩，已經是女人，她對布卡提出最後一個激進的構想。當初女神透過她的嘴巴說話時，也鼓勵她爭取一個能夠讓**男性以不同方式看待女性的世界**，這將是一項最了不起的創新之舉。潘帕對布卡主張，女性應該享有與男性同樣的王位繼承權；如果他也認同，就可以研擬適當的宣示並送交樞密院同意；然後決定王朝的未來要托付給誰，胡卡的血脈抑或布卡的血脈。她是否預見這項建議會造成家庭分裂，讓三個兒子與三個女兒對立，我們看不出來；潘帕只說她支持性別平等，並且希望她摯愛的每一個人都能贊同。

「在毗斯納伽帝國，」她對樞密院發表演說，「女性並沒有被當成次等人。我們不被遮掩，不被隱藏。許多女性都受過高等教育，具備文化素養。看看了不起的詩人塔拉帕卡，想想卓絕的詩人拉瑪巴德蘭巴；還有那些積極參與國政每一個層面的女性，像是我們摯愛的貴族朋友阿卡提毗夫人，她掌管我們南方邊界的一個省分，甚至曾經多次領軍圍攻敵人的要塞。」

「請各位看看周遭，宮廷侍衛由強悍的女性組成。各位一定也知道，我們還有女性醫師、女性會計師、女性法官、女性執行官。我們相信我們的女性。毗斯納伽城設有二十四所男子學校、十三所女子學校，還談不上平等，但已經遠勝於帝國之外的任何地方。既然如此，我們為什麼還不容許女性統治我們？否決這種可能性是一種站不住腳的立場。我們必須重新思考。」

這項男女平權的議案問世時，潘帕．坎帕納與布卡羅耶一世的三個兒子各只有八歲、七歲與六歲。布卡堅持由他來取名：伊拉帕里、薄伽、甘達帕。根據毗德薩伽的星相圖，「甘達帕」意謂這孩子心胸慷慨高尚，「薄伽」意謂他將成為神祇的忠僕，「伊拉帕里」意謂他是一個想像力豐富的理想主義者。布卡私下對潘帕．坎帕納坦承，三個男孩的真實性格顯示那個占星師的預言沒有多大價值。伊拉帕里欠缺想像力，是一個只關注表面事實的年輕人。甘達帕對高尚的事物完全不感興趣，而且說老實話，從小到大都是一個心胸狹隘的人。薄伽的確從小就有深刻的宗教傾向，而且布卡遺憾地承認，他的信仰幾近於狂熱。所以占星師的三則預言只應驗一則，成績並不理想，連訶里亞．寇特的五則應驗兩則都不如。

對潘帕．坎帕納而言，母性從來不是水到渠成的事。她試圖不要去怪罪自己的母親羅陀，然而每當羅陀自焚的景像浮現在她眼前，她總是會冒出一股怒氣。母親對她的關愛不足以讓自己選擇活下去。潘帕的問題則是另一個極端：她會活得比每一個人都久。無論她是哪一種類型的母親，都得看著自己的兒女一一死去。

潘帕．坎帕納對教育三個兒子想盡辦法，但是說實話，她對他們相當失望。她教導他們要彬彬有禮，臉上要掛著迷人的微笑。但是這些討喜的特質只是遮掩了他們的真實本性——

坦白說，相當乖張頑劣。當消息傳出，國王與樞密院正在認真考慮王后的建議，三個兒子的本性——傲慢自大、恣意妄為、甚至橫行霸道——表露無遺。

三兄弟——分別才八歲、七歲、六歲！——闖進樞密院會議廳，大剌剌表明自己的感受，後面跟著的家教和保母拚命揮手，試圖安撫他們的情緒。

「如果一個女人戴上王冠，」薄伽大喊，「神明會說我們是不成材，懲罰我們。」

伊拉帕里幫腔，搖頭說道：「等到我變成大人，難道我要待在家裡煮飯？還要穿女人的衣服、學會縫縫補補、生兒育女？這太……愚蠢了。」

最後輪到年紀最小的甘達帕，做出他自以為一槌定音、無可反駁的論證：「我無法忍受，」他一邊說一邊跺腳，「我不要，我不要，我不要，我們是王子，公主只是女生。」

潘帕．坎帕納和丈夫並肩坐在主席臺上，三個兒子的行為令她震驚。就在此時此刻，她做了一個震撼性的決定，從此改寫畢斯納伽的歷史，她自己的人生也將出現劇烈變化。

「我看不出來這群喧囂的小野蠻人是我的骨肉，」她說道，「因此，儘管心情沉重，我要與他們斷絕關係，從現在直到永遠。我還要請求國王與樞密院剝奪他們的王室頭銜。他們三人將被趕出畢斯納伽城，放逐到帝國的邊疆地區，由武裝侍衛看管。他們可以帶著保母與家教。顯而易見的是，一段時間之後，良好的教育也許會改善他們頑劣的性格。」

布卡非常震驚：「但是他們只是孩子，」他急忙說道，「母親怎麼能對孩子說這種話？」

「他們是怪物，」潘帕．坎帕納回答，「他們不是我的孩子，也不應該是你的孩子。」

一時間情勢大亂。樞密院會議廳變成地獄的第一層，布卡羅耶一世墜入煉獄，必須做出極為困難的抉擇：支持自己的妻子，放逐自己的孩子；或者為了保護小王子而疏離潘帕．坎帕納，也許從此永遠交惡。樞密院的成員圍繞著他，看著他，試圖研判他們該站在哪一邊——在他做了困難的抉擇之後。如果他放逐兒子，可能會導致帝國動蕩不安，甚至引發內戰。如果他拒絕潘帕．坎帕納的要求，誰知道她會為毗斯納伽帶來什麼樣的魔法災難？毗斯納伽的創造者是她，毀滅者會不會也是她？

「我們需要時間，」他說，「這件事要從長計議。在我們做成決議之前，王子待在這裡，由宮廷侍衛保護。」

不做決定是最糟的決定。第二天，消息散布開來，街頭爆發鬥毆，許多反對王后主張的人以暴力攻擊女性，這些罪行讓毗斯納伽墜入第二層地獄。第三天，市集商店遭到犯罪幫派洗劫，公共秩序混亂讓幫派財源滾滾。第四天，有人更加膽大妄為，企圖搶劫城市金庫裡的大批黃金。第五天，整座城市怒氣勃勃，黨派鬥爭此起彼落。第六天，不同黨派相互指控對方是異端。第七天，暴力狀況失控。這一整個星期，布卡羅耶一世一個人坐在寢宮之中，幾乎紋風不動，也沒有多少進食與睡眠，他陷入沉思，拒絕接見任何人，連王后也不例外。後來潘帕．坎帕納終於硬闖進宮，來到他的跟前，甩他一個耳光，讓他從沉思中驚醒；潘帕告訴他：「如果你不立即採取行動，一切都會瓦解崩潰。」

這是一個重大的時刻，依據潘帕．坎帕納的敘述（要呈現如此嚴重的爭執，我自己的敘述恐怕並不可靠）：「當布卡羅耶從他迷亂的昏睡醒來，他的堅定果決就像先前的猶疑不決一樣顯著。」他接二連三採取行動，接受並同意潘帕．坎帕納的要求，堅持立場，取得樞密院同意，將三個幼子放逐；另一方面，他出動王宮衛隊的女戰士與軍營中的大批部隊，進駐街頭恢復社會秩序。

（潘帕．坎帕納的作法非常特別，她在書中描述這些關鍵而痛苦的細節，但下筆卻不帶一絲感情。她突然間與兒子一刀兩斷，照理說一定會焦慮煎熬、天人交戰。布卡也陷入深層的掙扎，一邊是對妻子的愛，一邊是父子之情；他最終選擇妻子、放棄兒子，以他的地位與所處時代而言，這是非比尋常、出人意料的舉動。儘管如此，她在書中完全沒有透露這些感情的波瀾。她只單純地紀錄事實。三個傲慢的小男孩遭到放逐，公主君臨朝廷。我們開始看到，潘帕．坎帕納擁有一種驚人的——幾乎是可怕的——決絕無情特質。）

沒過多久，城市平靜下來。毗斯納伽畢竟不是仍處於原始型態的文明。潘帕．坎帕納早年利用她的創造性耳語，為新誕生的市民灌輸堅定的法治信念，教導他們要珍惜自己在法律保護傘之下享有的自由。傘成為毗斯納伽最重要的時尚配件與地位代表，也象徵人們出於愛國情操對正義與秩序的尊重。在城裡的街道上，每天都有色彩繽紛、宛如彩虹的傘陣經過，金色的流蘇從傘骨垂下晃蕩，佩斯利漩渦花紋與抽象鋸齒線條構成精緻的圖案，還有老虎或者滿天飛鳥的圖象。富人的傘鑲綴半寶石，絲綢材質；但窮人也有傘可以遮擋。傘的設計千變萬化透顯了文化、信仰與種族的多樣性。多樣性也出現在城市的街頭：不僅有印度教徒、穆斯林與耆那教徒，還有葡萄牙人與阿拉伯人馬匹貿易商，販賣大桶美酒並採購絲綢的羅馬人。中國人也來了，布卡羅耶一世曾經派遣使節到中國明朝的首都南京，晉見又稱洪武帝的朱元璋；幾年之後，明朝皇室發生家變，遷都北京，新皇帝的大將軍（一位太監）鄭和喜歡旅行，來到毗斯納伽進行回訪。鄭和也用傘，金色中國陽傘的設計在當地引發一陣模仿風潮。傘呈現了城市面向國際的開放心態，這樣的心態也讓市民在一段時間的不滿之後，接受布卡的政令，讓毗斯納伽成為世界上第一個、也是唯一一個地區，願意考慮讓女性單獨坐上君王大位。

然而情勢持續暗潮洶湧。布卡派遣特務到城裡探查，看似平靜的表象之下，有一些事情正在醞釀。動亂期間浮現的是真實而非幻象：黨派、罪犯、在民間延燒的憤怒情緒、憤怒情緒可能引發更多暴力的威脅。人們的分歧恐怕比原本的認知更為嚴重，對流放小王子的支持恐怕比原本的預期更為可觀。追求性別平權在日後可能被視為破壞安定的舉動，與現實世界脫節的菁英決策。然而當布卡對潘帕．坎帕納轉述特務的調查報告，她並不以為意。

「我猜想大部分的心存疑慮者都是來自第一批被創生世代，不是新誕生世代，」她說，「我一直擔心耳語是一種不完美的工具，某些被創生者後來會出現無法預期的存在困難，他們因為不確定自身的本質與價值而引發心理問題，這些問題導致他們對其他人產生偏見，誤以為這些人得到比他們更好的待遇。給我一份懷疑者名單，」她大模大樣地吩咐布卡，「我要對他們追加一些耳語。」

布卡統治時期的後半段，潘帕．坎帕納展開耳語再教育的工作。我們即將看到，這項工作並不成功。潘帕藉此學到每一個創造者——甚至包括天神自身——都應該學到的教訓：一旦你將你的人物創造出來，你就受限於他們的選擇；你再也無法隨心所欲改造他們；他們的本質已經決定，他們要做自己想做的事。

這就是所謂的「自由意志」，他們如果不想被改變，潘帕也就無法改變他們。

布卡羅耶一世當過哥哥二十年的副手，等到他自己登基為王，他的表現就像個與生俱來的王者。如果我們翻閱潘帕．坎帕納的巨著，會看到在毗斯納伽三個王朝之中的桑伽馬王朝，布卡被視為最優秀、最成功的君王。現在沒有誰還記得位於阿科特的㚑姆布羅耶王國，孔達維杜地區的瑞德斯王國也早已銷聲匿跡。這些實力雄厚的王國與其呼風喚雨的統治者都淪為布卡的手下敗將。果阿被他征服，連奧迪薩或奧里亞地區也難以倖免。卡利刻特王國的扎莫林是他的藩屬，錫蘭迪布或者錫蘭的賈夫納王國向他進貢。布卡也將三個不再是王子的兒子伊拉帕里、薄伽與甘達帕放逐到賈夫納，他們從此過著軟禁的生活，由賈夫納的國王派兵嚴加看管，算是做人情給毗斯納伽的統治者。

放逐三個兒子是布卡一生最痛苦的決定，也是他最嚴重的失算。沒有任何一個國王樂意向更強大的君王朝貢，或者承認其他君王是他的宗主。因此當三個男孩逐漸成年，賈夫納的國王與他們合作，協助他們建立一個聯絡系統：先搭船渡過錫蘭與大陸的海峽、再換騎馬匹，聯絡他們的三個叔父楚卡、普卡與戴夫；三兄弟對王位的野心人盡皆知。這些夜間出動的騎馬使者一身黑衣，定期前往內羅爾、穆爾巴加爾與錢卓古提，然後返回賈夫納。如此一來，六個桑伽馬家的成員得以擬定計畫；三個憤怒的侄兒與三個幹過強盜的叔父，全都野心勃勃，磨刀霍霍。

布卡的情報單位無法察覺這項醞釀中的陰謀，關鍵在於另一個地區占據了他們的注意力：哲弗拉巴德。這個蘇丹國位於毗斯納伽北方，克里希納河的另一邊；它的崛起對帝國形成嚴重威脅。行事詭密的蘇丹哲弗爾一世極少公開露面，以至於人們開始稱他為「幽靈蘇丹」，並且擔心由死者組成的的幽靈大軍會在哲弗拉巴德重生，誰都無法殺死他們。還有謠言聲稱，幽靈蘇丹的三眼座騎「阿希卡」也是幽靈，在哲弗拉巴德的街頭像王子一樣昂首闊步。布卡看得出來，哲弗爾一世以毗斯納伽為藍本打造他的新王國。正如同桑伽馬家族自稱是月神蘇摩的後代，哲弗爾也聲稱他的家族來自波斯傳奇人物沃胡．瓦納，善念的化身；並且進一步認定毗斯納伽是代表惡念的阿卡．馬納，也是善念的死對頭。這種說法形同宣戰，正如「哲弗拉巴德」與「毗斯納伽」的意思同樣是「勝利之城」，並且前者更強調道德不曾敗壞。以帝國的名號來命名一個新出現的蘇丹國，是一種非常清楚的意向宣示。幽靈蘇丹企圖消滅毗斯納伽，取而代之。就連那匹三眼幽靈馬也是一種挑戰，如果牠確實存在，牠將對決月神的白馬座騎；胡卡與布卡一直聲稱——儘管不曾提出任何證據——白家神聖的戰馬正是這匹神駒的後裔。

布卡是一位備受愛戴的國王，因此當他決定對哲弗拉巴德進軍，這項決策也受到支持。群眾聚集在街道上歡呼，看著國王騎馬走過大門，走向整裝待發的大軍：一百萬名戰士，十萬頭大象，二十萬匹阿拉伯駿馬。這支大軍看似無人能擋，就連幽靈也毫無機會取勝。只有潘帕．坎帕納憂心忡忡，布卡對她的最後交代有如警告，或者惡兆，「妳可以如願以償了，」他對她說，「我不在的時候，妳會是攝政王后，妳將單獨統治。」

布卡率領大軍出發之後，潘帕．坎帕納一個人待在王宮**女眷區**的私人寢宮，要求召見宮廷詩人納卡納。「為我唱一首快樂的歌。」她吩咐他，這應該是很簡單的要求，因為納卡納的作品幾乎千篇一律是在讚美帝國及其統治者——他們的高深智慧、彪炳戰功、文化素養、廣受愛戴、俊帥形象。但是此時納卡納一張開嘴，卻只能唱出悲傷的詩歌。他閉上嘴，搖搖頭，大惑不解，張開嘴道歉，再一次嘗試，雙唇之間流瀉的詩句卻更為悲哀。他再一次搖搖頭，就好像舌頭被什麼黑暗的精靈控制。這是第二個惡兆，潘帕心下瞭然。「沒關係，」她告訴局促不安的詩人，「就連天才也有休假的時候，也許明天你的表現會更好。」

當頗受打擊的詩人正要離開潘帕的寢宮，她的三個女兒走了進來。尤喜娜、澤瑞妲與尤克塔絲麗已經長大成人，驚人的美貌可以與母親相提並論。納卡納向三姊妹鞠躬，送上臨去秋波：「陛下，您的女兒如今已成為您的姊妹。」他試圖討好王后但宣告失敗，隨即離開。

這句話像一支箭直直射中潘帕·坎帕納的心臟。「是的，」她心想，「又再一次發生。」她身邊的人一個一個老去，她卻朱顏不改。她摯愛的布卡如今已六十六歲，膝蓋無力，經常喘不過氣，其實很不適合領兵作戰。在此同時，如果她靜下來想一想，她的五十歲生日就快到了，但是容貌仍然像個二十一、二歲的女孩。因此，的確沒錯，三個女兒現在看起來不像她的孩子，而像她的姊姊，甚至阿姨，因為她們都已經三十多歲，都還未婚。她想像未來會有這樣一天，女兒活到六十多歲甚至更老，但她的外貌仍然是個二十七歲的年輕女子。等到女兒年老死去，她的模樣恐怕還不會超過三十歲。她很擔心自己必須再一次硬起心腸，就像當年對待多明哥·努涅斯一樣。她是否必須學會不再愛自己的親人，才能夠放手讓他們離去，自己繼續活著？她要一個接一個埋葬自己的孩子，她會如何承受？她會哭泣還是不會哭泣？她是否已學會一種靈性的技能，從這世界抽離以抵擋悲傷？或者她會被孩子的離去徹底摧毀擊潰，因此渴望始終拒絕來臨的死亡？也許孩子們會很幸運，全部一起英年早逝，死於一場戰役或者意外。也許他們全都會在自己的床上遭到殺害。

三個女兒不想讓她一個人坐在愁雲慘霧之中。「跟我們走，」澤瑞妲大喊，「我們要上劍術課。」

潘帕．坎帕納過去希望女兒學陶藝，就像她與她母親羅陀，但是三姊妹對陶輪沒什麼興趣，潘帕只能當成自己個人的嗜好。她養育女兒就是要讓她們超越男性，比所有男性受到更好的教育、更敢於表達意見、更能據理力爭；在軍隊中，她們的戰鬥比任何一名男性戰士都更為凶悍、更能達成目的。布卡派遣使者出訪中國的時候，潘帕．坎帕納告訴他：「我聽說中國擁有非常厲害的戰鬥技能，年輕人練習徒手搏鬥、寶劍與長矛、長刀與匕首、毒吹箭等等。你要找到一個最高明的武術教練，帶回來。」使者完成她交付的任務，從中國請來大師李義和，進駐毗斯納伽的青冥宮——「宮」是指學校——擔任武當劍的總教練，四位王室女性都是他的高徒。

「好的，」潘帕．坎帕納同意，暫時放下悲傷，「我們去好好打鬥一場。」

青冥宮是一座木造建築，由毗斯納伽的男女工匠搭建，中國風格則是來自李大師的指導。建築中間是一座四方型天井，每天都會鋪上打鬥用的墊子。天井周圍是三層樓高的建築，有陽台俯瞰天井，還有房間可供研讀與冥想。潘帕．坎帕納覺得毗斯納伽市中心能有一幢異國風格建築，是非常美好的事；兩個世界在這裡相互穿透，互蒙其利。「李大師，」她邊說邊鞠躬，和女兒一起走進青冥宮，「我把女兒帶來，你要知道她們都告訴我，她們想要在毗斯納伽幫你找一位妻子。」

四位女士每天都會說這類的話，期望能誘發總教練一些反應，可能是一抹微笑，甚至是臉色發紅。但他總是面無表情，「妳們要跟他學習，」潘帕．坎帕納告訴女兒，「無比強大的自我控制，歎為觀止的平靜鎮定，我們都應該努力追求。」她看著女兒在青冥宮的打鬥墊上練習，兩兩對打，注意到她們發展出一些超自然的技巧，這不是第一次。她們可以一口氣跑上牆壁，好像牆壁成了地板；她們可以在樓上的陽台之間遠距離跳躍，彷彿不受重力限制；她們可以快速旋轉，製造出小型龍捲風，整個人升上半空中；她們還能夠運用一種空中翻筋斗的技巧——就好像空中有一道看不見的階梯，李大師發誓說他從來沒見識過。三姊妹的劍術是如此精湛，潘帕．坎帕納知道她們能夠抵抗一支小規模軍隊。她希望自己永遠不必驗證這個信念。

她本人也與李大師合作，不過只限於一對一教學。在女兒上課的時候，她寧可當一個驕傲的母親；至於她自身的學習，那是她一個人的事。在她與李大師的私人課程中，兩個人很快就知道彼此棋逢敵手。「我沒有東西可以教妳，」李義和說，「然而與妳打鬥可以磨練我的技巧，因此說實話，是妳在教導我。」如此一來潘帕．坎帕納體認到，女神對她的賜予超過了她原先的推測。

在這段獨自攝政時期，潘帕．坎帕納處處都看到惡兆，變得惶惶不可終日。她和女兒向來無話不談，因此也告訴她們自己的憂慮。「我對性別平等的事情可能過度堅持、過度反應。」她說，「我們恐怕要為我的理想主義付出代價。」

「妳在擔心什麼？」尤喜娜問道，「或者我該問，妳在擔心誰？」

「只是有一種感覺，潘帕．坎帕納回答，「但是我擔心妳們的三個同母異父弟弟，擔心妳們的三個叔父。此外還有一個人，比這六個人更讓我擔心。」

「是誰？」尤克塔絲麗追問。

「毗德薩伽，」潘帕．坎帕納回答，「他是一個危險人物。」

「什麼都不必擔心，」澤瑞妲安慰母親。她是三個女兒中最強悍的鬥士，對一身武藝很有自信。「我們會保護妳，免於任何人、所有人的傷害。而且，」她轉頭對自己的老師說道，「你也會保護王后，對吧，大師？」

李大師走上前來鞠躬，「以生命保護。」他給予肯定答覆。「不要輕易做這種承諾。」潘帕．坎帕納說道。

「世界看似**多樣**，」智者毗德薩伽常說，「但真相是**多樣**並不存在，世界只有**唯一**。」

失去朝廷首席教士的職位、完成洞窟閉關靜修之後，他離開毗斯納伽許多年，一路雲遊到迦尸，在聖河河畔沉思冥想，深化自己的知識見解。如今他已回到曼達納，再一次坐上神廟中心一棵大榕樹下的寶座，又長又白的鬍鬚像腰帶一樣纏繞腰間；後方一名**廟妓**撐起一把簡樸的傘，幫他的禿頭遮擋陽光。他採取**跏趺坐**或者蓮花坐的姿態，紋風不動，雙眼閉上，每天持續幾個小時。群眾圍繞著這位回歸的聖人，期盼他開口開示，但他往往保持沉默。他沉默的時間愈長，圍觀的群眾愈多。如此一來，儘管他並沒有刻意招徠信徒，信徒的規模仍然日益擴大。他的影響力遍及毗斯納伽也超出這座城市，儘管他並沒有刻意影響任何人。他的談話有如謎語。「一無所有，」他說，「什麼都不存在，一切都是虛幻。」一名信徒大著膽子，試圖讓他發表一些可以做政治解讀的話話，「這棵榕樹也不存在嗎？曼達納神廟呢？毗斯納伽城呢？整個帝國呢？」毗德薩伽過了一個星期才回答，開口說道：「一無所有，只有兩件事存在，兩件事是同一件事。」他語焉不詳，於是這名信徒追問：「哪兩件事？兩件事如何能成為同一件事？」這回毗德薩伽過了一個月才回答；這段期間，他的周遭已是人山人海。當他開口，聲音非常柔和，因此他的回答要重覆許多遍；他的話語在群眾之中擴散開來，有如海面的波瀾。「其一是**梵天**（Brahman），」他說，「祂是最終極的、唯一的存有；祂不會變化，但是涵攝所有變化。其二是**梵我**（atman），一切有生命的事物，生命的唯一型態，與梵天百分之一百零一相同，二者合一，一模一樣。其他的一切都是虛幻：空間、時間、權力、愛情、地方、家庭、音樂、美麗、祈禱。虛幻。只有兩件事存在，兩件事是同一件事。」

這些耳語開始在群眾間散播，在重覆中發生微妙的變化，聽起來有如召喚人民武裝起義。毗德薩伽的話被群眾解讀為：現有二者，只能留一，唯一才能存續，另一必須——什麼？——被吸收？被推翻？

布卡羅耶一世統治時期貫徹始終，堅持政教分離，毗德薩伽也沒有跨越這道界線。「如果我們越界，」他告訴信徒，「大火將會沿著這道界線燃燒，將我們吞沒。」每個人都知道他引用的是「**瑞伽**」，羅什曼為大哥羅摩的妻子悉多畫下的神奇界線，在兩兄弟出門遠行時，一旦有魔鬼企圖跨越，界線就會噴發熊熊烈火。如此一來人們會理解，毗德薩伽只是引用《羅摩衍那》的典故，並沒有超出宗教界線；另一方面，他將自己與信徒比擬為魔鬼或者**羅剎**，展現了謙卑甚至極度自貶的精神；當然，在真實世界——虛幻的真實——中的他或者信徒都不是魔鬼。但是在另一個層面，他的信徒也都理解，他藉由這種論述方式創造了一種與「**他們**」截然有別的「我們」。這個「我們」想要跨越界線，暗中支持宗教入侵人們生活的每一個領域，從政治到靈性；至於「**他們**」則是反對這種魔鬼才會有的想法。兩個陣營「毗德薩伽派」與「布卡派」——儘管這從來不是正式的名稱——在毗斯納伽各自壯大，人們——至少從表象看來——認為兩個陣營實為一體，然而來到表象下方，擺脫虛幻，兩者顯然仍是兩者，而且愈來愈難和平共處。情勢的發展違背了毗德薩伽主張的非二元主義，他關於**梵天**與**梵我**本質的教誨；但是毗德薩伽派並沒有提到這種矛盾，而是全力強調「帝國是一種幻像」的理念；並且相信真相——也是一種宗教信仰——就是他們排斥所有虛幻神祇觀念的真實信仰很快就會崛起，掌控所有存在的事物。

與此同時，在毗斯納伽的另一個角落，訶里亞．寇特的「異議」運動發生重大變化，它的宣傳小冊與牆面塗鴉不再反對男男性交、戰爭與藝術，並且反而支持自由戀愛、軍事征服與各式各樣的創造力。結果導致「異議」的支持者開始增加，許多人認為這項運動的領導人不需要繼續隱性埋名，應該挺身而出，表彰那些受到眾多毗斯納伽市民肯定的布卡派價值，並且擔任布卡派運動的領導者，對抗毗德薩伽派（不過我們要再次強調，「布卡派」與「毗德薩伽派」兩個名稱從未被公開使用）。訶里亞．寇特也聽到這些呼聲，但是他保持沉默。

一個人如果長時間棲身於陰影之中，陽光將是不可承受的明亮。

布卡已對潘帕．坎帕納透露訶里亞．寇特的祕密身分，那是當然。對於他讓「異議」運動保持地下化的決定，她並沒有意見，「要求你的朋友規劃逃亡路線，」她告訴他，「如果未來情勢惡化——我擔心會是不久之後的未來，我們可能都需要一個地下網絡。」

來自前線的使者回報，遠征哲弗拉巴德的戰事並不順利。訶里亞·寇特進宮向攝政王后報告最新消息。第一波戰事之後，布卡被迫撤退到比馬河的南岸，讓哲弗拉巴德蘇丹占據北岸。緊接著，蘇丹併吞了毗斯納伽帝國的屬地瓦蘭加爾，殺害當地的統治者。潘帕·坎帕納感到驚訝甚至難過，因為布卡竟然派遣特使到德里蘇丹的朝廷，請求對方協助毗斯納伽帝國對抗同樣宗教信仰的哲弗拉巴德；不出所料，這項看似孤注一擲的舉動吃了閉門羹。後來情勢好轉，布卡反攻比馬河北岸，占領穆德加爾。使者的報告描述布卡對穆德加爾的人民大開殺戒，行徑野蠻。潘帕·坎帕納嚇壞了，「這不是我認識的那個男人，」她告訴訶里亞·寇特，「如果他現在會做這種事，代表他的計畫面臨危險，我們也一樣。」

她的判斷正確。接下來幾名使者描述，哲弗拉巴德的蘇丹攻擊布卜羅耶一世駐紮在穆德加爾的部隊，攻勢非常猛烈，毗斯納伽的官兵士氣搖搖欲墜，行伍間盛傳幽靈蘇丹出現，幽靈戰士為哲弗拉巴德衝鋒陷陣，官兵開始驚慌恐懼。一支恐懼的部隊就算占有數量上的優勢，仍然無法作戰。使者回報，布卡逃離軍營，他的大軍倉促撤退，哲弗拉巴德的蘇丹擊殺了九萬名滯留的官兵。然後是一場更慘重的潰敗。「國王即將回來，但敵軍緊追在後。」使者報告，「我們必須做好準備，城市可能會遭到攻擊，至少會遭到包圍。」

從戰場回來的布卡與當初出征時大不相同。一個人如何面對勝利，會揭露他某方面的真面目：他是一個寬大為懷的勝利者，還是心存報復？他會保持謙卑，還是趾高氣揚？他會對勝利上癮，渴望一再克敵致勝，還是滿足於既有的成就？失敗則會引發更為深沉的問題：他的內在資源有多深厚？他會從此開始瓦解，還是表現出前所未見——連他自己也不知道——的韌性與才能？國王穿著戰場濺血的皮革與金屬盔甲入宮，眾多問號圍繞著他，有如一群蚊蚋。就連潘帕．坎帕納也不知道他會如何回答這些問題。

布卡沒有跟她說話，只搖搖頭，有如一群蚊蚋的問號也一起搖晃。他走進寢宮，下令任何人都不准進入。他在宮內待了一星期又一星期，規劃城市如何抵擋圍攻的工作落在潘帕．坎帕納身上，訶里亞．寇特與她三個女兒出力幫忙。她在防禦工事從黎明忙到黑夜，毗德薩伽前來探望，告訴她毗斯納伽的失敗是因為國王不再「親近諸神，尤其是親近濕婆。」如果能夠恢復這份親密感，哲弗拉巴德將會敗退，毗斯納伽將會獲致軍事成功。「毗斯納伽有許多人——可以說是我們大部分的人民——都認同這樣的分析，」他對她說，「有些時刻，國王不再是高高在上，而應該接受人民的指示與引導。」

「感謝你，」她回答，「我一定會向國王轉告你睿智的建議。」然後她繼續工作，把毗德薩伽睿智的建議拋諸腦後，因為她必須確認城垛已備妥一鍋一鍋的油，一旦敵軍試圖攀爬城牆，就將滾燙的油倒下去。她還必須確認戍守防禦工事的官兵全副武裝、充分休息，依據嚴格的班表輪番就寢、站崗。哲弗拉巴德的大軍已經兵臨城下，如果他們決定攻城，幾天之內就會發動攻勢，至少會開始圍城。

潘帕．坎帕納逐漸陷入絕望，但是在一個星期五的早晨，當哲弗拉巴德大軍——官兵與動物——前進的步伐讓大地為之震動，捲起塵土如烏雲一路進逼，布卡終於振作起來，穿上乾淨的全副盔甲，走出寢宮，高聲吶喊：「我們要好好歡迎幽靈蘇丹國，讓他們倉皇逃回幽靈世界。」儘管布卡塊頭並不大，但此時他騎馬走過城市街頭，有如一尊憤怒的巨人。他來到部隊前頭，帶頭衝鋒陷陣，殺入蘇丹的大軍，就連那些幽靈兵團——如果他們真的是幽靈——也只有一個念頭：爭先恐後、逃之夭夭。

在與哲弗拉巴德對抗的過程中，布卡原本扮演侵略者，他察覺北方鄰國日益強大、形成威脅，於是選擇先發制人，只是並不成功。克里希納河仍然是兩國的界河，沒有任何一方獲得或喪失任何一塊土地，連小小一塊也沒有。兩國各保疆域，締結了一項不穩定的停戰協議。

然而在他最後一次勝利的衝鋒陷陣之後，布卡感到身體不適。他的情況緩慢但持續惡化，後來沉沉睡去。當國王病倒的消息從王宮傳揚開來，人們開始揣測原因。最深入人心的說法是，國王被一枚有毒的幽靈飛鏢射中，「他正在對抗毒素，但毒素太強大了。」一名動物標本剝製師說道。「幽靈殺人的過程很緩慢，因為從我們的世界到他們的世界需要很漫長的時間。」賣糖果的小販感歎。「他站在薩拉育河岸邊就像羅摩，」招牌畫師大聲說道，「不久之後，他也會像羅摩一樣，走入河水，從此消失。」

潘帕·坎帕納日日夜夜都在布卡床邊陪伴，在他的眉毛上放置冰涼的敷布，試圖將飲水滴進他的嘴巴。他沉睡不醒。她知道他來日無多，即將成為第二個她的摯愛卻要離開她的人，留她在人世間悲傷。布卡病倒的第三天，訶里亞·寇特請求晉見國王與王后，潘帕·坎帕納一看他的表情就知道，國王寢宮外的情況與寢宮內一樣糟糕。

「我們太盲目了，」訶里亞·寇特說道，「我們只關注來自北方的危機，沒有察覺東方、西方與南方的威脅日漸升高。」

桑伽馬三兄弟楚卡、普卡與戴夫在雪山三姊妹沙伽蒂、阿迪、皋麗的陪同下，從各自的大本營內羅爾、穆爾巴加爾、錢卓古提率領部隊，準備會師毗斯納伽。訶里亞·寇特告訴潘帕·坎帕納：「三兄弟顯然已經說服凶悍的三姊妹——他們的妻子，她們捍衛布卡王位的誓約將在他駕崩之後失效；之後，她們應該要效忠自己的丈夫。」訶里亞·寇特還說，三個被放逐的王子已經從小男孩長大成為年輕人，但同樣傲慢自大、恣意妄為，而且比童年時期更加憤怒；他們已經獲准離開賈夫納，在一支錫蘭大軍的陪同之下進軍毗斯納伽，也要奪取王位。「我很遺憾要跟妳稟報，」訶里亞·寇特最後說道，「儘管布卡羅耶一世曾經下達政令，而樞密院也同意，但是支持由妳大女兒繼承王位的人並不多，從軍營到街頭都是如此。對大多數人而言，難以接受『尤喜娜女王』。」

「王位還沒空出來，就有六個人你爭我奪。」潘帕·坎帕納說道，「誰要負責遴選國王？」訶里亞低下頭，他們兩個人都知道這個問題的答案，答案正坐在曼達納神廟的一棵大榕樹下方，閉著眼睛，似乎遠離這些風風雨雨，完全不曾參與謀劃，絕不會被懷疑曾與六名王位爭奪者聯絡與共謀，他只是一個大樹下的聖人。

「無論是誰，無論是誰得手，」訶里亞．寇特告訴潘帕．坎帕納，「妳和妳的女兒都會面臨很大的危險。尤其是很多心術不正的人還在懷疑她們真正的父親是誰。」

「我們不會逃亡，」潘帕．坎帕納說道，「我會坐在我丈夫的床邊，一旦他離我們而去，我要讓他享盡國家的殊榮。這是我的城市，我以種子和耳語建立的城市，人民的故事就是我的故事。他們之所以存在世間是來自於我，他們不會把我趕走。」

「我擔心的不是尋常百姓，」訶里亞．寇特說道，「但是就依照妳的意願。我會陪在妳身邊，帶上我所能找到的所有侍衛。」

布卡羅耶一世駕崩之後，毗斯納伽的三位創造者走了兩位，只剩潘帕．坎帕納。布卡走得很安詳，甚至不曾從睡夢中醒來，第二天舉行最後的**獻祭**，火葬的河壇後來成為他的紀念堂。獻祭當天沒有男性子嗣在場，布卡的兒子們都還在領兵進軍的路上，因此主祭者由訶里亞．寇特擔任。他先徹底沐浴潔淨，然後穿上新衣服，繞行火葬堆上的國王遺體，唱了一首短篇頌歌；在國王嘴巴裡撒了幾顆芝麻，象徵他創造這座城市使用的神奇種子；在火葬堆上潑灑澄清牛油，對死亡與時間的神祇比出正確的手勢，進行打破水罐的儀式，然後點火。接下來，他、潘帕．坎帕納與她的三個女兒繞行大火數圈。最後，訶里亞．寇特拿起一根竹竿，刺穿布卡的頭顱，釋放他的靈魂。

一連串儀式莊嚴隆重，但是弔唁者離開燃燒中的河壇之後，一群軍人將訶里亞．寇特與四位王室女性強行分開，將後者送回王宮，隔離監禁在**女眷區**，由武裝侍衛二十四小時看守。當時並不清楚這項行動是由誰下令，侍衛也拒絕回答潘帕．坎帕納的質問。教士毗德薩伽在遙遠的榕樹下，沉浸在冥想之中，一句話也沒說。然而不知怎的，每個人都知道誰是幕後主謀。

那天晚上，潘帕．坎帕納為自己遭到監禁感到憤怒，不敢置信毗斯納伽會這樣對待她，無法清楚思考。她命令看守房門的女戰士：「去幫我找優樓比過來，現在就去。」前文提過，優樓比是那位身材魁梧、嘶嘶作響的侍衛隊長，眼皮厚重，經常吐出舌頭。然而女戰士聳聳肩，「沒空。」表明潘帕雖然前一天還是王后，如今卻是無關緊要之人；毗斯納伽已經鄙夷地背棄自己的女家長。

潘帕．坎帕納臉色發紅，女兒看到，走過來把她帶開，「我們必須談一談。」澤瑞妲對母親說。

潘帕．坎帕納用力深呼吸七次，「很好，」她說，「談一談。」

三個女兒圍在母親身旁，靠得很近，以便低聲耳語。潘帕．坎帕納想到，當初她將毗斯納伽民眾的歷史化作耳語注入他們的耳朵，如今卻輪到自己的子女以耳語訴說自己的故事。這就是業力，她心想。

「首先，」尤喜娜低聲耳語，「這裡沒有人會為我們的權利、我們的安危奮戰，同意嗎？」

「同意。」潘帕．坎帕納悲傷地回答。

「第二點，」尤克塔絲麗接著說，「妳可能還沒聽說關於樞密院的謠言。國王不在了，樞密院現在群龍無首。妳有沒有注意到，在王位繼承的問題解決之前，妳應該被重新任命為攝政王后，但樞密院卻沒有任何人跟妳確認這件事？」

「的確。」潘帕．坎帕納回答。

「有一則謠言，」澤瑞妲告訴她，「指稱樞密院企圖把我們趕進國王火葬堆的烈火中。還好這件事並沒有發生，但是差一點就發生。」

「我不知道。」潘帕．坎帕納回答。

「樞密院沒有人能夠決定誰來繼承王位，」尤喜娜說道，「因此他們開全體會議的時候，毗德薩伽會成為造王者。」

「我懂了。」潘帕．坎帕納回答。

「現在最重要的事，」尤喜娜說道，「就是我們要把妳送到一個安全的地方，直到我們理解新世界會是什麼樣的局面。」

「以及新世界有沒有我們的容身之處。」澤瑞妲補上一句。

「先找一個對我們每一個人都安全的地方。」尤克塔絲麗說道。

「哪裡有這樣的地方？」潘帕．坎帕納問道，「還有，我們要如何前往？」

「對於如何脫身，」尤喜娜說道，「我們有一個計畫。」

「對於要去哪裡，」澤瑞妲接著說，「我們希望妳出幾個主意。」

潘帕．坎帕納想了一下，「好的，」她說，「我們準備出發。」

「大家有十分鐘可以收拾行李。」尤喜娜說道。

李義和大師是我們的救星，

雷霆一般席捲女眷區

吉羅娑山上的雷霆，

他的寶劍堪比閃電，

在夜裡閃閃發光

那是自由的光芒。

筆者在這裡獻上對潘帕．坎帕納不朽詩句的拙劣翻譯。我無法企及她的詩歌天才（也不曾嘗試模仿她的音步與韻律），但我為現今的讀者提供這段翻譯，在敘事中呈現那起闖關事件，那個來自神奇宇宙的時刻：李大師不但飛越屋頂，像一隻巨大的超自然蝙蝠，降落在王宮**女眷區**的庭院，像一頭黑豹吞噬任何擋路者；不僅是李大師殺出一條血路，來到四位女士跟前，三位公主敏捷也不遜於大師，兩人抓著母親的手，跟隨大師飛簷走壁，高來高去，跳越神廟、樹梢與城垛，彷彿腳下長了翅膀。最後，五個人越過城市的防禦工事，悄無聲息降落地面，訶里亞．寇特等候已久，一身黑衣，六匹黑馬套上馬鞍，隨時可以出發。

母親，我們何去何從，
才能遠離那些惡人？
我的寶貝，我的摯愛，
我們要去魔法森林
就如古代故事人物
我們將會一路平安。

PART 2
EXILE

第二部：流亡

第九章

偉大古代故事的中心，有一座叢林。在廣博仙人所著的《摩訶婆羅多》一書中，黑公主王后和她五個丈夫——般度族五兄弟——的十三年流亡歲月，大部分時間都在森林度過。在蟻垤所著的《羅摩衍那》一書中，悉多以及羅摩與羅曼什兄弟也被放逐了十四年，大部分時間也在森林。在潘帕·坎帕納所著的《闍耶帕羅闍耶》一書中，她告訴我們她的森林流亡歲月與偽裝藏匿加起來長達一百三十二年。等到她以勝利者的姿態復出時，她愛過的每一個人都已逝去，或者說幾乎每一個人。

在叢林中，往昔歲月遭到吞噬，只有此時此刻存在。然而有時候未來會提前抵達，在外面的世界仍然一無所知的時候揭露自身本質。

他們一行人策馬離開毗斯納伽的時候，帶隊的人是潘帕·坎帕納。「有好多座森林，」她說道，「羅摩避難的丹達卡森林、克里希納的沃林達文森林，還有象頭神迦尼薩的甘蔗林、猴王哈奴曼的大蕉林。也別忘了女神提毗的羅望子林。然而在所有的魔法森林中，法力最強大的就是女人森林。」

潘帕在書中並沒有說明一行人騎馬騎了多久，多少個夜晚與多少個白晝，也沒有提及他們騎往什麼方向；因此我們無法確知女人森林的地點，也不確定這座森林是否仍有部分殘存。我們只知道：他們全力奔馳，千里迢迢，行經崎嶇不平的丘陵和綠意盎然的河谷，荒瘠不毛與富饒豐美的地帶，直到最後那座森林矗立眼前，一座綠色的壁壘蘊藏了巨大的奧祕。

來到森林的邊陲，潘帕．坎帕納警告訶里亞．寇特與李大師：「這座森林受到森林女神阿蘭尼耶尼庇護，男人可能會遭遇大麻煩：據說任何男人進入之後都會立刻變成女人。唯有完全具備自知之明、掌控自身感受的男人才能夠保有男性形態。因此我們必須感謝你們並警告你們，最好就在這裡道別。」

這樣一道障礙出乎意料，兩個男人花了一點時間思索。

李大師說道：「我曾經發誓要以生命來保護妳們，直到死亡之前都要履行承諾。無論會發生什麼事，我都要跟隨妳們進入阿蘭尼耶尼的森林。」他下馬，拿起寶劍與其他行李，「馬兒保重，」他拍拍馬兒的臀部，牠隨即離去。他的愛徒澤瑞妲看著他，眼神充滿仰慕，潘帕．坎帕納也注意到了，甚至有一點欣慰。「如果要找一個具備自知之明、掌控自身感受的人，」澤瑞妲告訴他，「這樣的人非你莫屬。這座森林絕對不會傷害你。」

（潘帕．坎帕納的敘事在這裡有一段插曲，讚揚馬兒的忠心耿耿，絕不背棄用心照顧牠們的人；還提到她囑咐馬兒回程時要遮掩行跡，行經溪流與岩石地帶，確保沒有人會知道逃亡者的目的地。我們在這裡省略了這一段可能過於冗長的敘述。）

訶里亞．寇特坐在馬鞍上扭捏不安，「我跟義和兄不一樣，我不沉思冥想，不做自我淨化。我也不是毗德薩伽那種會研讀十六種哲學體系的智者。我只是誤打誤撞和敬愛的先王做了朋友，喜歡時不時喝上一杯，在以前還能跟人打上一架。我從來沒當過女人，不太確定自己能不能適應。」

潘帕．坎帕納騎到他身旁，溫柔地說：「然而你也是一個不會欺騙自己的人，你不會是虛有其表。你清清楚楚知道自己的身分與本質。」

「應該是吧，」訶里亞．寇特回答，「我不是什麼特別的人，但是實實在在。」

「如果是這樣，我相信你會沒事的。」

訶里亞．寇特想了一會兒。

「好的，」他終於說道，「管他那麼多，我留下來。」

他們將其他的馬兒都放掉，在原地站了半晌，凝視自己的綠色命運。然後他們走進森林，從此擺脫外在世界的運作規則。

樹木朝他們圍攏過來，眾聲喧嘩。鳥鳴聲熱熱鬧鬧，就像是一場歡迎他們的大合唱：黃喉鵯、叢林鶇鶥、棕腹樹鵲一一發聲；縫葉鶯、燕鵙與雲雀；五色鳥、番鵑、林斑小鴞、鸚鵡與巨嘴鴉；還有許多他們不知道名字的鳥兒，他們心想應該是夢幻中而非現實中的鳥兒。因為在這裡，真實世界變得不真實，世界的法則像塵埃一樣飛散；如果還有其他法則存在，他們也不知究竟。他們來到**無政府地帶**，一個沒有君王的地方。在這裡，王冠只不過是一頂可有可無的帽子。在這裡，正義不是由上而下交付，唯有自然能夠宰制一切。

訶里亞．寇特第一個開口說話：「女士們，請原諒我的粗魯，我剛剛檢查了一下自己，感覺我並沒有變身。」

「噢，太好了，」長公主尤喜娜高聲說道，潘帕．坎帕納再一次注意到女兒的興奮之情溢於言表，「對我們每一個人來說都是好消息。」

「大師？」澤瑞妲問道，「你還好嗎？」

「我要慶幸地說，」李義和回答，「我似乎也沒有什麼變化。」

「這是我們的第一場勝利，」澤瑞妲宣稱，「顯示無論這座森林帶來什麼樣的挑戰，我們都能夠一一克服。」

「這地方會有野獸嗎？」最年輕的尤克塔絲麗問道，努力掩飾聲音中的恐懼意味。她母親點點頭，「有。這裡有大如房舍的老虎，比辛巴達的**大鵬鳥**還要巨大的猛禽，能夠吞噬山羊的巨蛇，也許還有龍。但是我有魔法，可以保護我們的安全。」

（我們必須問自己幾個問題，潘帕的法力實際上到底有多強大？還有這座森林是否真的有野獸，只因受制於她的法力而放過他們——如同她的敘述？抑或森林中根本沒有這些危險，她只不過是開個玩笑？女神賜給她長生不老的天賦、讓她能夠賦予種子長出一座城市的能力、讓她能夠透過耳語將人們的一生灌入他們的耳朵，同一位女神是否也賜予她能力在魔法森林施展魔法？抑或這部詩作其實是一篇寓言，就像其他無數詩作一樣？我們必須回答：若不是以上皆是，那就是以上皆非，但我們寧可相信一則家喻戶曉的故事。）

現在他們聽到音樂，上方傳來塔布拉鼓的快速擊打聲，彷彿訴說著一種私密的話語。還有人翩翩起舞，無影無形的腳步呼應著塔布拉鼓的話語。他們聽到舞者的腳踝鈴鐺鏗鏘作響，有人在樹上跳舞，在高處的枝幹上，在樹木之間的空氣中。

「那是阿蘭尼耶尼嗎？」尤克塔絲麗問道，無法掩飾話語中的敬畏驚歎。

「女神從來無影無形，」潘帕．坎帕納回答，「但是如果我們在這地方能夠得到她的庇佑，我們會經常聽到她在附近跳舞。如果她拒絕我們，危險將會升高。你們要習慣鈴鐺鏗鏘作響，那會是保護我們的聲音。」

「我斗膽插句話，」訶里亞．寇特插話，「這非常有意思，不過我們還要解決何處棲身的問題，還有我們要喝什麼、吃什麼的問題。」

「沒錯！」尤喜娜說道，滿臉微笑，「你說得對極了。」

如今我們知道毗斯納伽的來龍去脈之後，那幢森林中的木造小屋、王宮也已成為傳奇——潘帕．坎帕納以流亡王后的身分定居，籌劃她的勝利回歸行動。「阿蘭尼耶尼不是這座森林唯一的存有，」潘帕．坎帕納告訴正要開始幹活的同伴，「每一個樹叢、每一條溪流都有它熟悉的神靈。當我們要砍伐與建造之前，必須先請求准許；否則不管我們做了什麼事，都會立刻回歸原狀；如果神靈生我們的氣，我們也待不下去。」因此他們開始祈求，結束後下起一場小雨。濃密的森林讓他們不被淋溼，但是細小的水流從樹葉與樹枝流下，四面八方都是。「沒關係，」潘帕．坎帕納說道，「雨水正是我們需要的庇佑。」

小雨過後，四名女子與兩名男子開始建造新家，那是一小塊林間空地，樹木退開，雨後陽光撒進。他們祈求女神准許，也祈求代表樹木與樹葉的較小神靈。他們運用自身的戰鬥技能揮舞刀劍和斧頭，訓練有素的雙手力大無窮，披荊斬棘就像撕開棉花。我們在想像中看到他們像旋風一樣行經林地，周遭是無以名之的巨樹，神話與傳奇之樹；他們展現驚人的運動技能與優雅姿態，在來回穿梭中讓新家逐漸成形。他們從地面高高躍起，扯斷上方的樹枝，以林冠的樹葉覆蓋自己的森林小屋。空中的鼓手與隱形的舞者暫停演出，觀看這一幕非凡驚人的景像。然後擊鼓與舞蹈繼續進行，他們的新家在諸神的音樂中落成。

老兵訶里亞．寇特表現出最能夠預先考量實務層面。當初他讓馬兒馱了幾個大袋子，釋放牠之後自己扛起，斜背在身上，一聲不吭。袋子裡有兩個鍋子，還有木杯木碗，讓一行人吃吃喝喝，還有用來起火的燧石。「老習慣改不了，」他聳聳肩，王后與公主向他道謝，讓他又開心又不好意思，「女士們不習慣這麼做，但是會派上用場。」

根據潘帕．坎帕納的描述，他們的第一餐來自森林的賜予。堅果像陣雨一樣從天而降，香蕉樹結實纍纍有如猴王哈奴曼的森林。有些水果他們前所未見，懸掛在不知名的樹上。灌木叢長出的莓果無比鮮美，有人吃了激動落淚。他們發現不遠處有一條湍急的溪流，溪水冰冷甘甜，岸邊生長著蘿菜與雷公根，後者當成藥草可以紓解焦慮、加強記憶。他們還找到黃獨、丁香茄、甘草風味的黑色龍葵、野生的紅秋葵、美味的冬瓜。

「我們不必擔心挨餓，」潘帕．坎帕納說道，「我也帶了一些種子，播種成長後會提供更多樣化的食物。現在我們要討論魚類和肉類的問題。」

李大師率先發言，他表示自己一生吃素，森林提供的食物已經讓他心滿意足。訶里亞．寇特清一清喉嚨，「當年我在軍中只有一個原則：拿到什麼就吃什麼，任何來源都好，為了保持體力能吃多少就吃多少。所以我吃花椰菜也吃兔子，吃小黃瓜也吃公山羊，吃白米飯也吃羔羊。我盡量避免吃牛，牠們往往營養不良，肉質欠佳，很難嚼爛，因此不吃牛肉是容易的事。我也不吃茄子，不過原因就只是難以下嚥。如果森林中出現鹿、斑鹿、野豬、黑羚，或者其他自力更生的食物，我都準備獵殺牠們。」

潘帕．坎帕納的三個女兒分別跟母親稟報，她已經預知她們會說什麼。「我只吃素。」澤瑞妲說道，對李大師會心一笑。「什麼都吃，來者不拒。」尤喜娜說道，和訶里亞．寇特愈靠愈近。至於尤克塔絲麗，她把衣裙拉高固定，走進小溪，站在深及膝蓋的急流中，閉上眼睛，伸展雙臂。「野鯪魚、卡特拉鯿、普拉薩魚，靠攏過來。」她以柔和的聲音說道，「粉紅拉尼魚、塘虱魚、蛇頭魚，聽我召喚。」根據潘帕．坎帕納描述，過了一會兒，各種眾人從未見過的魚兒躍出水面，落在尤克塔絲麗懷抱中，她將魚兒抱回來。「我喜歡魚。」她說道。潘帕．坎帕納向來厭惡動物肉品，此時驚訝地發現自己有個想法：也許魚肉沒有那麼糟，不會對她喚起母親血肉燃燒的記憶。他們果真是來到一個新世界。

眾人筋疲力竭、飢腸轆轆，訶里亞．寇特生起篝火，第一餐開動，六個流浪者有如享用盛宴。他們離鄉背井逃亡；面對步步驚心的未來；他們曾經是王后、公主、大師，或者老兵、酒鬼、地下激進分子變成王室顧問，這些身分來到這裡已毫無意義；森林之中充斥著無法解釋的奇特現象，顯然也潛藏著一些危險；如今在這溫暖、飽足的時刻，這些事實似乎都無關緊要。潘帕．坎帕納斜倚著一棵樹，閉上雙眼，沉浸在自己的思緒中，其他五個人則有說有笑。

「只要我們能夠像這樣彼此相聚，在這裡待多久都沒關係。」澤瑞妲．桑伽馬說道，頭漸漸靠向李大師，直到幾乎——但終究沒有——靠在他的肩膀上。

「同意。」她的姊姊尤喜娜說道。（她坐得離訶里亞．寇特太近了點。）最年輕的尤克塔絲麗說：「美味的魚。」

「該休息了，」潘帕．坎帕納說道，站起身來，「明天，我們要搞清楚毗斯納伽到底發生了什麼事，我們又能做什麼事。」

森林入夜，蝙蝠從他們上方飛越，在他們周遭盤旋，有如一支保護他們的空中軍隊。

這座森林有一種魔法特質，讓潘帕．坎帕納與其他人能夠理解森林中所有的生命形態，並且與它們進行對話。當然，這會讓新來者在新環境中不那麼陌生疏離，但也往往會帶來一股壓迫感，原因是森林中充滿了對話：鳥兒無止境的啁啾閒聊，蛇類連綿蜿蜒的耳語，狼群高亢遙遠的呼喚，老虎來勢洶洶的咆哮。一段時間之後，他們六個人發現一種調整心理狀態的方法，可以隔絕那永不停歇的眾聲喧嘩。然而剛開始的時候，三位公主一直得用手摀住耳朵，甚至想用泥巴塞住耳洞、隔絕噪音。

潘帕．坎帕納倒是沒有遇到這種困難，她立刻開始加入一場又一場對話，並且顯然樂在其中；她甚至會下達命令、做出指示。她也許不再是毗斯納伽的王后，然而在這座森林裡，她散發著一股無可否認、無可置疑的魔力氛圍，那是來自多年以前神聖力量的賜予。森林女神阿蘭尼耶尼將她視為自己的姊妹，因此所有的森林生命也都這樣看待她。第二天晚上，一頭母黑豹從樹上跳下來，對他們說話；他們從沒聽過這種語言，卻能夠理解：「不用擔心我們，你們在這裡有一位強而有力的保護者。」隔天早上，黎明的吱吱喳喳合唱還沒響起，潘帕．坎帕納醒來，走到新家外面，與鳥兒交談。她不理會那些對她的需求不夠認真的林地鳥類，專心與烏鴉以及鸚鵡對話。「你們，」她告訴鸚鵡，「飛往城市，傾聽人們在說些什麼，回來對我逐字逐句覆述。至於聰明靈巧的你們，」她告訴烏鴉，「和鸚鵡一起前去，解讀人們話語的含意，深入話中有話的層次，你們會是我明智的顧問。」

七隻鸚鵡、七隻烏鴉奉命飛往那座偉大的城市。烏鴉與鸚鵡向來關係不錯，因為兩者都被其他許多鳥類排擠。在森林的世界裡，烏鴉一直是最顯眼的局外者，被視為狡猾奸詐、自私自利、不可信賴。就連牠們的聲音也被嫌棄為遠比鴨鳥、雲雀來得難聽；牠們不會吟唱，只會粗聲粗氣聒噪。如果森林裡的鳥兒組成一支交響樂團，那麼烏鴉永遠會是走音的團員。此外，任誰也無法忘記兩百年前那場戰爭，貓頭鷹與烏鴉的戰爭，鳥界普遍認定烏鴉做了不光彩的事。潘帕．坎帕納瞭解這種仇視烏鴉的情結，覺得很不應該。在那場戰爭之前的幾百年間，烏鴉被迫充當貴族鳥類——尤其是貓頭鷹——的僕役、奴隸，在她看來，那場戰爭是為了爭取解放而戰。戰爭結束時，許多貓頭鷹死了，烏鴉也不再臣服於任何鳥類。因此潘帕·坎帕納認為，那些外形漂亮、聲音美妙的鳥類一直想重新伸張自身的偏見。的確，那場戰爭死傷慘重，但大家應該要理解那是一場獨立戰爭。「太糟糕了，」她訓誡黎明早起的鳥兒，「你們這些擁有美麗羽翼的生物，居然和不會飛的人類一樣充滿偏見。」

至於鸚鵡，牠們同樣不屬於鳴禽，因此可以這麼說，牠們淪為鳥類之中較低等的種姓；而且牠們的數量是如此眾多，以致於其他鳥類嫌惡牠們占用太多空間。潘帕·坎帕納刻意選擇這兩種「局外者」鳥類充當她的耳目。畢竟，她和她的同伴也是被放逐的局外人。

三個星期之後，鸚鵡與烏鴉團隊返回，帶來許多訊息。六名王位爭奪者抵達毗斯納伽（牠們告訴潘帕·坎帕納）的時候，毗德薩伽命令他們把自己的部隊留在城門之外，只能帶一群侍衛隨扈進城。「我們不會見到街頭喋血，」他宣示，「我們不會用殺戮解決任何問題。」（鳥兒報告）此時的毗德薩伽已經七十多歲，就算諸神如法炮製與潘帕同名女神的作為，賜予他與潘帕等量齊觀的長壽；不幸的是，諸神並沒有給予他免於老化的恩賜。因此不得不說，儘管他還活著，已經老態龍鍾。他的雙手有如只剩骨頭的爪子，他的體重直線下降，如今看來瘦骨嶙峋。為了保持禮貌，回報的鳥兒並沒有特別著墨他牙齒的狀況。

「我不關心他的外貌變化，」潘帕·坎帕納囑咐鳥兒，「告訴我人們說了什麼、做了什麼。」

「外貌關係重大。」鸚鵡隊長說道，牠的名字大概是「圖歐阿塔」，「毗德薩伽看了一眼白髮蒼蒼的桑伽馬三叔父楚卡、普卡與戴夫，對他們表示他們年紀太大，不適合擔任國王的工作——連他都這麼說也太可笑！他還指出帝國需要新血輪，需要一個能夠長期統治、穩定局勢的君王。」

「意思就是，」烏鴉隊長進一步說明，牠的名字大概是「卡阿艾瓦」，「他，毗德薩伽，會是真正的掌權者，年輕的國王只能聽命行事。」

「胡卡一世與布卡一世的三個弟弟離開毗斯納伽城，」鸚鵡隊長報告，「人們說三兄弟鬆了一口氣，不必殺人也沒有被殺，不必殺害自己的妻子也沒有被她們殺害，他們可以回到遙遠的堡壘，由強悍的女人陪伴安享晚年。所以對他們來說，這是圓滿結局。」

「軟弱的傢伙，」烏鴉隊長說道，「他們從來都沒有爭取王冠的膽識、意志或力量，這一點人盡皆知。我們再也不必擔心他們三個，他們一直都是小角色，今後也不會再有台詞。」

「我的兒子們呢？」潘帕．坎帕納問道，「伊拉帕里、薄伽與甘達帕已經被我斷絕關係，如今卻似乎占了我的上風，他們又如何？」

「很有趣，」圖歐阿塔說道，「被毗德薩伽策封為王的是老二，薄伽。」

「這意思是，」卡阿艾瓦評論，「毗斯納伽今後將由一個宗教狂熱分子統治，輔佐他的則是另一個極端分子。」

「我還要報告幾件事，」鸚鵡說道，「首先，伊拉帕里與甘達帕．桑伽馬都服從毗德薩伽的決定，因此不會血流成河，至少目前不會。」

「但是兩個人都不開心，」烏鴉補充，「所以未來還是有可能濺血。」

「第二點，」鸚鵡繼續說道，豎起了羽毛，對烏鴉插嘴很不高興，「薄伽．桑伽馬選擇以他伯父的名字作為王號，人們普遍認為這個決定是公然羞辱當年放逐他的亡父。他的王號將會是『胡卡羅耶二世』，人們已經開始簡稱他『二世』，城裡比較混亂的地方則戲稱他是『老二』。」

「他有提到我嗎？」潘帕．坎帕納問道。

「我不認為他會想念母親。」烏鴉說道，有一點殘酷，「我們聽了他的加冕演說。」

「**從今天開始，**」鸚鵡發揮學舌的本領，「**毗斯納伽會由信仰而非魔法統治。魔法在這裡當王后也當太久了。這座城市不是由神奇種子長成的！你們不是植物，不是來自蔬菜！你們都有記憶，知道自己的生命故事，也知道先人的生命故事。祖先在你們出生之前建造了這座城市。這些記憶無比真實，不是由什麼耳語魔法師植入你們的大腦。這個地方有歷史，不是某個女巫的憑空創造。我們將改寫毗斯納伽的歷史，將女巫與她的女巫女兒一併抹除。這座城市和別的城市一樣，只是更為壯麗，大地上最壯麗的城市，不是什麼魔法的伎倆。今天，我們要宣布毗斯納伽已經消除巫術，行使巫術者將被處以死刑。而今而後，我們的故**

事——也只有我們的故事——將會勝過一切，因為那是唯一真實的故事。所有虛假的故事都將遭到壓制，潘帕·坎帕納的故事正是如此，充斥著荒謬錯誤的想法，在帝國的歷史中沒有容身之處。我們在這裡明確宣示，女人的位置不在王座，而在家庭，從今以後永遠如此。」

「妳看吧。」烏鴉說道。

「的確，」潘帕·坎帕納說道，「我看得非常清楚。後街小巷的戲稱『老二』非常適合他。」

潘帕·坎帕納已經很久沒有這樣做，思考著失敗。她甚至不可能盤算返回毗斯納伽，更糟的是，老二的激烈言論得到人民的廣泛支持，至少是相當可觀的支持。這是她的失敗，她對人民灌輸的理念並沒有扎根，就算有，根也扎得不夠深，很容易就被連根拔起。毗斯納伽當初被她以耳語賦予生命，如今已是另一個世界。如今她置身叢林之中，叢林不是監獄，但很快就會開始有監獄的感覺。

「我必須開始做長期的打算，」她心想，「誰知道還要再過多久，風向才會改變。我的女兒將會蒼老，我需要的是外孫女。」

兩個截然不同的世系從潘帕·坎帕納衍生出來。她與布卡羅耶一世生的兒子長成為滿懷怨恨之情的男子，這是她的錯，因為她曾經放逐他們；如今其中一人登上王位，「老二」國王。他是毗德薩伽一手打造，他的統治將是一段清規戒律、抑制壓迫的時代，毗斯納伽崇尚自由的女性將大受打擊。她閉上雙眼，凝視未來，看到在老二時代之後狀況會變得更糟，王朝將陷入瑣碎爭執，宗教不寬容日益嚴重，甚至出現宗教狂熱。這是潘帕·坎帕納兒子這邊的世系。然而她的女兒長大後思想前進、才智傑出，是學者也是戰士，是一個母親所能得到的最有原創力的孩子。她們也傳承了她大部分的法力，那些心態低俗、見識膚淺的桑伽馬兄弟根本沾不上邊。三兄弟就連宗教信仰也是非常無聊、愚昧、平庸，高層次的神祕主義與他們無緣；對他們而言，宗教只是一種維持社會控制的工具。

「我身邊需要的是，」潘帕·坎帕納做了決定，「更多的女孩。」

想要處理繁衍後代的問題，在這個時候相當不容易。森林放逐生活短期內看不到盡頭，甚至可能是一輩子的事；對此，她的三個女兒難以接受。三姊妹都已年近四十，現在她們最不想討論的事情就是生兒育女。她們飽受打擊，連根拔起，就像颶風之中的樹木。她們完全想像不到，自己的同母異父兄弟當上國王，竟然會對她們造成威脅；然而在此同時，她們也夠年長因此明白，每逢君王駕崩的時刻，王室最危險的敵人就在家族內部。她們是心志堅強的女性，性格內涵深厚，因此她們咬緊牙關，下定決心，要全力經營自己的新生活。「如果我們從今以後要當**叢林人**，」尤喜娜·桑伽馬告訴母親，「那麼我們會是前所未見最可怕的**叢林人**。這就是叢林法則，對不對？你要麼高高在上，要麼淪入底層，不是獵食就是被獵食，我要當獵人，不當獵物。」

「我們在這裡不必作戰，」母親溫柔地反駁她，「我們已經得到接納，我們必須學習和平共存。」

是的，她必須有外孫女，潘帕心想，甚至是外曾孫女。但她不能透露這個想法，原因顯而易見。她心裡盤算，外孫女可能會有中國血統，如此一來將有助於她和明朝結盟。她也擔心尤喜娜心儀的老兵訶里亞可能年紀太大，不適合當父親。此外還有尤克塔絲麗，她怎麼辦？

小女兒似乎回應了她心裡的問題，一天晚上在營火旁邊，小女兒問她：「森林裡有其他女性嗎？有時候在夜裡，我好像會聽到笑聲、歌聲、尖叫聲；她們是人類還是**羅剎**惡鬼？」

「幾乎可以確定，森林裡會有其他女性。」母親回答，「像我們這樣逃離某個殘酷王國的避難者；或者就只是林間的女野人，選擇遠離粗魯無文、自以為是的男性過口子；或者是嬰兒時期被母親遺棄在森林邊緣的女性，由狼群哺育長大，對森林之外的世界一無所知。」

「好極了。」尤克塔絲麗熱切地說。**噢**，她母親心想，**噢**。

第十章

情況很快就明朗化，森林中的生物不會傷害他們。剛開始的時候，森林的居民會成群結隊過來招呼新加入者，蛇從樹上垂降，熊與狼前來致敬，空中的鼓手歡迎他們，阿蘭尼耶尼在他們上方跳著無形的舞蹈，周遭的空氣洋溢著節慶的氣氛。漸漸地，這群人放鬆下來，李大師與訶里亞·寇特同意兩人不需要全天候輪流站崗守衛，也放棄了這個讓四位女性覺得他們以保護者自居的想法。

「這場歡迎我們來到的森林節慶，」潘帕·坎帕納憂傷地說，「讓我想起毗斯納伽昔日的美好生活。」

在昔日的毗斯納伽，人們會慶賀彼此的節日。耶誕節的時候，潘帕·坎帕納會在王宮擺一棵耶誕樹，要多明哥·努涅斯教她讚美「三神」的頌歌與祈禱文，既教她原文的版本，也將這些外國文字「adeste fideles, laeti triumphantes」翻譯成她看得懂的文字（信友們快起來，一齊高聲歌唱，同歌頌奏凱音）。她因此可以說她知道聖嬰耶穌的故事，至少知道點點滴滴。對於那些「唯一的神」的信徒，她不會表示她覺得只有唯一的神太無趣了，遠不如她那陣容龐大、形形色色的萬神殿。她會邀請一神教的信徒參加燈光的節慶、色彩的節慶、慶祝女神難近母打敗惡魔摩希剎修羅的九夜節慶；她認為後者代表善良戰勝邪惡，每個人都應該慶祝，不管他們選擇以什麼方式膜拜、信奉單一還是多個神祇。這也是她對毗斯納伽的期望，有如植物的異花授粉，相互混合融匯。如今，她期望的毗斯納伽正在消失，烏鴉與鸚鵡一再前往打探，向她回報，城中各個社群之間關係緊繃，有些地區過去可以讓一神教信徒安全出入，現在入夜之後會發生沒來由的攻擊事件。這樣的消息讓她相當傷心，但是她告訴自己，此時此刻她的重心放在森林，和女兒們一起打造未來；有朝一日，歷史將為她提供跳板，讓她重返毗斯納伽。

來到森林中，外在世界的傳統失去了意義，逐漸消融渙散。森林裡沒有日程表或者時間表，人們餓了就吃、累了就睡。那是一座劇場，讓人發現自我、創造新的自我、藉由冥想來澄清自我。每一根樹枝都懸掛著希望，恐懼受到控制，欲望得到實現。

潘帕．坎帕納花了許多時間沉思冥想。哲學家認為沒有君王的無政府狀態與極度混亂、秩序崩解是同義詞。然而在森林之中，最名副其實的**無政府地帶**，這種狀態反而像是一種恩典。這世界沒有君王會不會反而更好？然而動物的王國仍然會選擇統治者、群體的領導者、最厲害的動物。因此，更適當的問題可能是：這樣的領導者該如何選擇？動物的方式——打鬥——並不理想。有沒有一種方式——有沒有可能？——讓人民做出選擇？

這樣的想法讓她驚訝莫名，她暫時擱置一旁，他日再來仔細思量。

尤克塔絲麗．桑伽馬變成夜行性動物。她未曾請求任何人允許就改變生活方式，白天大部分時間都在睡覺，鼾聲如雷，在夜幕降臨時起身，跨越**瑞伽**——那道無形的保護界線——進入森林。她第一次這麼做的時候，潘帕．坎帕納醒來，但克制自己不要跟隨。她看見黑影在森林中移動，聽到笑聲，知道森林裡的女野人來和女兒相會，那是女兒尋求與需要的伴侶。第二天，她將尤克塔絲麗帶到一旁，語氣盡可能溫和，問道：「告訴我她們的事。」女兒一開始不太願意回答，然而話匣子一打開就滔滔不絕。她說著說著，兩眼閃爍著興奮，潘帕．坎帕納察覺出一份幸福感，在這年輕女子先前的人生中從未曾見。

「一開始的時候，」尤克塔絲麗說，「她們以為我是被寵壞的金枝玉葉，想要欺負擺布我，把我當成她們的玩具。但是她們追不上我，我光著腳跑上一棵樹幹，徒手砍斷樹枝，樹枝掉落在她們頭上，我因此得到一些尊敬。她們說一種很奇特的語言，一開始我以為是她們自己創造，用於彼此溝通，聽起來混合了許多種語言，還有一些狼的語言。但我很快就明白，儘管她們的口音非常重，那種語言其實和母豹的語言一樣，我們可以直覺地理解。她們稱之為『主人語言』，或者大致上是這個意思。森林的魔力發揮作用，我雖然聽不懂字彙，卻能夠掌握意義，就好像有人用耳語將翻譯傳進我的耳朵。森林中是不是有翻譯的精靈，對我們每一個人耳語？我想一定有。大部分的女野人都懶得穿上衣服，頭髮亂十八糟，而且說實在的，她們都髒兮兮、臭哄哄的。不過我不在乎，我想要認識她們每一個人。昨天夜裡只來了一小群，六個人，像一支偵察小隊。不過森林占地廣大，她們有好幾個營地。我想要知道每一件事，每一條山路與小徑，她們如何打獵、有哪些獵物，她們有什麼玩樂。她們說會教導我，但有來有往，她們也要我教她們我在青冥宮學過的一切，垂直奔馳、飛行跳躍、旋風升騰、階梯翻身、劈砍剁削。她們沒有刀劍，但是想要學習棍棒戰鬥。

「如果森林對她們來說很安全，」潘帕．坎帕納想要知道，「她們為什麼還要學習武術？」

「她們會擔心，」尤克塔絲麗回答，「有謠傳說猴子想要對她們不利。」

「猴子？哪一種猴子？猴子對我們來說是一種神聖的動物，妳也知道。牠們是猴王哈奴曼的子孫，古代猴王國部落的後裔。」

「這些猴子不是神殿的猴子，」尤克塔絲麗說道，「牠們是野生的猴子，在森林裡數量眾多，有些是綠色、有些是棕色，這兩種都不必擔心，牠們不會傷人。女野人最害怕的是粉紅色的猴子，外來的品種，絕對不是哈奴曼的子孫或者猴王國的後裔。牠們是外國來的猴子。」

「外國來的粉紅色猴子？」

「她們說粉紅色猴子幾乎沒有體毛，皮膚的淡色調很可怕。她們說粉紅色猴子身材魁梧，很不友善，成群結隊，而且企圖掌控森林。」

潘帕・坎帕納滿腹狐疑，「但是這座森林有阿蘭尼耶尼保護，妳說的事情不可能發生。」

「我不知道，」尤克塔絲麗說道，「也許魔法對猴子無效。」

「有人看過這些粉紅色的猴子嗎？」

「我想應該沒有，」尤克塔絲麗說道，「但是那些女野人一直說猴子要來了。而且其中顯然沒有母猴，是一支公猴大軍。」

「在我聽來，這個故事是她們自說自話，」潘帕・坎帕納說道，「聽起來很不真實，故事可能反映了她們對男性的厭惡。還有，如果阿蘭尼耶尼的咒語有效，公猴大軍一進入森林可能就會變成母猴，因此改變計畫，定居下來。」

「噢，」尤克塔絲麗說道，「如果妳也聽過她們講故事，妳就不會說這種話。她們還會唱一首歌。」此時她也唱起來。

大群猴子要來了，
　像舌頭一樣粉紅，
不像我們以歌曲
　詠唱的那種猴子
笨拙醜陋又無毛，
　大塊頭就像人類，
猴子想傷害我們，
　一心要統治我們。
粉紅猴子要來了，
　牠們尾巴非常短，
會說殘酷的語言
　我們從來沒學過，
那不是主人語言
　無關森林與樹木
但猴子想當主人，
　我們要明白這點。

告訴森林的眾生，
　告訴狼與鳥與鹿，
告訴虎與熊與豹，
　危險已近在咫尺，
危險正步步進逼，
　很快就會到這裡，
我們要一起對抗，
　不爭吵懷疑恐懼。
女神會保護我們，
　可以認為可以說，
在這座魔法森林，
　是祂最有影響力。
但猴子不怕神明，
　儘管祂法力強大，
時機恐怕已來到
　更強對手將出現。

大群猴子要來了，
　像舌頭一樣粉紅，
不像我們以歌曲
　詠唱的那種猴子。

這首歌讓潘帕．坎帕納打了個冷顫。「我聽到來自未來的訊息，」她告訴自己，「一個超乎我想像的未來，由這些生物打前鋒。我希望這不是我的戰役，我正在從事一場不一樣的鬥爭，然而這場戰役可能會找上我。」

她是猴王哈奴曼世界的孩子；而毗斯納伽在某種意義上，也可以說是誕生自哈奴曼的猴王國；因此她總是對猴子抱持好感，相信牠們會帶來好事。也許這樣的心態也要改變了。又是一次挫敗。也許人類的歷史就是如此：歡欣鼓舞的勝利只是短暫的幻象，鑲嵌在連綿不斷的苦澀、幻滅的失敗之中。

「好吧，」她大聲說道，「我可以見見妳的女性朋友嗎？」

「現在不行，」尤克塔絲麗回答，「我還沒有做好準備。」

每天早上有兩個小時，李大師要與澤瑞妲．桑伽馬練習武藝：長劍、長刀、飛刀、戰斧、棍棒、腳法。兩人打鬥的時候，感覺整座森林都停頓下來，圍攏過來觀看。尤克塔絲麗像其他人一樣，觀看時滿懷仰慕，但結束之後，她悄悄告訴姊姊：「我知道妳和大師是最頂尖的，但是你們不要干涉我的生活。森林女人要的人是我，不是妳。」

「森林女人都歸妳管，」澤瑞妲向妹妹保證，「我有別的事要花費心思。」

澤瑞妲的心思遠在李大師的北京，還有其他一些名稱奇特的陌生城市。桑伽馬家族成員中，只有她對外國旅行興致勃勃，渴望看看自身天地之外的世界。潘帕．坎帕納也觀察到這一點，理解女兒對那位中國大師的著迷，擔心這種冒險精神會將女兒帶走，永遠與她分離。李義和也有類似的冒險精神，因此才會從中國南行來到毗斯納伽。在森林中，他對澤瑞妲講述自己的陸路與海路旅行；還有他的朋友鄭和告訴他的故事，那位將軍、太監與航海家為了尋找寶藏，跨越海洋向西方航行；鄭和還知道馬可．波羅的故事，因為他有朋友的祖先當年在元朝忽必烈汗的宮廷見過馬可．波羅。

「我曾聽說，」李大師說，「大海的彼岸有一座城市與妳同名。來到澤瑞妲城，時間會飛行。當地民眾知道人生苦短，因此會拿著大網子跑來跑去，捕捉在空中飄浮、有如燦爛蝴蝶的時時刻刻。有些幸運兒會捕捉到一些時間，狼吞虎嚥——時間很容易入口，而且滋味美妙——下肚，生命就會延長。然而時間難以捉摸掌握，許多人空手而回。澤瑞妲城的民眾都知道，時間永遠不夠，每個人都會耗盡自己的時間。他們感到悲傷，但是強顏歡笑，因為他們是一個很能忍受痛苦的民族，會盡可能好好利用自己擁有的時間。」

「我要去那裡，」澤瑞妲拍手大喊，「我還要去以你為名的城市義和城，有人告訴我那裡的人類會飛行，居住在樹梢；但鳥類反而飛不起來，只能在地上啄蟲吃。樹上有商店專賣暖和的衣服，因為會飛的人都知道，空氣分成一層一層，你飛得越高溫度越低，一定要穿衣保暖，因為人類沒有羽毛保護。也正因如此，這些沒有羽毛的空中飛人明白，任何一項天賦無論多麼美好，都會伴隨著問題。他們因此相當謙虛，只有溫和適中的期望，不會對生活要求太多。」

潘帕．坎帕納偷聽兩人的談話，不太確定他們是在講述自己真正聽過的旅行家故事；還是把這些虛構的描述當成密碼，對彼此表白愛意和欲望。「很清楚的是，」她告訴自己，「他們正在計劃離開。」她要鼓起勇氣面對，孩子長大成人終究要離家，母親只能守著回憶與期盼，還有抑制不住的眼淚。然後她聽到李大師說：「再過不久就時候到了，鄭和將軍會搭船造訪果阿港，吃一餐美味的咖哩魚。」她於是明白，他們離開的時日不會長久耽擱。

她決定主動建議兩人做出離開的重大決定，不要讓澤瑞妲產生拋棄流亡母親的罪惡感。「旅行是好事，」潘帕．坎帕納說道，「但也相當危險。要知道從這裡到果阿的所有土地，都是奉老二為國王。而且我們已經被認定為巫師，在他所謂的司法正義看來都是逃犯。如果你們想平安順利見到鄭和將軍、登上他的船，我們必須好好計劃一番。」

澤瑞妲哭了出來，「我們會回來的，」她說，「只是一趟小旅行。」

「如果你們兩個一切順利，你們永遠不會回來。」母親告訴她，「如果我是妳，看看我們惡劣的處境，我也不會回來。」

李大師開口說道：「我已經對澤瑞妲公主解釋過，這一切只不過是我們沉迷的幻想，一種想像力的旅行。我還進一步解釋，離開是不可能的事，因為我要遵守誓言。」

「你一定很想念自己的祖國，」潘帕．坎帕納說道，「你已經離開很久，我們的噩運超出你的預期。還有，雖然你的幻想旅行專業似乎不在武術專業之下，但真實的旅行畢竟無可取代。因此我要豁免你的誓言。我女兒愛你，我看得出來她也愛你嚮往的旅行生活。因此我們必須想個辦法，讓你們到果阿和鄭和將軍一起享用咖哩魚，然後和他一起或者單獨回到中國，或者前往廷布克圖，或者跟隨精神的帶領，或者任憑風吹的方向，好好體驗每一個機遇。但是在你們離開之前，我要先與某個人做一番對話。」

（就在此時，潘帕．坎帕納的偉大作品第一次寫到她去拜訪女神阿蘭尼耶尼，以及女神送給她的一份禮物。我們相信《闍耶帕羅闍耶》中的這些段落不能從字面解釋。它們屬於一種詩歌的幻象，這種幻象瀰漫在整部傑作之中，而且與所有幻象一樣，只能詮釋為比喻或象徵。本書作者還不夠明智，無法仔細解析這些象徵

和比喻。我們只能謙卑地請讀者注意解析的必要性。至於我們自己，我們會兢兢業業地設法理解：對於詩歌能夠告訴我們的真相，平鋪直敘事實的散文力有未逮，無法達到目的。）

潘帕．坎帕納被一陣突如其來的旋風包圍（她這樣告訴我們），迴旋的樹葉纏繞著她，她升上天空，消失無蹤。森林的林冠上方景觀壯麗，在最高一棵樹的最頂端，浮現一顆金色的光球，比太陽還要燦爛，讓她目眩神迷。金球周遭與上方一群凶猛的**黑鳶**盤旋，牠們會照顧這世界的被排斥者。金球還與她對話，語音非常奇特，似乎只存在於空氣之中，也是空氣的一部分。「問我問題。」它說。等她回到林間空地，當初讓她扶搖直上的旋風將她慢慢放下來，這時她只說：「我向她索討一件禮物，她已經賜予我。」

她拒絕解釋分明，「當你們兩個準備好可以動身，你們就會明白。」她說，「當那個時刻降臨，過來找我，兩個人手上各拿一根烏鴉羽毛。」

說完之後，她回到森林深處，沉思冥想了七天。回來的時候，她平靜地微笑著；就算她感到悲傷，她也沒有表現出來。「你們都準備好了嗎？」她問澤瑞妲與李義和，兩人表示準備好了，手上各拿一根烏鴉羽毛。「我也有一根羽毛。」她告訴他們，「但我的羽毛來自一隻**黑鳶**。你們拿沒有人會多看一眼的普通鳥類羽毛，這很合理。但是如果我要在你們的旅程中保護你們，我必須看起來無比凶悍。」

「妳在說什麼？」澤瑞妲・桑伽馬問道。

「變形。」潘帕・坎帕納回答，「但是不能古怪離奇，不能輕薄無聊，變形必須出自你最深刻的需求。」

她施展咒語，那是阿蘭尼耶尼賦予她的能力。三個人都會變形為鳥類，直到他們鬆開爪子、放掉羽毛。「你們飛行的時候，千萬別放掉那根羽毛。」她警告，「不然你們會變回原形，從空中墜落摔死。」還有，羽毛的法力只能使用三次——鳥，人，鳥，人，鳥，人。要特別注意。你們永遠無法預知何時會需要這些羽毛，幫助你們逃離險惡的狀況。」

「所以我們什麼東西都不能帶？」澤瑞妲問。

「你們穿的衣服，放在口袋裡的黃金，斜背在肩膀上的袋子，背後劍鞘裡的寶劍，」潘帕・坎帕納說道，「這些東西都會在你回歸人形時恢復，但也就這樣了。其他無法與你們身體直接連結的東西，都不能攜帶進入旅程。」

「我們一旦見到鄭和將軍，」李大師建議，「我會放掉羽毛，但是公主要繼續緊抓羽毛，坐在我的肩膀上，直到我們上了將軍的船，駛離海岸，遠離胡卡二世的魔掌。」

「你呢？」澤瑞妲問道，「你在果阿不會有危險嗎？」

「我們見到鄭和與其部屬的那一刻，我就安全了。」李大師回答，「我們發現對這個國家而言，中國人在人們眼中看起來都一樣。」

潘帕．坎帕納拿出她祕藏的財富，給兩位旅行者各一袋金幣，「祝好運，」她說，「也要說再會了，因為我雖然會與你們一起飛行，但是我們無法交談。」此時她面無表情。澤瑞妲開始哭泣，與母親告別，但潘帕．坎帕納的面容有如石雕，「我們上路吧。」她說。

那是她第一次離開森林，第一次從**流亡**狀態轉移到**偽裝**狀態。一直要到他們三個——兩隻烏鴉、一隻黑鳶——飛上天空、飛向大海，潘帕．坎帕納才想到她忘了一件重要的事。李義和與澤瑞妲開始一起生活，但是兩人並未結婚。她一邊飛行一邊默默思量，驚訝地發現她並不在乎這件事，「我已經開始過野蠻人的生活，依循森林的法則。」她領悟道，「森林裡沒有人結婚，也沒有人在乎。」她自問，澤瑞妲會不會有一天想要一場正式的婚禮？她回答自己：「對於這個狀況，妳做什麼都為時已晚。」

飛向果阿的旅程中，她反思自己這種無所謂的心態，有一點震驚。她是不是一個糟糕的母親？或者她的心態代表了一個遙遠的未來，那時婚姻這回事已經過時，不再必要，沒有人會當一回事。「那樣的未來已經超越我的想像力，」她心想，「所以，是的，我是一個糟糕的母親，十之八九。」

黑暗從四周湧上，有如一雙看不見的手迅速為白晝拉上簾幕，果阿化為一星燈火，更遠處則是大海。他們向港口俯衝偵察，發現一艘木船，體積之大是潘帕．坎帕納前所未見。船上有許多層甲板，可以容納幾百人，船尾繪有一面中國旗幟。鄭和將軍已經抵達，而且顯然帶了一支軍隊。這樣很好，如果澤瑞妲有需要，她會得到保護。

潘帕．坎帕納留在空中，繼續盤旋，看著李義和與澤瑞妲飛往鄭和常去享用咖哩魚的飯店。一隻烏鴉降落地面，變回李大師，另一隻烏鴉站在他的肩頭。李大師停頓了一下，走進屋內。緊接著時間為潘帕．坎帕納停止，她在飯店屋頂上坐了沒有時間的一個小時，聆聽喧嘩歡樂的聲音。將軍的部屬離開飯店，大聲唱歌，往船的方向走去。時間繼續停止，依稀可見一個模糊的人影出現在黑暗的船頭，一個更模糊的黑影坐在他的肩頭；這人抬頭看著午夜的天空，看著那隻看不見的**黑鳶**，舉起一隻手表示道別。

潘帕．坎帕納飛回阿蘭尼耶尼的森林，一路上牢牢抑制自己的感受，她的作風向來如此。「至少，」她心想，「我不會看到她衰老、死亡；不會坐在一個老女人身旁，有如她年輕時模樣的幽靈，在她垂死的時刻凝視著她，將她嚇得魂飛魄散。至少我們母女倆都不必經歷那樣上下顛倒的人生結局。我不會知道她何時死去、如何死去，我可以繼續以她現在的模樣想像她，她最美麗、最有力量的模樣。是的，這就是我要的。」

澤瑞妲離開之後，時間漫無目的漂流，有如隨著悲傷的浪潮浮動。年頭一個一個過去，沒有任何人注意，沒有任何人容顏變老，男人或女人都是如此。這樣的現象也沒有引起人們注意，就如同魔法森林注定了一切。

澤瑞妲離去之後，她的姊姊妹妹耿耿於懷。對她們而言，她的離開是一種背叛，她們的反應是憤怒更多於悲傷。森林營地的活動如火如荼，兩位公主將憤怒釋放為營建計畫。隨著時間過去，住宅區日益擴張；迷宮般的走廊連結一個又一個房間；地板鋪上葉片織成、厚實柔軟的地毯；樹樁被削成舒適的椅子，出自公主高明的刀法；枕頭也是由木塊劈成，貼合她們頸部的曲線。然而這處營地並沒有家的平安與祥和，因為它是由憤怒所建。潘帕．坎帕納從天空歸來，變回人類形狀，退回自己的世界，經常連續數天、甚至數週一人獨處。尤克塔絲麗則會消失在森林深處，與森林女人長時間廝守，回到營地之後，她看起來日益狂野，頭髮直豎，衣服撕裂，臉龐沾滿泥土。尤喜娜是三姊妹中最感性的一個，投人愛情懷抱，試圖自我療癒。她向訶里亞．寇特表白愛意；這位老兵雖然也迷戀著她，但還是盡全力勸她打消念頭。

訶里亞．寇特可能比尤喜娜．桑伽馬年長五十歲，比她父親年紀還大。光只是她把他當成情愛的對象，就是很荒謬的事；他從一開始就這麼說。「我站起來的時候，膝蓋會嘎吱作響，」他說，「坐下來的時候會大聲呼氣，就好像有人幫我把體內空氣排光。我走路跟不上妳的腳步——要命，我連跑步都沒有妳走路快。我的思緒同樣跟不上妳。我沒受過教育，視力大不如前，閱讀速度很慢。我的頭髮快掉光了，鬍鬚也已經花白，背部隱隱作痛。我殺過人，當年受傷無數次，如今可說是半死不活。我是個很糟糕的軍人，不成氣候的地下反抗者，當酒鬼倒是相當稱職；擔任妳叔父的顧問時，主要職責是提供當年軍中生活的葷笑話。妳到底是看上我哪一點？如今妳會開始胡思亂想，完全是因為先前這裡除了李大師之外，沒有其他的男人；李大師和澤瑞妲是注定要在一起，現在也已離開。我們進入這座森林的時候我沒有變成女人，可以說是我一生最重要的成就。妳還年輕，要有耐心。我們有一天會離開森林，回到毗斯納伽，一個年輕、英俊、迷人、活力充沛的白馬王子會在那裡等妳。」

「你以為那就是我要的男人，真是太侮辱人了。」尤喜娜告訴他，「年輕、英俊的傻瓜？我過去在王宮的時候身邊都是這種人，而且說老實話，讓我覺得**噁心**。你之所以沒有變成女人，是因為你並不是一個蠢男孩，你是一個男人，而且年紀夠大，早已認清自己的面目。很少男人有這樣的自知之明，因此他們不能進來這裡。有自知之明的男人就像黃金一樣珍貴。」

「我有口臭，」訶里亞．寇特說道，「我睡覺時打鼾比尤克塔絲麗還大聲。我的記憶有半個世紀是在妳出生之前，當時毗斯納伽還沒出現，世界充斥著妳無法理解的事物，因為那是發生在許久以前的事。在我的夢中，我有時候會希望回到那個世界，當時我跟妳一樣年輕，而且十分堅強、滿懷決心與希望，不曾見識世間的嚴厲與殘酷讓年輕人喪失樂觀精神，讓年輕人老去。我不希望成為那個讓妳喪失樂觀精神的人。」

「我就喜歡你這樣情話綿綿的時刻，」尤喜娜告訴他，「這時候我會知道你真的愛我。」

「等到我生了重病，身體健康開始走下坡，一路走向不可避免的死亡，妳還會愛我嗎？」他問，「妳真的想照顧一個垂死的人，在他身上浪費妳豐沛的愛，並且為此悲傷？」

「愛永遠不會是浪費，」她說，「你會照顧你自己，森林的魔法會照顧你，我也會照顧你。如果我們能有十年、甚至十五年快樂時光，我會心滿意足。而且沒錯，我會照顧你直到最後一天，直到結局來到的那一天。」

「這樣的感情不能發生，」他說，「不應該發生。」

「我知道，」她回答，「但就是會發生。」

第十一章

時機已經成熟，潘帕．坎帕納不再屈服於流亡的命運。她必須確切掌握毗斯納伽城的情勢發展，才能夠為下一步行動做出決定。她交代訶里亞．寇特一樁任務，必須回到毗斯納伽城執行，「我無法永遠只靠烏鴉與鸚鵡，」她說，「我需要有經驗的眼睛與耳朵，而且你有祕密的管道可以進出毗斯納伽。」

尤喜娜對母親大發雷霆，「妳這麼做是衝著我來，」她指控潘帕，「就是把他從我身邊帶走。為了阻止我得到我要的男人，妳寧可讓他冒極大的生命危險。」

「首先，」潘帕．坎帕納告訴女兒，「妳說的不是事實。我太瞭解妳了，只要妳下定決心，我的任何行動都無法阻擋妳。第二點，不要低估訶里亞，他非常熟悉地下工作，也是**偽裝隱匿**的高手，而且我會幫助他。」

「妳要把他變成烏鴉？」

「不，」潘帕．坎帕納回答，「我的變形法力畢竟有限，只能再使用兩回，必須等到絕對必要才能改換形體。訶里亞・寇特必須以人類的形體回去。」

「妳願意為澤瑞妲與義和施法，卻不願意為我們這麼做，」她哭喊，「意思就是妳要害死他。如果他因此送命，那都是妳的過錯，我會永遠無法原諒妳，我會想辦法報仇。」

「妳真的很愛他，」潘帕・坎帕納說道，「這是一件好事。」

毗斯納伽城在岩石山峰的陰影中發展壯大；當初城市誕生的第一天，胡卡與布卡・桑伽馬兩兄弟就坐在其中一座山峰上，不可置信地看著未來從潘帕・坎帕納的魔法種子冒出來。城牆的兩端都觸及山脈，山脈補齊了城市環狀防線的缺口，讓毗斯納伽看似固若金湯。但是訶里亞・寇特與「異議」運動很早就在岩石之間發現很深的空隙；經過多年的緩慢挖掘，更將空隙深化為隧道，並且闢出通往外界的祕密通道；一旦他們行蹤敗露或者遭到迫害，那就是他們的逃生路線。「我可以進出自如，」這位老兵向潘帕・坎帕納打包票，「進城之後，城內如果還有『異議』的成員，他們會幫助我躲藏。無論如何，我會照顧好自己，妳不必擔心。但是我沒有馬可騎，因此行程會很緩慢。也許我可以在路上偷一匹馬，回程時再偷一匹。」

訶里亞・寇特離開之後，尤喜娜・桑伽馬再也不和母親說話，日子一天一天過去，她開始相信他已經喪命，想像他遭到俘虜、承受酷刑、生命的最後時刻無比可怕，她想知道他臨終時是否曾呼喊她的名字。他是一位英雄，因為她母親的恣意妄為而犧牲性命，有何意義？他在毗斯納伽獲得的情報，能對他們的生活產生什麼影響？什麼都沒有，他的犧牲毫無意義，這不是一個英雄應該有的死法。

然而訶里亞・寇特平安歸來，騎著一匹偷來的馬，一如他先前的預告。「一切都按照計畫進行，」他安慰啜泣的尤喜娜，她在他一下馬的時候就奔進他的懷抱。他將馬兒釋放，再一次進入森林，也再一次免於變形成女人。「我不曾遇到任何危險，沒有人會提防像我這樣的老朽無名之輩。」

「你看起來糟透了，」尤喜娜告訴他，「那些風險、危險和旅程都增添了你的年歲，你看起來有一百歲那麼老。」

「妳看起來和往日一樣美麗，」他回答，「我跟妳說過，我對妳來說年紀太大了。」

訶里亞・寇特的平安歸來是好消息，然而他帶回來的消息讓人難以消受。老二國王廢除樞密院，以一個由聖人組成的「神聖權威參議院」（Divine Ascendancy Senate）取而代之，簡稱「DAS」，領導人名叫剎耶納，他是毗德薩伽的兄弟。這個新成立的參議院對毗斯納伽進行嚴格的宗教控制，它「摧毀」了佛教、耆那教與伊斯蘭教的哲學思想，宣揚曼達納**僧院**思想家推出的「新正統」；後者由毗德薩伽一手主導，其實只是他先前的「新宗教」舊酒裝新瓶，如今成為毗斯納伽社會的基礎。這項變化重演了哲弗拉巴德蘇丹國的發展，蘇丹哲弗爾駕崩（這證明了他終究不是傳說中的幽靈蘇丹）之後，王位由另一個哲弗爾——另一個「老二」——繼承，此人也是信仰狂熱分子，設立了一個宗教性質的「護民官會議」。兩個王國過去採行包容政策，各種信仰的人們都能全面參與公眾生活；如今好景不常，兩個王國之間出現可悲的人口相互遷徙，人們在自己的國家不再安全，於是遷往對方的國家。「這太愚蠢了，」潘帕．坎帕納說道，「任何人如果認定我們的神或者他們的神會讓人民如此痛苦，這是從根本誤解了神性的本質。」訶里亞．寇特表示，毗斯納伽大部分民眾對於新近的強硬政策並無好感，但是他們絕口不提，因為老二成立了一個執法單位，嚴厲鎮壓任何異議表達，「一小撮強硬派團體大權在握，大部分老一輩人士對它既害怕又厭惡。遺憾的是，不少年輕人任憑它擺布，聲稱這種『新紀律』對於捍衛他們的身分認同不可或缺。」

「軍隊呢？」潘帕．坎帕納追問，「軍人對於排除其他宗教成員——必然包括很多高階軍官——有何感受？」

「目前軍方保持沉默，」訶里亞．寇特表示，「我認為軍人會擔心接到命令要對付自己的人民，他們將難以奉令行事，因此他們要堅守中立。」

毗德薩伽本人深居簡出，被歲月牢牢掌控。「他拒絕死去，」訶里亞．寇特告訴潘帕．坎帕納，「至少這是人們的說法；但他的身體與他的精神並不同調，人們說他就像一個活人住在死去的身體裡面。他透過一張死去的嘴巴說話，擺動死去的雙手。但他仍然是毗斯納伽最有權勢的人物，老二拒絕違逆他的意願，不論這些意願有多麼古怪愚蠢。他要求所有街道都必須改名，廢除人盡皆知的舊名，換上罕為人知、又臭又長的聖人稱號。結果導致人們再也搞不清事物的地點，就連長年定居的市民也會為了一個地址絞盡腦汁。『異議』組織近來要爭取的新作法之一，就是恢復過去人們熟悉的地名。情勢就是這麼混亂。」

「異議」運動持續擴大，訶里亞．寇特發現許多成員都願意為他提供住處、食物，幫他避人耳目。它不再只是一個小規模、無足輕重的狂熱組織，祕密支持者多達數千人，訴求也與以往不同，放下早期較不吸引人的主張，改採更為包容、溫和、信仰融合的世界觀。它因此成為一個雖然遭到禁止、但是廣受歡迎的反對組織。它的綱領具有一種特質：藉由回顧過往來展望未來。換句話說，它追求的未來是以過去為藍本。它將懷舊情結轉化為一種新型態的激進理念，「回顧」與「前瞻」成為同義詞而非反義詞，用以描述同一個運動、同一個方向。

城內四處散見手寫的傳單、牆上的塗鴉，但過不了多久就會被清理掉。政權的爪牙會收集這些傳單加以焚燒，塗鴉藝術家也知道死對頭就在附近窺伺，因此他們必須速戰速決，最多只能在牆上寫下一個字，第二天早晨之前就被洗刷。抗議行動因此相當困難，但抗議者繼續努力。「異議」運動有不少鬥志高昂的成員，訶里亞．寇特聽過不止一次這樣的故事：勇敢的抗議者站在市集中央發送傳單，DAS的鷹犬趕來逮人，卻發現那些傳單只是白紙一疊，看不到片言隻字，沒有圖畫或者密碼符號，一無所有。不知為何，對DAS的鷹犬而言，這樣的空白要比口號或漫畫更讓他們惱怒。

「這是在搞什麼鬼？」他們質問，「為什麼傳單上沒有任何訊息？」

「沒有必要，」抗議者回答，「一切都清清楚楚。」

尤喜娜．桑伽馬從住處拿水出來，「讓他喘口氣、喝點水。」她怒沖沖地對母親說，「他才剛回來，妳派他執行這項漫長又危險的任務，他經歷了一趟漫長又危險的回家旅程，他的面容因此平添許多歲月風霜，妳卻堅持現在就要對他問東問西，甚至不讓這個可憐人坐下歇息。」

訶里亞．寇特喝了一大口水，謝謝尤喜娜，「別擔心，公主，」他一邊說一邊觸摸她的前臂，動作親暱，「讓我一吐為快比較妥當。我的記憶力已經不如以往，最好在我開始忘東忘西之前和盤托出。」

「嗯，」尤喜娜哼了一聲，顯然並不信服，「看來王后還是可以隨意指使你，也許哪一天你會開始聽我的話。」

她先行離開，留下訶里亞．寇特與潘帕．坎帕納獨處。潘帕現在最想知道的是老二的兄弟們——想像力貧乏的伊拉帕里與性情卑劣的甘達帕——狀況如何，他們在做什麼？惹是生非抑或保持平靜？「至於那兩兄弟，」訶里亞．寇特告訴她，「老二派他們遠征拉查康達，當地人民仍然奉行古老的**恆雅木納**文化，這個字眼意指印度教與伊斯蘭教文化的融會。在拉查康達，兩種宗教文化合而為一，就如同恆河與雅木納河彼此匯流。」

「也正如同過去的毗斯納伽。」潘帕．坎帕納說道。

「老二並不認同，DAS也是如此。」訶里亞．寇特說道，「所以拉帕里與甘達帕收到的命令是摧毀拉查康達的雄偉要塞，大量殺戮當地人民，好讓倖存者徹底改變想法。然後兩兄弟就可以聯手統治那個地區。」

「他們待在城堡裡的叔父，」潘帕．坎帕納問了最後一個問題，「那三個老強盜有什麼消息？」

「他們從來都不成氣候，」訶里亞．寇特回答，「他們的故事往往才一開始就要結束。現在他們又老又病，遠離毗斯納伽，妳不必擔心他們，三兄弟撐不了多久。」

訶里亞．寇特的報告畫下句點，潘帕．坎帕納緩緩點頭，「你關於異議運動的消息令人振奮，」她說，「改變的種子已經種下，但是新植物需要一段時間才能成長。我必須在近期內親自前往毗斯納伽。拖太久了，我像老鼠一樣躲在洞穴裡，什麼事都不做。是時候了，我要再一次開始對人們耳語，如果有許多年輕世代已經被老二的鬼扯迷惑，再一次耳語會很不容易。到最後情勢一定會轉變，然而年輕世代果真中毒太深，那會需要很長一段時間。儘管如此，我們必須著手進行。」

「我聽到了，」尤喜娜大喊一聲，衝出住處，來到母親與訶里亞・寇特站立的林間空地，「你們休想告訴我，你們兩個都要回毗斯納伽，縱身跳進死亡的血盆大口，把我一個人丟在森林裡。」

「妳不會只有一個人，」潘帕・坎帕納說道，「尤克塔絲麗也在。」

「不，她不在，」尤喜娜哭訴，「她現在是叢林裡的野蠻人，和其他的野蠻人在一起，鬼扯一些粉紅猴子的事。這地方只有一個人還沒有失去理智，那個人就是我。現在你們要拋棄我，讓我一個人在這個可怕的地方發瘋。」

「我必須回去。」潘帕・坎帕納說道，「人們如果想改變歷史的方向，就必須前往歷史的現場。」

「如果他們逮到你們，怎麼辦？」尤喜娜大喊，「那樣妳將寫下錯誤的歷史，不是嗎？」

「他們不會逮到我。」潘帕・坎帕納回答，「隨著時間過去，所有激情都將冷卻下來。還有，人們會遺忘。歷史不僅來自人們的行動，也來自遺忘。」

「妳這個人很難讓人遺忘，」女兒告訴她，「這麼做太瘋狂了。」

「別擔心，」潘帕・坎帕納試圖安撫女兒，「我們會偷幾匹馬，因此離家的時間不會拖延太久。」

在尤喜娜與訶里亞．寇特陪同之下，潘帕．坎帕納走出魔法森林的邊緣，首度明白一件事：年復一年，阿蘭尼耶尼的魔力讓流亡者的時間感變得模糊；而且在那個沒有鏡子的世界中，他們無從感受到自己身體的變化——或者更精確地說，他們的身體停止變化，保持在當年初次進入森林時的狀態。現在她瞭解，為什麼訶里亞．寇特從毗斯納伽回來會變得蒼老許多。他離開森林之後，真實的年歲顯現在他的面容上，因此如今他的老邁讓人難以置信，森林的魔力無疑賜予他長久的年壽。她開始思考自己的年歲問題，在此之前她從未花費心思——森林以某種她並不瞭解的方式，將所有相關的思考逐出她的意識。她在計算的時候赫然發現，自己至少已經八十五歲，然而拜女神潘帕贈予的青春——雖然不是永遠保持，但已非常長久！——之賜，她仍然擁有一個二十五歲左右年輕女性的青春、活力與外貌。

她的估算被尤喜娜驚心動魄的聲音打斷，「妳做了什麼？」她放聲尖叫，「我發生了什麼事？」

「我什麼都沒做。」潘帕．坎帕納回答，「好多個年頭過去了，然而我們在森林裡的生活就像在做夢。」

「但是妳，」尤喜娜大吼，「妳看起來像個女孩，看起來像我的女兒。妳到底是什麼人？我甚至已經不認識妳了。」

「我全都告訴妳了。」潘帕．坎帕納回答，聲音中帶有深沉的哀愁，「這是我的詛咒。」

「不，」尤喜娜哭喊，「是我的詛咒，**妳**是我的詛咒。看看訶里亞．寇特，他就像只剩一個小時可活。妳終究找到辦法，把他從我身邊奪走。」

「我會活下去的，」訶里亞．寇特說道，「我也會回到你身邊，我答應妳。」

「不，」尤喜娜哭著說，「她會設法殺害妳，我知道她會這麼做。我從此再也見不到你。」她邊哭邊跑，回到森林深處。

潘帕．坎帕納悲傷地搖搖頭，打起精神，「走吧，」她吩咐訶里亞．寇特，「我們還有工作要做。」

潘帕．坎帕納回到毗斯納伽，她全身裹著一條毯子，爬過「異議」組織挖掘的祕密隧道，由訶里亞．寇特帶往一處安全藏身處，屋主是一位守寡的占星師瑪杜麗．提毗，個頭嬌小，很有女主人的味道，四十歲左右，非常樂意庇護潘帕。（當訶里亞．寇特告訴瑪杜麗．提毗她的新客人是何方神聖，這位占星師睜大了眼睛。不過她歡迎潘帕．坎帕納來到時，什麼問題都沒問。）當時，帝國的首都與其對頭哲弗拉巴德的軍事重鎮，情勢都是動蕩不安，因此沒有人會關注一位前任的二度王后，而且還記得她、聽過她說話的老一輩人士也日漸凋零。當時人們掛心的是毗斯納伽王朝陷入混亂，哲弗拉巴德的統治者也是問題重重。胡卡羅耶二世突然死亡，帝國北方的統治者哲弗爾二世也有同樣命運，兩個「老二」幾乎同一時間駕崩，兩個國家爆發激烈權力鬥爭。

胡卡羅耶二世在睡夢中平靜離開，但哲弗爾二世就不是如此。他的叔父達烏德帶著三名刺客闖進他的寢宮，將他活活刺殺。一個月之後，刺殺行動主謀也遭到刺殺，當時他正在哲弗拉巴德的星期五清真寺進行祈禱。另一名貴族馬赫穆德將達烏德八歲的兒子弄瞎，終結任何關於王位繼承的爭議，然後登基為王。哲弗拉巴德陷入混亂局面與愁雲慘霧。

在此同時，毗斯納伽的情況是難兄難弟。胡卡羅耶二世生了三個兒子，毗樓博叉（當地人對於濕婆神的稱號）、布卡（沒錯，又一個布卡）、提婆（Deva，就是天神的意思）。毗樓博叉繼承王位，短短幾個月之內喪失包括果阿港在內的大片領土，後來死在自己的兒子手中。毗樓博叉的兒子被弟弟布卡一一收拾，後者登基為布卡羅耶二世，但是他也沒有撐多久，遭到自己的么弟提婆殺害並取代。提婆相信自己人如其名，是天神的化身，也因此享有神授君權。（他終結了王室的殺戮循環，在位四十年。）

在這段動亂頻仍的年代，第二位葡萄牙馬匹販子費爾南．帕埃斯來到毗斯納伽。他明智地保持低姿態，專心買賣馬匹，一有風吹草動隨時可以離開。但是由於生意太好，他也成為毗斯納伽的常客。他有寫日記的習慣，其中描述殺人如麻的毗樓博叉與布卡二世「沉迷於飲酒和性交，通常是依照這個順序。」意志不堅的提婆羅耶國王本來也會走上這條道路，但他是三兄弟中最容易受人影響的一個，因此我們將會看到，他的故事會很不一樣；他也因為這樣才能夠長命百歲、壽終正寢。

「這個世界已經上下顛倒，」潘帕．坎帕納心想，「撥亂反正是我的責任。」

儘管時間已經過了許多年，而且新王提婆羅耶認為潘帕．坎帕納的逃亡只是一個年代古老、早已畫下句點的故事；但是DAS還在運作，古老的毗德薩伽也還活在某個地方，因此小心謹慎仍有必要。潘帕的房間裡有個壁龕，瑪杜麗．提毗堅持白天客人要躲在裡面，她會將一個木頭衣櫃推到壁龕前面，掩人耳目。到了晚上，瑪杜麗會將衣櫃移開，讓潘帕．坎帕納出來。為了更加謹慎，瑪杜麗前往兩個地方買生活必需品：一個是她經常光顧，商家與她相熟的大市集；另一個市場規模較小，位置偏僻，誰都不認識她，因此也沒有人會好奇她為什麼要買一個人吃不完的食物，進而懷疑她是在做兩人份的採購。潘帕．坎帕納瞭解自己的女主人是一位老練、專業的地下工作人員，因此不會去質疑她的規定要求。她在藏身的壁龕中採取跏趺坐，度過漫長、炎熱的白晝；她閉上雙眼，讓精神穿梭在毗斯納伽各地，就如同早年施展耳語法力的時候；她聆聽市民的思緒，刺探君王的陰謀詭計。她等了很長一段時間，一直還沒有開始耳語。她聆聽、等待。

採取行動的時機尚未成熟。她並沒有去找毗德薩伽，因為如果她進入他的思緒，這名乾癟的百歲人瑞一定會察覺她的就近入侵，然後會在城裡翻天覆地搜索她，她的藏身之處很快就會曝光。她只觀察毗德薩伽的實際作用，透過他兄弟剎耶納的存活與力量；剎耶納本人也已非常老邁，但仍然大權在握，而且依照瑪杜麗．提毗的看法，他是帝國殺戮的幕後黑手。「他一直處心積慮要將提婆送上王位，」她告訴潘帕．坎帕納，「原因在於提婆的虛榮心與天神情結，讓他很容易接受阿諛諂媚，如此一來，他就成為所有王位競爭之中最容易控制的一個。」如果這就是剎耶納的計畫，毗德薩伽一定有志一同，提婆羅耶只是老人的馬前卒。

「我將要給自己一項工作，幫助這位年輕國王掙脫毗德薩伽兄弟的魔掌。」潘帕．坎帕納說道，「然後我們摯愛的毗斯納伽將開始復興、回歸。」

「需要的時間可能比妳的預想還要長。」瑪杜麗．提毗說道。

「妳為什麼這樣說？」潘帕．坎帕納問道。

「這是依據星象。」瑪杜麗．提毗回答，「妳將會再一次嫁給毗斯納伽的君王，但不是現在這一位，而且要等一段時間。」

「瑪杜麗，非常感謝妳庇護我，然而我並不是非常相信占星術。」潘帕．坎帕納說道，停頓了半晌，又追問一句：「要等多久？」

「我其實不曉得這種事情怎麼可能發生，」瑪杜麗．提毗皺著眉頭說道，「但是我也不曉得像妳這樣的人怎麼可能存在。我還是一個小女孩的時候，我的祖父母經常談起妳。然而今天妳人在這裡，看起來比我還年輕。無論如何，星辰的顯示非常明確，它們說，大約再過八十五年。」

「太久了，」潘帕．坎帕納說道，「我們必須想辦法處理這問題。」提婆羅耶在位的時候，人民稱年輕的他是一位偉大的君王，然而潘帕．坎帕納在《闍耶帕羅闍耶》中稱他為「傀儡王」，因為他任憑兩位而非一位藏身幕後的傀儡師傅操控擺布，這兩個人的鬥爭是毗斯納伽祕史的核心——首先是教士毗德薩伽，然後是曾經被這名教士蹂躪、後來唾棄他的「門徒」潘帕．坎帕納，帝國過去與未來的王后。

提婆羅耶在位初年，對剎耶納與DAS言聽計從，也可以說是完全臣服於從未現身的傀儡師傅毗德薩伽。他下令修建美麗的哈札拉羅摩神廟，位於王城的中央，後來成為毗斯納伽歷代君王私人膜拜的場所，直到帝國滅亡。DAS繼續執行宗教戒律、打擊其他宗教信仰。也正因為DAS倡導對外擴張，提婆羅耶長年在外征戰。將近二十年間，他攻打每一個鄰國，每一個都淪為他的手下敗將，包括哲弗拉巴德的蘇丹馬赫穆德。軍事勝利為他的榮耀錦上添花，但也意謂毗斯納伽被日漸老邁、病體支離的剎耶納長期掌控，另一個掌控者毗德薩伽則是在多年之前就已經又老又病。DAS控制的樞密院也是半死不活，它的掌權時間太長，資深成員太過老朽，因此導致怠惰與無能，進而——在不那麼老朽的成員之間——滋生嚴重的財政貪腐、淫蕩的性行為，儘管樞密院的官方政策強烈譴責這類行為。毗斯納伽的民眾開始期待變革。

這也正是潘帕．坎帕納需要的機緣。她開始進行耳語，充分利用日間藏身壁龕的時刻，以及夜間的大部分時刻。「妳都不吃東西，」瑪杜麗．提毗憂心忡忡對她說道，「如果妳還是人類，就得吃點東西。」潘帕．坎帕納禮貌地表示同意，每天空出三十分鐘時間，兩人一起用餐、談話。其他的時間，她閉上雙眼，探訪人們的心靈。「妳都不必睡覺，」瑪杜麗．提毗驚歎地說，「至少我沒看過妳睡覺。妳到底是什麼樣的存在？來到我家裡的是一位女神嗎？」

「我年紀還很小的時候，就被一位女神附身，」潘帕．坎帕納回答，「我因此發生許多變化，有些變化連我自己都不明白。」

「我就知道。」瑪杜麗．提毗跪了下來。

「妳在做什麼？」潘帕．坎帕納大喊。

「我在膜拜妳。」瑪杜麗．提毗回答，「這樣做不對嗎？」

「拜託不要這樣，」潘帕．坎帕納說道，「我的一個女兒跟著一個外國人遠渡重洋，還有兩個女兒被我留在一座森林裡。現在我知道眼前的工作需要許多個年頭，等到完成時，我的女兒可能都已死去，訶里亞．寇特必定已經過世，妳應該也來到人生的盡頭。然而我有一種特質，對這一切都毫不在意，只在意我必須完成的工作。我背棄我的女兒，就像當年我的母親背棄我。這樣的人不值得妳尊敬。趕快站起來。」

如今的耳語工作不像起初那麼直接了當。起初的時候，被創生世代是從種子誕生，有如空白的石板，腦袋空空如也。當她在石板寫下他們的故事，植入他們的大腦，他們照單全收，完全沒有問題。她虛構這些故事，他們成為她創造的人，過程中幾乎沒有引發任何抗拒。如今她要耳語的人們並不是她的創造物，他們在毗斯納伽誕生、長大，他們有真實的家族歷史，上溯兩個甚至三個世代，不是可以隨意揉捏的虛構。此外，他們也在當今掌權者——DAS——的鼓勵之下，認定毗斯納伽誕生的真實故事是一則謊言，而且將一則謊言認定為事實：毗斯納伽並不是從種子誕生，不是來自某個耳語女巫的想像，而是一個擁有自身歷史的古老王國。

還有一件事：城市成長了。現在她有更多的人們要面對，必須說服其中許多人，她提供的毗斯納伽敘事文化素養深厚、具包容性、高尚精緻，遠遠優於當今那些心態狹隘、排斥異己而且——在她看來——野蠻粗暴的官方敘事。她完全沒有把握人們會選擇高尚精緻、棄絕野蠻粗暴。人們面對其他信仰成員時畫出的黨派界線——我們是好人、他們是壞人，有一種頗具感染力的明確性。同樣的道理，抱持異議會被認定為不愛國家。如果人們要在獨立思考與盲從領導人之間做選擇，許多人會選擇盲目、放棄洞見，更何況國家讓他們餐桌上有食物、口袋裡有錢財。不是每個人都願意思考，許多人只想吃喝花錢。不是每個人都願意愛護自己的鄰人，有些人寧可心懷仇恨。抗拒在所難免。

訶里亞．寇特在夜裡來探望她，她從進行祕密內心活動的壁龕出來，活動幾個小時。先前尤喜娜曾對他說，他的樣子糟透了，如今的他更是每況愈下。「我沒有多少時間，」他告訴潘帕．坎帕納，「我有一個承諾必須兌現。」

「去吧。」她說，從衣服摺疊處掏出一個裝有金幣的小袋子，「去找那個新來的外國人帕埃斯，買下他最快的馬。回去擁抱尤喜娜，告訴她我愛她。」

「她也愛妳。」訶里亞．寇特說道，「妳不一起走嗎？」

「你知道我走不了，」潘帕．坎帕納回答，「我必須坐在一座衣櫃後面的洞穴裡，嘗試發起一場群眾運動。我曾經是一位王后，如今卻成為革命分子。如此形容會不會太誇張？這樣好了，我是一個躲在衣櫃後面的女巫。」

「我要道別了，」訶里亞．寇特說道，「這將是我的最後一趟旅程。」

（潘帕．坎帕納的《闍耶帕羅闍耶》為那趟旅程鋪陳了一段精彩絕倫的故事。我們必須自問，她並不在場，如何能獲知旅程中發生的事？如果整段故事只是虛構，我們也可以諒解。不過詩人對這些懷疑不以為意，在她筆下，故事來自鳥兒的告知。多年之後她走出隱居生活，告訴我們，是烏鴉與鸚鵡用主人語言為她轉述故事。）

「他回去的路途相當艱辛，」烏鴉說道，「首先，他必須賄賂那個葡萄牙商人，請對方將馬匹牽過城門，前往祕密會面地點。騎馬返回森林的路上，他開始覺得很不舒服。」

「他愈來愈接近森林，但出現高燒，神志不清，」鸚鵡說道，「他騎在馬背上大吼大叫，語無倫次。」

烏鴉接續故事，「抵達森林的時候，他已經完全喪失理智，搞不清楚自己是誰。他只知道自己必須進入森林，必須見到她。」

「然而妳也瞭解，對於不知道或者忘記自己是誰的人，森林是個相當危險的地方。」鸚鵡說道。

「他奔進森林，高喊她的名字。」烏鴉接話。

「但是森林的魔力擄獲了他，他放聲尖叫，倒在地上，再也沒有起來。」

「她奔跑過來，」鸚鵡說道，「然而為時已晚。」

「她伸手觸摸那個倒下的人，但那個人不再是訶里亞．寇特，」烏鴉鄭重表示，態度非常嚴肅。

「那是一個垂死的女人，看起來有一百歲了。」鸚鵡悲傷地說。

「那個女人穿著老兵訶里亞．寇特的衣服。」烏鴉補充。

第十二章

國王的顧問剎耶納終於死亡之後，潘帕．坎帕納決定行動的時機已經成熟。當時毗德薩伽完全不見蹤影，如果他確實還在人世，大概也只是躺在某個地方的一張小床上，像個老邁的嬰兒，十分無助，惡狠狠地抓住生命，然而卻無法真正活著。他的時代已經結束。DAS的領導幹部同樣是牙齒掉光、又乾又皺。毗斯納伽彷彿是由一群行屍走肉當家作主，死人統治活人，活人倍感厭倦。

她藏身衣櫃後方的壁龕，將耳語灌進國王的耳朵。獨處深宮的提婆羅耶抱頭苦思，不知道些這些突然出現的新想法來自何方，不理解自己怎麼可能會如此靈光乍現，畢竟他從來不是靈感豐富的人。後來他終於開始自我肯定，相信自己成為真正的天才。他腦海裡的聲音也這樣告訴他、奉承他，表示這個聲音本身就是他天才的展現，他必須仔細聆聽它——也就是他自己！——要他做的事，接受它的引導。

提婆羅耶腦海裡的聲音要他忘卻戰爭，忘卻偏見。

——你是提婆，像天神一樣，就是如此，但你為什麼只要當死亡之神？結束一場又一場血肉淋漓的戰役之後回家，你不覺得厭倦嗎？你難道不想當生命之神？你可以不要出動軍隊，而是派遣使節、締造和平。

——是的，是的，他心想。我要完全按照自己現在的自我提示去做，我要派遣使節、締造和平，對每一個國家都是如此。為什麼不？就連對哲弗拉巴德也不例外。

——耳語提醒他，還有偏見的問題，他也必須忘卻偏見。

——是的，是的，他心想。我要證明我變得非常寬容！我要娶一位耆那教徒！碧瑪．提毗，她很好，我要娶她，而且到她最愛的神廟祈禱。然後我要再娶一位穆斯林當二房妻，人選有待確定，但是我一定找得到。我聽說穆德加爾有位穆斯林金匠，女兒美若天仙，我會物色看看。還有什麼事要做，我厲害的大腦？

——水。潘帕．坎帕納耳語。

——水？

——城市大幅擴張，人民飲用水出現短缺。建造一座水壩！就建在通加河與巴德拉河的交會處，兩河匯流成為豐沛湍急的潘帕河。然後建一條輸水道，將乾淨的河水送進城裡，在每一座廣場設置抽水機，讓口渴的人可以飲用，汙穢的人可以沐浴並洗滌衣物。如此一來，人們會愛戴你。水比勝利更容易贏得愛戴。

——是的，是的！一座水壩！一座輸水道！水就是愛。我將成為愛的水壩神王。我將讓愛流向城市的每一個角落。我將成為人們的摯愛、最愛。還有什麼嗎？

——你將成為藝術的贊助者！將詩歌帶進宮廷，鳩摩羅．毗耶娑用康納達語，甘達．迪姆蒂瑪用梵文，詩歌之王室利那陀用泰盧固語！你知道嗎？我覺得你自己一定也可以寫出精彩的詩篇！

——是的，是的！詩歌，詩人，還有羅曼史！我都可以寫，而且我要寫！

——你還要引進數學家。我們的人民熱愛數學！還要引進造船師，不僅要建造戰艦，也要建造商船。這些新住民——畫家、詩人、計算師、設計師——之中一定要有許多女性，她們和男性一樣夠格！

——是的，是的！這些事我都願意做，我願意做更多。我的思想比我這個人還要精彩；但是而今而後，我要活的跟我的思想一樣精彩。

——噢，還有一件事，趕走你身邊那些行屍走肉的年老教士，他們只會在你耳邊偷偷灌輸一些陳舊的觀念。恢復過去的樞密院，你可以讓各種人加入，詩人、數學家、輸水道與水壩的建築師、外交家，這些人物的才智將為你增添光彩。

——好主意！我很高興自己靈光乍現，我現在就動手做。

潘帕．坎帕納心想，殺害我一位孫兒的凶手成了任我操控的傀儡。

那段時期，毗斯納伽民眾與自身記憶的關係相當複雜。他們在潛意識中或許並不信任記憶，不知道或者不相信在時間剛出現的時候，潘帕．坎帕納曾經為他們植入祖先的虛構歷史，根據她豐富的想像力來建立整個城市。無論怎麼看，他們都不是非常重視過往的人。他們選擇——正如同阿蘭尼耶尼森林的成員！——完完全全活在當下，對先前發生的事情沒有多大興趣。這讓毗斯納伽成為一座動態蓬勃的城市，擁有強大充沛的前瞻性能量，但也因為失憶而飽受困擾——轉身背對歷史，只會讓歷史的罪孽反覆重演。

九十個年頭之前，胡卡與布卡．桑伽馬撒下魔法種子；九十個年頭之後，大部分人們將這個故事視為童話，認定「潘帕．坎帕納」只是某個善良仙女的名字，一個故事中的人物，不屬於真實世界。就連她的孫兒提婆羅耶也如此認為。他聽說過自己的父親薄伽．桑伽馬——被魔法師拋棄的孩子——如何登基成為胡卡羅耶二世，並且誓言要報復對他毫無感情的母親潘帕——提婆羅耶的祖母——與她的女兒。提婆羅耶心想，就算這故事有一半是事實，也已經畫下句點。他的祖母如果還在世，年紀應該有一百一十歲左右，這當然非常荒謬。那些關於她的法力如何高強的故事，當然也只能以荒謬形容。她可能只是個邪惡的老太婆，但不會是魔法師；如今她已死去，那個舊世界也與她一起消失。他只想傾聽腦海中自身天才的聲音，讓聲音為他指出通往未來的道路。如今，輸水道、數學家、船舶、大使與詩歌的時代已經來到；是的，是的！

至於毗德薩伽：潘帕．坎帕納的死對頭已來到生命尾聲，他試圖活得像她一樣久，以便破壞她的計畫，結果計謀失敗。她再也不必畏懼他。

提婆羅耶突然間徹底改變方向，在城市街頭引發動亂。被揚棄的權力結構掌控者惡形惡狀，不肯輕易放棄。這批失勢的守舊派抱殘守缺，唆使自家的鷹犬爪牙，企圖掌控街頭局面。他們不習慣受到阻礙；他們習慣為所欲為、作威作福，但如今卻遭遇出乎意料的反抗。進行多年的耳語產生了出乎意料的結果。從毗斯納伽的每一個地方，從後街暗巷與康莊大道，從安靜的養老院與喧鬧的年輕人集會，人們紛紛走出大門，發起反抗。「異議」組織的旗幟——圖案是一隻伸出食指的手——出現在大街小巷，呈現為牆面塗鴉，猶如發起一場抗議行動。潘帕．坎帕納打造的脫胎換骨歷程，展現為各種神奇的力量。這代表「新異議」的誕生：不再反對藝術、歧視女性、敵視多元性愛，而是擁抱詩歌、自由、女性與樂趣，原始的組織宣言只保留反對宗教世界干預政府事務的「第一異議」、反對大規模宗教集會的「第二異議」、主張以和平取代戰爭的「第四異議」。**舊政權**的鷹犬爪牙潰不成軍，只能退讓。那個政權曾經看似無比強大、無人能敵，到後來整個體制在短短幾天之內徹底崩潰、灰飛煙滅，顯示它早已從內部腐化，因此一受到推擠就站不住腳。

國王待在宮殿之中，對事態發展如此快速感到困惑，再一次聽到那個聲音對他耳語，那個他以為代表自身天才的聲音。

——你做到了。

——是的，是的，他告訴自己，我做到了。

新時代降臨毗斯納伽。潘帕．坎帕納離開她的神龕，在光天化日下現身。結果，她的外表成為她現成的**偽裝**。「大變革」之後的第二次黃金時期，「異議」運動的成員平步青雲，進入帝國政府擔任要職。沒有人認得出潘帕．坎帕納，在一般人眼中她是一個二十五歲上下的女子，只有一小撮核心人士知道她是這座城市偉大的創建者，年紀接近一白一十歲。她的頭號親信、占星師瑪杜麗．提毗如今是「異議」領導人之一，進入樞密院，她向國王推薦自己的朋友，聲稱此人天賦異稟，可以為國效勞。

「妳叫什麼名字？」提婆羅耶詢問前來晉見的潘帕．坎帕納。

「潘帕．坎帕納。」潘帕．坎帕納回答。

提婆羅耶捧腹大笑，「這個好笑，」他大喊，擦拭笑出來的眼淚，「是的，是的，年輕女孩！妳是我的老祖母，那還用說。而且算妳運氣好，我不會像我父親一樣記仇。我的團隊需要一個像妳一樣睿智的女族長。」

「不，感謝您，陛下。」潘帕．坎帕納高傲地回答，「首先，如果現在你無法相信還沒有任何名分的我，那麼未來你也不會信賴擔任顧問的我。第二點，我的占星師朋友瑪杜麗．提毗告訴我，我的時間還沒到，還要再等上數十年，屆時我會嫁給另一位國王。無論如何，我不能嫁給你，那會是亂倫。」

提婆羅耶再一次捧腹大笑，「瑪杜麗．提毗，」他大喊，「妳的朋友真是一位幽默大師，也許她願意擔任宮廷弄臣？我好多年沒有笑這麼痛快了。」

「如果您容我告退，陛下，」潘帕．坎帕納盡可能保持禮貌，「我現在就離開。」

提婆羅耶統治時期對潘帕．坎帕納而言是一大成就，她很有理由引以為傲。然而在她描述這段時期的詩篇之中，她做了嚴厲的自我批判。

「我開始覺得，」她寫道，「我好像擁有多重身分，其中一些身分讓人難以消受。我是這座城市的母親，儘管沒有多少人相信我是；然而我遠離自己的女兒，這樣的分離讓我覺得自己一點也不像她們的母親。好多個年頭過去，我甚至不確定女兒是活是死。如果她們還活著，她們會變成什麼樣的老女人？她們會滿懷嫉妒，我不認識她們，她們也不認識我，儘管我的外表仍然是許多年之前的樣子。那個身分，我在水中或者鏡中看到的身分，我不知道她是誰。我的女兒尤喜娜曾經問我那個問題：『妳是誰？』我無法回答。

「永保青春是一種天譴；擁有影響他人思想、改變歷史的能力也是一種詛咒。神奇種子與變形的巫術與魔法，就連我也不知道極限在哪裡，是第三種詛咒。我是一個寄生在一具軀體裡面、拒絕老去的幽靈。到頭來，我和毗德薩伽並沒有多大的不同。我們都是自己的幽靈，迷失在自我之中。我能確定的是，我是個糟糕的母親，我的兒子和女兒都會同意這種說法。有時候我覺得自己什麼身分都不是，我其實已經不再存在，再也沒有一個可以讓我的自我認同的『我』。面對眼前看不到盡頭的未來，也許我應該換一個新名字，或者許多新名字。當我說出自己的名字，人們都不相信。原因顯而易見，我是一個不可能的存在。

「我是一道陰影，一場幻夢。一天晚上當黑暗降臨，我可能化為黑暗的一部分，從此消失。我常常覺得，那樣的結果並不是壞事。」

毗德薩伽死亡的那一天，毗斯納伽全城哀悼祈禱。潘帕．坎帕納則是陷入另一種悲傷，她因此首度踏進一家名叫「腰果」的酒店，點了一壺濃烈的芬尼酒；多年前訶里亞．寇特常喝這種酒，他的酒友後來成為國王。她喝了半壺酒，這時一名男子走上前來，紅髮碧眼的容貌看似外國人。

「像妳這麼美麗的女士，不應該坐在這裡借酒澆愁。」男子說道，口音很重，「如果妳允許，我可以讓妳心情舒暢一點。」

她仔細端詳這名男子，「那是不可能的，」她說道，「你早就已經死了，我是唯一還沒死的人。」

「我可以跟妳保證，我還活著。」陌生男子回答。

「別傻了，」她說，「你的名字是多明哥．努涅斯，我們曾經是多年的情侶。眼前這是一個幽靈，因為你多年前就已不存在。」

有一件事讓她欲言又止，終究沒有開口：「還有，順便一提，你是我三個女兒的父親。」

「我聽過努涅斯的名字，」陌生男子回答，「他是我這一行在這地方的先驅人物之一。但他是很久以前的人物，久到妳不可能認識。我跟他一樣是葡萄牙人，我的名字叫費爾南．帕埃斯。」

潘帕．坎帕納更認真檢視這名男子，「費爾南．帕埃斯。」她複述他的名字。

「為妳效勞。」他說。

「太瘋狂了，」她說，「你們兩個長得好像。」

「我可以和妳一起坐嗎？」

「我對你來說太老了，」她說，「然而我在這裡也也可以說是外國人，誰都認不出我。我建立了這座城市，卻成為城市中的陌生人。所以我們兩個都是陌生人，都是過客。我們有共同點。坐下來吧。」

「我不知道妳在說些什麼，」費爾南．帕埃斯坦承，「但是我會弄清楚。」

「我今年一百零八歲。」潘帕．坎帕納說道。

費爾南．帕埃斯露出最諂媚的笑臉，「我喜歡老女人。」他說。

他賣馬致富，客戶包括國王、貴族與騎兵。因此他以石材建造了一幢葡萄牙風格的豪宅，巨大的百葉窗向外打開，面對城市；翠綠的花園由一條運河灌溉。河流上興建水壩形成一座巨大的水庫，再由運河將水送進城裡。他還有一片甘蔗田，甚至有一小塊林地。潘帕．坎帕納離開占星師家裡，搬進外國人的豪宅。「我現在無家可歸，」她心裡知道，「我必須倚賴別人的慷慨大方。」

費爾南．帕埃斯是個情感既豐富又複雜的人，儘管並不相信潘帕．坎帕納告訴他的生命故事，還是可以愛她。一個人如果曾經跨越大陸與海洋旅行，他會聽到許多沒有人相信的生命故事。他曾在亞丁港認識一個窮困的水手，言之鑿鑿宣稱自己有過風光的時候，發現了將賤金屬變成黃金的祕方，但後來在地中海被海盜俘虜，祕方被偷；而且他頭部受過傷，因此也沒記住，諸如此類。他遇過一名女侏儒，宣稱自己原本是個巨人，但是被一位魔法師用咒語縮成侏儒，諸如此類、諸如此類。他還在布林底希遇過一名少年，是他見過視力最好的人，聲稱自己出生時是一隻老鷹，後來被一位魔法師用咒語帶到地面，變成一個有鷹眼的孩子，諸如此類、諸如此類、諸如此類。

世界上每一個地方都有人藉由講述故事，強調自己並不等同於人們眼中的形象，聲稱以前的自己更好或者更糟，與現在的自己有千差萬別。帕埃斯甚至遇過一位在紅海岸邊乞討為生的一百歲婦人，告訴他一個故事：她二十一歲的時候，一位天使愛上她，將她帶往天堂；

但是還在世的活人並不適合天堂生活，他們會快速老化，在幾個小時之內死亡。「因此我懇求天使帶我回到人間，」她說，「當我降落地面時就已經是這個樣子，先生你要相信我，短短兩年前的我只有二十三歲。」。既然費爾南．帕埃斯聽過一名老婦人假裝成年輕人，因此他對一位年輕女孩假裝成老婦人也見怪不怪。他對潘帕．坎帕納告訴他的故事順其自然，並沒有批判她。整個世界都很瘋狂，這是他最深沉的信念。他是這世界唯一理智清醒的人。

來到帕埃斯家中，潘帕．坎帕納原本以為自己陷入熱戀，後來發現她的感受其實是如釋重負。她從森林歸來之後一直不太開心，甚至覺得遭到冒犯，原因在於除了瑪杜麗．提毗之外，沒有人相信她的故事。這種質疑在國王失禮的訕笑中到達最高點，然而如今那種受到侮辱的感覺已經消失，她對自己新獲取的匿名性樂在其中。從她九歲以來，她頭一回能夠擺脫「潘帕．坎帕納」這個身分，或者應該說她可以扮演「這位」潘帕．坎帕納，一個名號廣為人知的無名之輩，而不是「本尊」潘帕．坎帕納，一個絕大多數人們認定只存在於記憶中的人物。她的生命得到第二次機會，能夠在這世界過著平凡尋常的生活，而不是永無休止的奇特異常。這個男人帕埃斯活力充沛，富於冒險精神，對她的情感似乎相當真誠；而且最美好的一點就是，他長時間出門在外，從毗斯納伽遠赴波斯與阿拉伯尋找駿馬。「說真的，這個男人是最理想的對象。」她告訴自己，「他的忠誠與摯愛讓我有個好地方可以棲身，可以衣食無虞。而且他大部分時間根本不在家中。」

潘帕·坎帕納以這種方式展開流亡生涯的二部曲，這段期間她身在毗斯納伽，但是配合人們的普遍認知：她知道自己是誰，但她並不是「那個人」；她無足輕重，只不過與「那個人」同名同姓。然而她有一樁揮之不去的心病，因為費爾南·帕埃斯與多明哥·努涅斯相貌的驚人相似而雪上加霜。心病是關於她的女兒，現在她們年紀都大了，的確不再需要母親照顧，但是她無從得知她們的近況，健康還是不健康？快樂還是不快樂？活著還是死去？澤瑞妲選擇了一條適合自己的人生道路，潘帕·坎帕納心想，這與多明哥·努涅斯的旅行人生**如出一轍**。尤克塔絲麗和森林裡的女野人在一起，甚至已經成為她們的一分子，潘帕·坎帕納常常告訴自己不必擔心她。三個女兒之中兩個有了歸宿，問題在於尤喜娜，她心懷怨恨，拒絕原諒自己的母親。睡夢中，潘帕·坎帕納不時會看到尤喜娜指責控訴的目光。

費爾南·帕埃斯告訴她，國王的言行令他感到困惑，「我剛到毗斯納伽的時候，人們自相殘殺。」一天上午他在吃早餐時談起（他吃早餐像個野蠻人：許多發酵麵包，一塊一塊牛奶提煉的乳酪，加牛奶的咖啡——他稱之為**加隆咖啡**，正常人不會一大早就吃這些東西）。「我在日記中寫道，」他繼續回憶，「提婆羅耶與他嗜殺成性的兄弟只對花天酒地有興趣，我應該再加一項：**自相殘殺**。」

啊，我的男性子孫——潘帕·坎帕納心想——一文不值的人渣，每一個都是。我的兒子們生了兒子，父子兩代全是人渣。

「後來提婆羅耶被毗德薩伽、剎耶納與DAS影響，不再沉湎酒色，甚至開始推行宗教戒律。」帕埃斯繼續說道，「後來突然之間，他又改變了，排斥教士，表現出讓人民歌頌的開放心態。現在城裡處處有節慶與宴會，人們讚揚他是偉大的君王，如今是黃金年代。在我看來，這個人沒有自己的想法，需要別人告訴他怎麼做事、做什麼事。但我無法解釋，是誰將他從神權政治拉回來？顯然有某個人或某一群人對他耳語，高深莫測。」

是的，親愛的——潘帕．坎帕納心想——我告訴過你，但你不相信。

「也許是瑪杜麗．提毗，」她說，「新異議組織似乎成了執政者，國王靠他們執政。」

潘帕．坎帕納與瑪杜麗．提毗的友誼持續發展，老邁的占星師如今是王室顧問，經常與她談起王宮之中發生的事情。儘管瑪杜麗在王宮有自己的官邸，但她還是住在老房子，並在那裡與潘帕私下會面，喝茶聊天。「真實狀況就是，提婆羅耶對於當國王已經完全沒有興趣，」瑪杜麗說，「他把所有事情交給我們，回到年輕時代尋歡作樂的生活，只不過他現在沒有什麼尋歡作樂的本錢。」

「花天酒地，」潘帕．坎帕納思索，「特別是性愛的部分，市場上人們都在談他的大批妻妾。」

「他的性愛大部分是光說不練，」瑪杜麗．提毗說道，「的確，一萬兩千名妻妾，很能夠突顯他的性能力，但我懷疑他能對任何一名妻妾展現。他的身材走樣，健康狀態欠佳。他喜歡穿上綠色的綢緞袍子，戴上寶石項鍊與許多枚戒指，頭靠在一位妻妾懷中斜躺著，其他妻妾圍繞著他。他計劃要帶著全體妻妾出巡毗斯納伽，向人民炫耀。四千名妻妾步行，代表她們只是高級一點的女僕；四千人騎馬，顯示她們的地位高人一等；四千人坐轎子，她們是最悲慘的一群。」

「為什麼？」

「他要坐轎子的四千名妻妾在他死後，進入他的火葬堆自焚。這是他冊封她們為王后的條件，因為她們都答應了，他才會讓她們享盡榮華富貴。」

「毗斯納伽絕對不會再有女人在死去男人的火葬堆上活活燒死。」潘帕·坎帕納斬釘截鐵宣示，「絕不再有。」

「同意。」瑪杜麗·提毗說道，「我想他腦袋裡還殘存著一些DAS心態。」

潘帕·坎帕納看著費爾南·帕埃斯吃著他外國野蠻人早餐，想起自己的母親與那些恐怖的火焰，決定再一次對國王灌輸耳語，而且要盡快進行。費爾南·帕埃斯吃過早餐，迅速起身開始一天的工作。他前往馬廄之前，又給了潘帕·坎帕納一項明智建議，「當人們開始談論黃金年代，」他說，「他們總是以為這個逐漸浮現的新世界將永遠存在。然而事實卻是，這些所謂的黃金年代從來不會長久。頂多持續幾年，必定會遭遇困難。」

雨季來臨之前的熱季，他們睡在費爾南．帕埃斯豪宅的屋頂平台上，床鋪以繩索編織而成，罩上白色蚊帳，讓潘帕．坎帕納想像整個世界是一個幽靈，她是唯一的生存者。她置身於一個白色的方塊中，周遭一片黑暗，她感覺自己好像還沒出生，正等候著要進入生命，一個全新、前所未見的生命。她開始感受到希望，夢到自己騎上一頭像獅子的神獸**耶利**，跨越生命的門檻進入未來。當時提婆羅耶下令興建一座新神廟「維塔拉」，後來花了九十年時間才完工。神廟興建工程初期，一排**耶利**石雕在天空下昂首闊步，等候宏偉的神廟在牠們周遭聳立。當人們進入或是離開神廟，或是要開創一項新事業，都可以祈求**耶利**庇佑。潘帕．坎帕納知道，她的**耶利**之夢是好兆頭，代表一個新的開始。

她也知道這類迷信沒什麼道理可言，可靠程度和她朋友的占星術預示差不多。

一天晚上，空氣中飽含水氣，但大雨還未降臨，潘帕．坎帕納被耳邊的烏鴉聒噪聲吵醒，她知道她的另一個世界要來找她回去了。

「卡阿艾瓦，」她柔聲說道，不想吵醒睡在隔壁蚊帳的費爾南．帕埃斯。

「嗯，其實我不是他，」烏鴉以主人語言說道，「但我們的確來自同一個家族。妳可以用他的名字稱呼我。」

「你帶了一個訊息給我，」她說，「我的女兒，她們還好嗎？」

「只有一個女兒，」烏鴉說道，「訊息來自於她。」

「另一個女兒呢？」潘帕．坎帕納問道，雖然她已經知道答案。

「很久以前就過世了，」烏鴉直截了當地說，「他們說她是心碎而死，但我不清楚真相。我只是一個傳訊息的，請別殺我，我只是一隻烏鴉。」

潘帕．坎帕納深呼吸一口氣，壓抑住眼淚。

「什麼訊息？」她問。

尤克塔絲麗的訊息：「**戰爭**」。

第十三章

剛開始的時候，粉紅猴子一小群一小群來到，而且文質彬彬。牠們笨拙地使用主人語言來表達，但是只能含糊其辭地溝通，還聽得懂，但發音十分可笑。牠們說自己只是單純的生意人，受僱於一家遙遠的貿易公司；而且儘管遙遠，牠們還是聽聞了阿蘭尼耶尼森林的豐饒：擁有世界上其他地方都找不到的農作物；莓果無以名之的滋味讓品嘗者喜極而泣；甜味十足的瓠瓜讓其他品種相形失色；許多水果連名稱都沒有，因為它們不曾進入萬物必先命名才能存在的外在世界；叢林溪流游動著沒有名字的魚兒，吸引人類與猴子千里迢迢而來，只為享用牠們的鮮美滋味。

「我們要請求各位允許，讓我們分享這座森林的豐饒物產。」粉紅猴子說道，「我們願意付錢，使用任何一種各位接受的錢幣。或許是時候了，各位應該試著理解白銀與黃金的價值。」粉紅猴子對棕色與綠色猴子建議，並且透過牠們轉告整座森林，甚至阿蘭尼耶尼本人。牠們用來描述錢幣的語音，聽起來像是東岸地區語言中的一個字眼**開庫**，因為牠們對事物名稱的發音總是出錯，這個字眼也成了「現金」的意思。「**開庫**，現金是未來，」牠們說，「有了**開庫**，你們在未來就有一席之地。沒有**開庫**，你們會淪為可有可無。到最後，未來會像森林火災一樣降臨，將你們的叢林燒得一乾二淨。」

綠色與棕色猴子一方面被粉紅猴子的彬彬有禮吸引，一方面害怕牠們的威脅，因此決定合作。對於這批自來外地、形貌怪異、口音難懂的使節，叢林中的其他生物視而不見。只有森林中的女野人瞭解，牠們的生活方式會帶來危險，據說女神阿蘭尼耶尼本人也有同感。「未來」是一種威脅，她們完全不想面對。但是後來很長一段時間，她們不知如何是好。

（對於粉紅猴子的故事，我們的理解或許應該聚焦在《闍耶帕羅闍耶》對於時間**的著迷，分割為昨天、今天與明天的**時間。**我們在詩篇中遇到的第一批猴子，毗斯納伽的灰色哈奴曼葉猴，可以視為詩人向偉大傳奇的神祕過往致意；至於這些新來乍到的粉紅猴子，牠們代表尚未可知的明天，這個明天將在詩人作品殺青許久之後完全降臨。至少，這是本書作者在這裡滿懷謙卑提出的建議。）**

當潘帕．坎帕納告訴費爾南．帕埃斯自己必須離開，希望他能送她一匹馬，他並沒有做任何爭論。「妳從一開始就告訴我，妳只會是我生命中的過客，」他說，「因此我不能抱怨說妳誤導我。還有，如果妳確實如妳所說是一個神奇的古老人物，曾經是多明哥．努涅斯的戀人，那麼我也必須接受——儘管並不相信——妳看待我的方式，我頂多只是妳昔日戀人的翻版或者替身。無論如何，我要感謝妳送給我的時間，一匹馬則是我最起碼的回報。」

她與瑪杜麗．提毗見最後一面，在那間有壁龕的老房子。「我再也不會見到妳，」她告訴這位昔日的占星師，「但是我知道我的城市與這個帝國託付給適當的人。當妳交棒的時候到來，妳一定也要找到適當的人。」

「我從來沒把妳當成一個超自然的存在，儘管妳確實非比尋常。」瑪杜麗．提毗回答，「但是現在我感受到妳的孤獨與伴隨而來的悲傷。對妳而言，我們只不過是屏風上流動的陰影。這是何等的寂寞。」

「昨夜我對國王做了一次耳語，」潘帕．坎帕納說道，「所以如果他下令帝國全境禁止焚燒寡婦，並且將女性在毗斯納伽的地位恢復到往昔的水平，請別驚訝。」

「新異議組織本來也不會容許這種焚燒，」瑪杜麗．提毗說道，「但還是要感謝妳，如果國王也已同意，事情會比較好辦。」

「不再焚燒寡婦。」潘帕．坎帕納說道，但是沒說「再會」。

「不再焚燒寡婦。」瑪杜麗．提毗回答，兩人分手，知道從此永別。

潘帕．坎帕納第二次離開毗斯納伽，所謂的「第二次黃金年代」也戛然而止，彷彿她的離開為這個年代拉下了帷幕。提婆羅耶駕崩，所幸沒有任何一位女性在他的火葬堆遭到焚燒。他的一萬二千名妻妾獲得釋放，回到人間，想方設法過像樣的生活。緊接著而來的是無能與貪腐。我們可以略過一連串無能的國王，每一個都死在自己的繼任者手中，頭顱被砍下來塞進稻草。到最後，悲慘的桑伽馬王朝末代國王被一位將軍薩盧瓦砍下腦袋，毗斯納伽帝國的奠基王朝從此畫下句點。

潘帕．坎帕納對於短命的「薩盧瓦王朝」沒有多少著墨，儘管帝國在這個時期重振國運。但是她對另一位將軍圖盧瓦．那羅薩．納耶卡下筆很有感情，後者建立的「圖盧瓦王朝」（Tuluva dynasty）很快就取代薩盧瓦王朝，為帝國收復全部失土，遏阻哲弗拉巴德與其他敵國；在圖盧瓦的兒子統治期間，潘帕．坎帕納學到自己漫長一生最深刻的愛情真諦。她在她的史詩作品中戲弄我們——她的讀者，暗示要鋪陳一段愛情故事，但是卻拒絕細說從頭，只以她獨具特色的簡潔文風寫道：

「在那之前，我們必須先與猴子戰鬥。」

騎馬離開毗斯納伽，潘帕．坎帕納因為與費爾南．帕埃斯的最後對話而心情悲傷，當時他明白自己只是一段往事的回音；她想到多明哥．努涅斯，兩人生下三個女兒，他卻成了一個被推入陰影中的父親，親職身分始終遭到埋沒。「我對不起他，」她心想，「我和他的世系沒有孫兒孫女，也許這就是原因，他的血脈要報復我。」女神灌注給她的法力，至少有一部分遺傳到女兒身上；但她們卻是一個世系的盡頭，不是一個王朝的開端。神奇魔法將從這個世界逐漸消退，被日常平庸取而代之。她一路騎回阿蘭尼耶尼森林，進入神奇魔法的核心，為單調乏味的現實壓倒其他現實、平凡的男性世系壓倒非凡的女性世系感到悲哀；或許，粉紅猴子也將宰制女性森林。

尤克塔絲麗．桑伽馬在森林的邊緣等候她，看起來有如自己母親的幽靈。尤克塔絲麗對自己與母親的容貌落差無動於衷。「我知道當妳女兒會有什麼遭遇。」她告訴潘帕．坎帕納，「遭遇就是我會在死去之前，變成妳祖母的模樣。」她不打算進一步談論這件事，「我等候太久才召喚妳，」她說，「森林的情況很糟，最後的決戰很快就會登場。」

問題的開端來自綠色與棕色猴子表示意願，邀請幾群粉紅猴子來到自己的樹林。沒過多久，幾名粉紅猴子的領袖讓綠色猴子相信，牠們應該要畏懼棕色猴子；其他的粉紅猴子領袖則說服棕色猴子，綠色猴子心懷惡意。森林的和平遭到破壞，粉紅猴子心機狡詐，在森林的某個地區與綠色猴子結盟，在另一個地區力挺棕色猴子，幫助牠們打敗「對手」，對於報酬只要求獲取落敗猴子一部分的樹林。結果相當驚人，粉紅猴子只花了極短時間，就在森林各地建立據點，然後進一步擴大勢力範圍。牠們甚至僱用了許多綠色與棕色猴子，幫助牠們開疆闢土。從此之後，牠們可以隨意支配森林的財富。「我們無所作為，」尤克塔絲麗告訴母親，「我們以為那是猴子族群之間的事，輪不到我們干預。我們太笨了，應該要預期粉紅猴子會持續來到，不斷來到，一波接著一波，直到牠們占領整座森林。」

潘帕．坎帕納指出，女神阿蘭尼耶尼一定可以阻止這場入侵；但尤克塔絲麗搖搖頭，「她能夠運用法力，圍繞森林設下**瑞伽**，」尤克塔絲麗說道，「然而如果是森林的成員邀請入侵者進來，防線不會發揮作用。現在粉紅猴子也是森林的成員，許多綠色與棕色猴子支持牠們，開始討論如何將森林劃分為綠區與棕區，笨到無法理解這種作法會讓森林只剩一區，而且既不是棕區也不是綠區。這些猴子，妳能怎麼辦？」尤克塔絲麗說道，她已經顧不了叢林成員之間的相互尊重，顯示情勢非常不樂觀，「這些猴子什麼都學不會。」

「我能幫上什麼忙？」潘帕．坎帕納問道，「我甚至已經不住在這裡。」

「我也不知道。」尤克塔絲麗回答，「但是我心想，如果我要誓死抵抗粉紅猴子入侵，我會希望妳也在這裡。」

「這是因為妳需要妳的母親？」潘帕．坎帕納問道，「還是因為妳希望她也死於戰鬥？」

「我也不知道。」老邁的尤克塔絲麗回答，「也許兩者皆是。」

（《闍耶帕羅闍耶》的手稿在這裡出現不連貫的問題，而且無法解釋。作者有可能撕毀了幾頁原稿，可能是因為她和女兒的衝突過程太過於痛苦，以致於她不願

意詳細描述；也有可能是因為潘帕・坎帕納迴避私人事務，以便完成她對這場危機的記述。在接下來的段落中，她斷然結束母女對話的場景，開始描述她第二度拜訪無影無形的森林女神阿蘭尼耶尼。以下就是這次拜訪的場景，出自她的手筆。值得一提的是，森林女神竟然在人類面前現身，這在古典文獻中找不到第二個案例。）

她，潘帕・坎帕納，張開手臂，呼喚女神的名字。就像上一回一樣，旋風再度出現，捲起樹葉完全裹住她，將她帶上空中。憤怒的黑鳶又在林冠上方盤旋，金色光球再次出現，她，潘帕・坎帕納，站在最高一棵樹的最頂端樹枝。但是這回光球隨即消失，阿蘭尼耶尼現身，飄浮在天空中，與潘帕・坎帕納正面相遇，沒有任何華麗裝飾，沒有黃金王冠，沒有神明的珠光寶氣。

「問我問題。」她說，和上一回一樣。

「我九歲那年，偉大的女神潘帕進入我的身體，」潘帕・坎帕納說道，「如果她的某一部分如今仍然在我體內，也許我會擁有自己並不知道的強大力量。如果我能夠釋放那股力量，並且與妳的力量結合，我們可以聯手清除那些肆虐叢林的短尾無毛外來物種。」

「妳的力量就在妳的體內，」阿蘭尼耶尼告訴她，「而且遠比我的力量強大。是的，我是可以釋放出妳的力量，然而當如此強大的力量掙脫一個凡人的身體，身體很有可能遭到摧毀。如果妳這麼做，我無法保證妳會存活。」

「我辜負了三個女兒的一生，」潘帕·坎帕納說道，「至少這一回，當一個女兒請求幫助，我可以做出回應。」

「還有一件事，」阿蘭尼耶尼說道，「一個時刻即將到來，諸神必須離開人世，不再干預人世的歷史。再過不久，人類——以及各種顏色的猴子——必須學習如何面對沒有我們的生活，並且學習創造自己的故事。」

「當森林不再受到妳的庇護，會發生什麼事？」潘帕·坎帕納問道。

「它將會遭遇人類歷史上許多森林的命運，」阿蘭尼耶尼回答，「男人將會來到，將森林變成耕耘種植的農地，或者房屋與道路，也許會殘存小小一片幽靈森林，女人會說，看，那裡是阿蘭尼耶尼森林的記憶，男人不會相信，或者毫不在乎。」

「妳不會擔心嗎？」

「我們的時代即將結束，」阿蘭尼耶尼說道，「現在是你們的時代。因此就算妳——或者來自妳體內的女神——和我聯手打贏這場戰役，之後無論是動物抑或人類，再也無法指望我們的保護、引導或協助。戰役的勝利雖然真實，但也短暫，妳必須理解這一點。」

「**永遠**是一個沒有意義的字眼，」潘帕·坎帕納說道，「我只關心**現在**。」

阿蘭尼耶尼降臨森林地面，光彩壯麗，所有生物都俯首膜拜，滿懷畏懼與尊敬。他們從未見識過神祇本尊，因此唯一恰當的反應就是感恩與敬畏。也就在這一天，全體粉紅猴子被逐出森林。牠們默默離開，或者頂多竊竊私語，抱怨驅逐是如何不公不義，誓言有朝一日終將重返。牠們被女野人押送離開，但是每個人都知道，入侵者的主力正節節進逼，粉紅猴子的行動只是序幕。潘帕．坎帕納與女神攜手面對強敵。她們來到森林的北緣，那個地方即將成為戰場。尤克塔絲麗．桑伽馬最後一次走向母親，「我要跟妳道別，」她說，「謝謝妳。」

她們一起前進
兩位偉大女性
女神以及女人
站立沐浴榮光
一道粉紅細線
入侵強敵現身
她們威力駭人
要將強敵毀滅

（她告訴我們——潘帕．坎帕納告訴我們——女野人在許久之後告訴她：尤克塔絲麗**看**

到妳贏得戰爭，安詳欣慰死去。叢林的動物也分享牠們的見聞，她翻譯牠們以主人語言訴說的故事，轉化為她完美無瑕的詩句。）

戰爭並無激烈戰鬥
一時片刻千鈞一擊
她們化身金色太陽
一位女神一位女人
火焰燃燒令人盲目
徹底吞噬入侵強敵
最終只見一場大火

這場獨一無二的災難性事件過後，潘帕．坎帕納動彈不得，女野人將她抬到叢林深處她的舊居，讓她躺在青苔與樹葉的柔軟床墊上休息。她的眼睛與嘴巴張開，被人闔上；女野人以為她已死去，開始準備火葬堆，但是阿蘭尼耶尼的聲音出現在空中，這也是她最後一次對世間的生物說話：「她並未死去，只是沉睡。我讓她陷入一場深沉、療癒的睡眠，我會讓她周遭滿布濃密帶刺樹叢，妳們必須把她留在這裡，直到她被愛的舉動喚醒。」

時間過去。你可以感受到時間的過去嗎？就像一道長廊裡的幽靈，飄浮掠過窗口吹拂的白色帷幕，像一艘船在夜晚行駛，像一群鳥兒在高空中遷徙。時間過去，陰影漸漸拉長又寸寸縮回，葉片從枝頭冒出又凋落，有生命也有死亡。一天，潘帕．坎帕納感覺臉頰有如微風輕觸，她睜開雙眼。

眼前是一位年輕女子的臉龐，相貌與她維妙維肖，感覺就像是她飄浮在自己身體上方，俯視著自己。她的思緒逐漸清晰，年輕女子裝扮像一名戰士，斜背著一把長劍。

「妳是誰？」潘帕．坎帕納問道。

「我是澤瑞妲．李，」年輕女子回答，「澤瑞妲．桑伽馬與李義和大師的女兒的女兒的女兒的女兒的女兒。我所有的近親都以各種方式離開了人世，如今只剩一位遠親還活著，這是我母親臨終時對我的交代，一如她母親臨終時對她的交代，一如她母親、她母親、她母親、她母親。『我們家族的女族長是一位名叫潘帕．坎帕納的女性，』母親告訴我，『她還在世。妳要前往阿蘭尼耶尼的森林，要她將虧欠妳的賜予妳。』我緊緊握住她的手，『母親，她虧欠我什麼？』我問她，她回答：『一切。』然後就死了。」

「於是妳就來了。」潘帕．坎帕納說道。

「我的祖先們沒有人相信她們被交代的事，都認為妳絕不可能還在人世。不知道為什麼，我完全沒有疑惑，相信妳還在人世。因此我展開追尋，漫長又艱難的追尋，劈荊斬棘才能找到妳。」澤瑞妲．李說道，「我用的這把劍，妳應該認得。然後我親吻妳，希望妳不介意。顯然，這個吻喚醒了妳。」

「這是愛的舉動。」潘帕．坎帕納說道，「而且妳母親說對了。」

「說妳虧欠我一切？」

「是的，」潘帕．坎帕納回答，「我虧欠妳一切。」

時間回來迎接她，歷史重新誕生。那是西元一五〇九年，潘帕．坎帕納時年一百九十一歲，看起來像是一個三十五歲左右的女人，頂多三十八。「至少，」她告訴澤瑞妲．李，「目前，我看起來比妳老。是的，我看到妳繼承了這把著名的寶劍。但是妳也繼承了妳祖先的劍術嗎？」

「人們告訴我，我的劍術相當於澤瑞妲．桑伽馬加上李義和大師。」年輕女子回答。

「很好，」潘帕．坎帕納說道，「我們可能會需要妳舞刀弄劍。」

女神賜予潘帕．坎帕納三次變形的法力，現在她要使用第二次。她給澤瑞妲．李一支黑鳶羽毛，自己也拿了一支。兩個人飛翔起來，飛往毗斯納伽，帝國史上最偉大的一位君王即將登基，潘帕．坎帕納暗示過的愛情故事即將展開。一開始的時候，這並不是她的故事，但仍然會讓她心痛；之後，故事將發展出她所見過最詭異的愛情描述。

PART 3
GLORY

第三部：榮耀

第十四章

毗斯納伽全城歸於毀滅之前，又經歷了二十二位**羅耶**，克里希納羅耶是其中第十八位，也是功業最輝煌的一位。登基稱王之後不久，他為自己加上**提婆**也就是天神的尊號，顯示他自視甚高，全稱也成為「克里希納提婆羅耶」，意思是「克里希納天神—國王」。不過在他統治初期，他就只是克里希納，以那位備受愛戴的藍皮膚神祇為名，只不過他既沒有藍色皮膚也不是神祇，「備受愛戴」倒是非常適合用來形容他。從他生前到他死後，他的宮廷詩人以三種語言來歌頌他，千篇一律讚不絕口。此外還有許多雕像美化他的形象，石雕讓他變得更英俊、身材更精瘦更有肌肉；如果雕刻家在他手中放一把笛子，腳邊放幾位仰慕他的擠牛奶少女，他很容易就會被誤認為那位他名字由來的神祇。坦白說，真實的他身材圓圓胖胖，臉上有童年感染天花但幸運生還留下的疤痕。然而他的確有濃密的八字鬍，線條分明的下顎，而且據說——儘管這可能只是朝臣的阿諛奉承——他的性能力也是出類拔萃。

關於他登上所謂的「雄獅王座」或者「鑽石王座」——以真正的王座取代了原本的皇

家**座塾**——的過程，目前有兩種出土文獻可以參考。依照本書的一貫作法，我們主要引述潘帕．坎帕納的作品，不過義大利旅行家尼科洛．德．維耶利的遊記也已公之於世，他曾在克里希納提婆羅耶的時代造訪毗斯納伽；他給自己取了一個綽號「來去先生」，因為他大半輩子都在不同地方之間來來去去。對於克里希納提婆羅耶如何當上國王，兩部文獻有七處不同敘事。（維耶利的版本要比潘帕．坎帕納來得嗜血，這差異未必能說明歷史事件，但能讓我們更瞭解說故事的人。）

維耶利告訴我們，克里希納與遠比他年長的同父異母哥哥那羅僧訶關係惡劣，他們都是圖盧瓦王朝開國君王圖盧瓦的兒子。圖盧瓦本人屬於低階種姓，軍旅出身，後來奪取王位；兩個兒子的母親則都是野心勃勃的交際花——提潘芭生下那羅僧訶，納伽曼芭生下克里希納；兩個女人彼此憎恨，也讓各自的兒子有樣學樣。圖盧瓦臨終時，那羅僧訶命令宰相將弟弟克里希納弄瞎，並將他的眼珠子帶回來當佐證（維耶利如是說）。不過那位宰相薩盧瓦．提馬羅蘇——後面還有許多故事——殺了一頭山羊，將山羊的眼睛拿給那羅僧訶充數，然後全力運作讓克里希納在國王駕崩之後繼位。

然而潘帕．坎帕納告訴我們，這對同父異母兄弟之間並沒有什麼恩怨，事實上那羅僧訶還主動放棄王位，將代表王權的圖章戒指交給克里希納。

不對！維耶利高喊，事實上那羅僧訶的母親、邪惡的提潘芭密謀企圖殺害克里希納，提馬羅蘇為了他的安全將他藏匿起來。

胡扯！潘帕．坎帕納反駁，事實上優秀的克里希納王子在河岸吹奏笛子，人們都來聆聽，讚歎他有如天神下凡、行走人間，於是王位之爭塵埃落定。

對此，維耶利以另一個故事回應：那羅僧訶與克里希納的父親圖盧瓦在臨終時告訴兩個兒子，誰能將他手指上的圖章戒指拔下來，誰就能成為下一位國王。那羅僧訶首先嘗試，但是國王的手指腫得厲害，老人家體內充滿了死亡；接下來輪到克里希納，他直接切斷父親的手指，拿下圖章戒指。

很顯然潘帕．坎帕納在講故事時，對那些殘酷、暴力的傳奇興趣缺缺，外國人維耶利卻是興致勃勃。她指出事實上老邁的國王圖盧瓦是在一張大地毯的中央放了一把匕首，挑戰兩個兒子誰能不必走上地毯就拿到手。那羅僧訶不知所措，但克里希納將地毯捲起來，捲到匕首近在咫尺，因此成為最終贏家。

維耶利以一則謠言反駁：兩個同父異母兄弟後來決一死戰，結局是克里希納站在哥哥屍體旁邊，高高舉起一把染血的寶劍，奪取王位。讀者對這些故事可以認真看待，也可以視為荒誕不經，任憑選擇。就本書的宗旨而言，最重要的故事版本——儘管可能是最難置信的版本——是第八個，潘帕．坎帕納與澤瑞妲．李一起現身。

兩兄弟父親過世那一天（**潘帕．坎帕納如是說**），克里希納與同父異母哥哥並肩走向宮殿大門，準備向聚集的群眾宣布圖盧瓦國王駕崩的消息。兩人向前行，克里希納抬頭看看天空，兩隻黑鳶在他們頭頂上盤旋，空氣因為熾熱而閃爍發光。一圈、兩圈、三圈，兩隻黑鳶持續盤旋，他開始認為這是一個預兆。

「如果牠們這樣盤旋七圈，」他說，「那一定是牠們為諸神捎書帶信。」兩隻黑鳶也真的飛了七圈，並且逐漸下降，一圈比一圈低，直到牠們從兩位王子頭頂掠過。然後牠們降落在兩兄弟的腳邊，眾人一陣驚歎，牠們化身為人所未見的兩位絕世美女，有如一對來自天界的姊妹。她們動作迅速，跪在克里希納王子跟前，低垂著頭，獻上自己華麗的寶劍，說道：「我們任憑您的使喚，任憑毗斯納伽帝國的使喚。」之後，「雄獅寶座」由誰繼承再也沒有爭議。那羅僧訶從潘帕．坎帕納的手稿消失，從此杳無音訊。我們希望克里希納羅耶容許他隱姓埋名、安享餘年。

潘帕．坎帕納與澤瑞妲．李高調回歸毗斯納伽，是一場成功的豪賭。如此華麗的現身會有風險，她們坦然揭示自己的面目，可能因此引發恐懼和敵意，讓人們難以接納。然而潘帕．坎帕納打定主意這一回進入毗斯納伽要走大門，不再爬行隧道。這一回，她希望人們看到她的身分、她的本質。幸運的是，她們的時機恰到好處。新近加冕的克里希納．圖盧瓦——如今已是克里希納羅耶——相信潘帕．坎帕納與澤瑞妲．李是超自然的「**飛天**」（能夠改變形體的天上仙女），從天而降，庇佑他的統治；既然如此，她們兩人的安全也就有了保障。兩人在王宮之中有豪華的居所，也為此表達感激，儘管潘帕·坎帕納還是要設法壓抑一股強烈的失望感，因為她還記得自己生活在王后寢宮的時光。每個人都以為她們是姊妹，年輕的國王顯然對這兩位從天而降的女子十分著迷，情愫油然而生，雖然連他也不確定自己比較喜歡誰。不過他也才即位不久，國事如麻，知道愛情與婚姻的事都急不得。

一度強盛的古老蘇丹國哲弗拉巴德這時已分裂成五個小王國——亞美德納加、貝拉爾、比達爾、畢查浦、哥康達，再也沒有人談起所謂的「幽靈蘇丹國」。歷史就是如此推進，一個時期的執著痴迷到了下一個時期就被丟進遺忘的垃圾堆。五個新王國的蘇丹領土雖小卻野心勃勃，積極擴張。尤其是擁有鑽石礦的哥康達蘇丹，他非常慶幸能解脫哲弗拉巴德政權的宰制，正籌劃如何成為整個地區的新宰制者。此外，東邊的加賈帕提王朝也越來越強大，覬覦毗斯納伽帝國的領土。如今一位年輕、未經考驗的新國王坐上雄獅王座，各王國看在眼裡，躍躍欲試。

克里希納羅耶的軍隊做好準備，將迎擊聯手來犯的比達爾與畢查浦大軍，潘帕·坎帕納與澤瑞妲·李請求覲見國王，「不要把我們當成錦衣玉食的宮廷女子，只會在綾羅綢緞與太監之間悠閒度日，整天唱情歌、抽鴉片煙、喝石榴汁，」潘帕·坎帕納告訴國王，「您的部隊中找不到比我們更優秀的戰士。」這番話讓克里希納羅耶刮目相看，「李大師時代修建的青冥宮還在，」他說，「我們會從宮廷衛隊調派最精銳的女戰士到青冥宮，看看妳們對打的情形。」

「我們的老師都是最頂尖的高手，」澤瑞妲．李說道，「因此我們希望也能接受男性戰士的挑戰。」

「不要低估我們的女戰士，」一位身材魁梧的女性說道，她是宮廷衛隊的隊長，「我的祖先是戰無不勝的優樓比，我也以她為名，彰顯榮耀。妳們會發現我的強悍不在任何男性之下。」

國王覺得有趣，「好了好了，」他笑著說，「優樓比二世將與我的兩位飛天對打，我們只需再找一位男性戰士來測試兩位。」

國王召見巨人提馬（如此稱呼一方面因為他人如其名，一方面要避免與宰相提馬羅蘇混淆），據說這個不吭聲的大塊頭三分像人、七分像大象；兩條長手臂有如兩條象鼻，能夠將敵人甩上高空、甩向遠方；他的雙腳碩大，能夠以難以想像的力道踩扁敵人。他的食量是如此驚人，因此會跟工作象一樣自備食物，裝在袋子裡掛在脖子上；他只要不是在戰鬥或者睡覺，就一定是在進食。他只要一站上戰場，就足以讓敵軍成群結隊逃之夭夭。他慣用的武器是棍棒，不過那天進入青冥宮時，他還拿了一把長矛。那天青冥宮人滿為患，儘管兩位女士是從天而降，但是沒有人認為她們有勝算，觀眾下注押她們必敗無疑，一面倒看好巨人提馬與優樓比二世，只有國王為了展現友誼而例外，畢竟他是在兩位來到者加持之下繼承王位；他對兩位超自然女士下了一大筆賭注，賠率非常高。

戰鬥開始，看好兩位在地英雄的人很快就看出來，他們的賭注付諸流水。兩位**飛天**像旋風一樣升上天空，居高臨下攻擊對手；她們在青冥宮飛簷走壁，俯衝、攻擊、撤退，一次又一次，讓觀眾目炫神迷，對手無力招架；後者很快就只能背靠背站在青冥宮比武場中央，對著空氣使出各種招式。兩位女士有如表演空中芭蕾，中間加入美不勝收的劍術攻擊，巨人提馬與優樓比二世精疲力竭，棍棒開花，長槍折斷，寶劍破損。巨人提馬終於跪下來喘息，國王對比武場丟下一塊紅布，示意比賽結束。從今以後，關於誰才是毗斯納伽最剽悍的戰士，再也沒有任何爭論。克里希納羅耶宣布：「四位戰士都將隨我出征，這世上沒有任何一支軍隊能夠抵擋我們。」

最年長的觀眾熟悉古老的故事，相互議論：「擁有這種打鬥本領的女性只有潘帕・坎帕納和她的三個女兒，尤其是澤瑞妲・桑伽馬。」這樣的回憶很快就在青冥宮的看台傳揚開來，一路傳到比武場中，比武者與國王也聽到了。

「叫我潘帕・坎帕納，」潘帕・坎帕納說道，「我將是她的第二次降臨。或者更精確地說，第三次。」

「叫我澤瑞妲，」澤瑞妲・李說道，「我將是那位偉大女性的轉世重生。」

克里希納羅耶押注兩位女士，贏得大筆金幣，用來購買食物賑濟貧民。如此一來，國王與兩位勝利女士都被視為用心良善、造福人民，因此備受愛戴。「這是毗斯納伽的新年代。」人們開始這麼說，後來果真應驗。

大軍往北方的迪瓦尼前進，準備迎擊畢查浦與比達爾聯軍，但是在夜裡停下腳步，潘帕·坎帕納與澤瑞妲·李共處一座營帳。兩人初次見面之後發生了一連串事件，現在終於有時間好好認識彼此。

「跟我談談妳的故事，」潘帕·坎帕納說道。年輕的澤瑞妲·李人生際遇奇特，因此性情沉默內向，此時面對一位有如鬼魂的年輕祖先、那種奇特性的化身與起源，她開始侃侃而談：「我在一艘船上出生，沒有人能夠在大海上扎根。自從澤瑞妲·桑伽馬與李大師加入鄭和將軍的行列之後，我們家族都是如此。我們是船上的女子，來到這裡，前往那裡，四海為家。我們尋找男人作伴，但是從不結婚——跟隨澤瑞妲·桑伽馬與李大師的榜樣：他們從未結婚，卻能終身廝守。我們會生養女兒，代代相傳，每一個女兒都用澤瑞妲，桑伽馬的名字——澤瑞妲之後的澤瑞妲之後的澤瑞妲，傳到我是第六代！我們也保留李大師的姓氏，一樣是代代相傳。因此我們全都是澤瑞妲·李，第一代、第二代、第三代，依此類推。至於我本人，我一直跟著母親，沒有別人，父親流落在某個港口。我是船上唯一的兒童，因此從小就被當作成年人，被要求行為要像成年人。我在成長過程中很少說話、保持警覺，船上的男人——紋身的、鑲金牙的、裝義肢的、戴眼罩的，這些海盜形象會嚇壞正常的女孩——其實都有點害怕我，而且非常害怕我母親，因此他們總是與我保持距離。

「海船是我唯一的街坊，是我生活的街道。但是每當我們停靠港口，就會有一個新世界等待著我，成為我的世界的一部分，維持一段時間。爪哇、汶萊、暹羅、亞洲偏遠地帶、阿拉伯對岸地帶、非洲之角、斯瓦希里海岸。當我們把一頭長頸鹿從馬林迪帶回中國，中國皇帝聲稱牠證明了他的統治是天命所歸。我們還帶回鴕鳥，不過牠們一副蠢相，不被視為神獸。這就是我的一生，什麼地方都去過，什麼地方都沒去。我發現自己有一種天賦，能夠將事物的形態保存在心裡。我成了一幅世界地圖。

「我學習到這世界擁有無窮無盡的美好，但同時也咄咄逼人、不留餘地、需索無度、毫不在意、殘酷無情。我學習到愛情是稀有事物，一旦出現，往往斷斷續續、稍縱即逝、留下缺憾。我學習到人類建立的社會是以多數人壓迫少數人為基礎，我從過去到現在始終無法理解，為什麼多數人會容許這樣的壓迫。也許原因在於當他們拒絕接受並挺身而出，推翻一種壓迫只會催生出更嚴重的壓迫。我開始覺得自己並不那麼喜歡人類，但是我熱愛山岳、音樂、森林、舞蹈、大河、歌唱，當然還有海洋，海洋是我的家園。我最後學習到這世界會奪走你的家園，而且毫無悔意。有一年在非洲東海岸的某個地方，船上爆發黃熱病疫情，我倖免於難，但是許多人死亡，包括我的母親。我一無所有，只剩下她對我的教導、戰鬥的技能，還有她臨終的吩咐，每一代澤瑞妲的臨終吩咐：『找到潘帕．坎帕納。』因此我來到這裡，讓妳知道一切。」

「妳的世界地圖，」潘帕．坎帕納問道，「妳腦海裡真的有一幅具體的地圖嗎？妳明白這世界是如何連結的嗎？**這個地方**要如何連結**那個地方**？連結如何造成影響與改變？妳可以看清萬事萬物的形態嗎？」

「是的，」澤瑞妲．李回答，「我看得非常清楚。」

「那麼我將告訴妳我是誰。」潘帕．坎帕納說道，「我是時間的地圖，我蘊含了將近兩個世紀，還要再吸納半個世紀才會罷休。就如同妳可以明白**這個地方**是如何連結**那個地方**，我可以覺察**過去**是如何連結**現在**。」

「那麼我們就打造各自的地圖，」澤瑞妲．李提議，歡喜拍手，「我會將我的地圖畫在紙上，妳如果同意也可以這麼做。我會請求國王安排一間地圖廳，將天涯海角、整個世界的圖像畫滿每一吋牆壁，甚至每一吋天花板。妳可以要求一本空白的書，寫下歷史與夢幻，或許也寫下未來，當妳經歷未來的時候。」

就在這裡，殺氣騰騰的軍事營區，通往戰爭的路上，潘帕．坎帕納的鉅作誕生。她開始認真寫作《闍耶帕羅闍耶》，儘管這麼做意謂她要回顧母親被大火吞噬的恐怖。澤瑞妲．李開始繪製她的地圖，後來五十五年間被視為地圖學家最完美的作品。只不過地圖廳並未能夠從毗斯納伽的毀滅中倖存，澤瑞妲．李的天才沒有留下一絲一毫讓今日的我們讚歎。

迪瓦尼戰役沒有進行多久就宣告結束，很適合以「一面倒」來描述，畢查浦與比達爾的部隊逃離戰場，潰敗的兩國蘇丹匍匐在克里希納羅耶腳邊，等待被戰象摩斯諦．摩達訶斯諦踐踏。克里希納高坐在戰象背上的黃金象轎，俯視兩名蘇丹，咧嘴露出泛黃的牙齒與勝利的笑容。但是克里希納止住他的戰象，「牠的腳很敏感，」他告訴兩位匍匐的蘇丹，「我盡可能不去傷害牠的腳。因此我想你們可以活命，回到你們小小的王座。但是從今以後，兩位的蘇丹國都將臣服於毗斯納伽帝國，並且向我朝貢。希望你們會接受如此寬宏大量的建議，不然，摩斯諦．摩達訶斯諦就得冒險使用牠柔軟的腳了。」

「只有一件事，」趴在地上的畢查浦蘇丹說道，「我們還不打算皈依你們那種有一千零一個神祇的宗教，如果您堅持要我們改宗，那就只好請您的戰象做那件最糟的事。我的比達爾蘇丹好友，您說是吧？」

比達爾蘇丹考慮了一會兒，「是的，」他說，「我有同樣要求。」

克里希納羅耶放聲大笑，但笑聲之中沒有多少歡欣，「我為什麼要堅持這種事？」他問，「首先，這種皈依很不誠實。我們從自家歷史得知，毗斯納伽創建者胡卡與布卡．桑伽馬都曾經被德里蘇丹強迫改宗，必須假裝接受你們非常無聊的唯一真主；但是他們一逮到機會就逃之夭夭，將那些胡說八道丟得一乾二淨。第二點，你們兩個如果改宗，將會失去自家人民支持，無法說服他們相信效忠毗斯納伽帝國的好處，果真如此，你們對我來說就沒什麼用處。第三點，如果奇蹟出現，兩位的人民跟隨你們集體改宗，你們在兩個蘇丹國興建了那麼多美麗的清真寺要給誰使用？所以，保持你們現有的信仰，我的戰象不會介意。然而如果你們對帝國的忠誠有一絲一毫的動搖，那麼摩斯諦．摩達訶斯諦還是得冒險使用牠柔軟的腳，把你們活活踩死。」

在那個斬首、頭顱塞稻草、暗殺、大象踩踏的年代，克里希納羅耶對敵人寬大為懷的消息很快就傳遍四方，大大提升了他的個人形象。新神王的傳奇從此登場，賦予他天神克里希納的特質；不幸的是，克里希納羅耶本人很快就對這則傳奇深信不疑。不過那一天潘帕．坎帕納注意到一件事，他之所以寬大為懷還有另一個更迫切的原因。克里希納羅耶赦免兩位打敗仗的蘇丹時，並沒有看著他們匍匐的身體，他的目光在澤瑞妲．李與潘帕．坎帕納之間穿梭。兩位女士騎在馬背上，佇立在國王的戰象右側；優樓比二世與巨人提馬在國王左側，但是他對這兩人一眼也不看。澤瑞妲．李直視前方，似乎並未察覺國王正在打量她；然而潘帕．坎帕納直接回看他的目光，他的咧嘴越來越開，黃板牙越來越明顯，甚至雙頰潮紅。

潘帕．坎帕納鼓掌讚許國王的睿智。他頷首表示注意到她的動作，因為他發現自己非常渴望得到兩位**飛天**的肯定。顯然，有些事情已經發生。

克里希納羅耶年輕時，宰相薩盧瓦．提馬羅蘇教導他「七」這個數字特別重要。提馬羅蘇指出，對付敵人有七種方式：你可以嘗試跟對方講道理；以賄賂打動他；在他的地盤興風作浪；和平相處時對他說謊；兵戎相見時運用詭計；你當然也可以攻擊他，這顯然是上之上策；最後一種是下策：寬恕對方。當克里希納羅耶在迪瓦尼寬恕兩名蘇丹，幾乎每個人都認同、讚許他的人道作法。然而提馬羅蘇在迎接他返回王宮時卻說：「我希望您不是真的寬恕對方，因為寬恕代表軟弱。但如果是詭計，那倒是非常高明。」

「我先是發動攻擊，打敗他們，」克里希納羅耶說道，「然後我藉由寬恕的表面工夫，提供他們生存機會作為賄賂，也讓自己顯得通情達理。我們會派間諜進入畢查浦與比達爾興風作浪，讓他們忙著對付內部紛爭，無法再做出對我們不利的舉動。如果他們做出指控，我們就祭出謊言。你可以說這是詭計，但我認為這應該算是同時運用七種技巧。」

提馬羅蘇相當佩服，「您這是青出於藍。」他說。

「你對我的救命之恩不止一回，」克里希納羅耶說道，「所以你永遠會是我的左右手，你教導的一切我都會認真學習。」

「既然如此，歡迎回家，」提馬羅蘇說道，「我必須立刻讓您知道，什麼是身為君王的七種罪惡。」

克里希納羅耶坐上雄獅王座，「我已經免除了其中的兩種，」他說，「我不喝酒，不賭博；所以你不必跟我講述《摩訶婆羅多》那則故事，堅戰如何賭骰子輸掉王國與妻子。每個人都聽過這個故事。還有一則寓言也不必提，死神與有毒的湖水。」

「您已經顯示能夠在戰爭中避免殘酷，」提馬羅蘇說道，「但您也顯示出傲慢的罪惡已經上身，我們必須解決這個問題。」

「現在不行，」國王擺出輕蔑的手勢，「我們還有三種罪惡要談。」

「打獵。」提馬羅蘇說道。

「我討厭打獵。」克里希納羅耶說道，「那是野蠻人的作法。我喜愛詩歌與音樂。」

「浪費金錢。」提馬羅蘇說道。

「金錢是你的工作。」國王笑著說道，聽不太出來他是否在開玩笑，「財政部的金庫由你掌管，你還有徵稅的權力。如果你變得貪婪或者浪費公帑，我會砍掉你的腦袋。」

「那很公平。」提馬羅蘇說道。

「最後一種罪惡是什麼？」克里希納羅耶問道。

「女人。」宰相回答。

「如果你要說我只能擁有七房妻妾，」克里希納羅耶回答，「大可不必。有些事情不適用七這個數字。」

「瞭解。」提馬羅蘇說道，「關於這件事，我改天還會詳談。現在，我只想恭賀您。七種罪惡免除了五種，相當不錯。您會成為一位優秀的國王。」

提馬羅蘇走到國王跟前，狠狠甩他一記耳光。克里希納羅耶還來不及表示震驚與憤怒，提馬羅蘇說道：「這是要提醒您老百姓每天承受的痛苦。」

「一天接受這麼多的教訓，已經太多了。」國王說道，撫摸臉龐，「算你運氣好，我才剛說過我願意接受你的教導。」

第十五章

關於「女人的罪惡」：迪瓦尼戰役勝利之後不久，克里希納羅耶決定將自己寢宮蓮花宮旁邊的**女眷區**改頭換面，改造成天神克里希納輝煌世界的翻版。因此他向毗斯納伽市民宣布，將從他們的女兒之中選出最美麗的一百零八人，賜予擔任王宮**牧牛女**的榮耀。國王不會要她們擠牛奶，因為他顯然無意讓王室居所變成牛隻的宮殿。桑伽馬兄弟都是牧牛人出身，或許在胡卡與布卡的年代，王宮曾經散發牛糞的氣味；然而桑伽馬王朝早已消失，成為古老歷史，因此王宮不會養牛。牧牛女完全不需要擠壓氣味難聞的牛乳房，她們會受到很好的照顧，過著舒舒服服——甚至可以說是光彩耀人——的日子，唯一的職責就是提供無條件的愛。當國王吹奏笛子，她們翩翩起舞，而且要跳**拉斯里拉**，神聖崇拜之舞。這些後宮妻妾分成三個層級：最底層的信差、中等地位的女僕、高高在上的王后。王后一旦被他選定，他會賜予「羅陀」的稱號；八位與他長相左右的頂級**牧牛女**將依據古老的故事，分別命名為羅莉陀、毗莎伽、錢帕伽——摩莉伽、齊多羅、童伽維迪亞、英度雷伽、蘭伽、蘇提毗。羅陀的角色人選需要最深度的尋找，因為她必須做為內在力量的化身。「我們開始尋找吧！」克里希納羅耶下令，「每一位牧牛女都找到之後，我要將王宮的**女眷區**改名為『聖羅勒森林』，紀念天神的神聖森林，然後帝國全境將會建立愛的統治。」

這個時刻還發生了一件事，以克里希納羅耶自己的話來說，他「勉為其難、滿懷謙卑、深感自身並不夠格，但還是接受了廣大人民的要求」，改換自己的帝王稱號。而今而後，終其一生，他的稱號將是「克里希納提婆羅耶」，也就是神王。

薩盧瓦．提馬羅蘇聽說國王有意做這項宣示時開始擔心，「妄自尊大者會馬失前蹄，」他心想，「自以為與神明平起平坐，可能會引發神明的怒火上身。」然而他看得出來國王不會被勸服，而且為了自身利益著想，他必須以高超效率來推動國王的計畫，以免自己失寵。因此當大批年輕女性開始接受檢閱，提馬羅蘇的選擇深得國王歡心，一百零五個位子的人選先後確定。這些女性躍躍欲試，因為對大部分人而言，入選有如飛上枝頭變鳳凰，家人的生活將因此徹底改善。她們的前途原本相當有限，如今豁然開朗，彷彿全世界都在等待她們掌握。如果克里希納提婆羅耶期望她們付出無條件的愛，作為新生活的回報，她們會非常樂意付出，至少樂意做表面工夫。這麼做非常值得，因此她們——這一百零五位女性——也創造出一種翻版，一種模仿人生，一種虛假。但是她們的作法維妙維肖、以假亂真，因此也在某種意義上成為真實，或者至少是讓人們將它視為真實，兩者幾乎是同一件事。

薩盧瓦．提馬羅蘇出身卑微，沒讀過什麼書，態度粗魯但腳踏實地。他是軍旅出身，作風樸素平實，知道自己還不夠格訓練這些冒牌牧牛女，扮演新角色來取悅國王。因此他求助於兩位天人之中他認為比較年長的那一位；她們從天而降進入凡人的生活，而且既然是天人，應該知道天界那些超越時間的實體會有什麼樣的特質與噱頭。巧合但提馬羅蘇不知道的是，這位「年長天人」也正是毗斯納伽最飽讀詩書的人。她從九歲開始就陪同智者毗德薩伽鑽研古代典籍，力求甚解。當然，她就是潘帕．坎帕納；如果提馬羅蘇被國王當成導師，那麼潘帕．坎帕納也成為提馬羅蘇的老師，而且還是國王那一百零五位妻妾的指導者與知心密友。

一開始潘帕．坎帕納並不願這麼做。她對於女性社會地位的進步觀點，無法容許一位國王擁有一百多位妻妾。她希望能夠親自告訴國王：選擇一位美好的女性，與她一起統治國家。然而提馬羅蘇認為這不是明智之舉，「他對妳與澤瑞妲．李深深著迷，」宰相說道，「原因在於妳們神奇的特質與高超的戰鬥技能。但是他越來越把自己當成天神，因此在他看來，自己的地位高於兩位變形的**飛天**。現在先不要觸怒他，很多事情才剛開始。慢慢來，慢慢來才能讓他改變。還有，我注意到他看妳們兩個人的眼神，妳們其中一位或者兩位皆然，可能會被賜予非常高的職位。」

「有些關於我們——關於**我**——的事，我必須向克里希納羅耶稟報，希望他會非常認真對待我。」潘帕．坎帕納說道，「但是你說得沒錯，萬事都有適當的時機，我們就等到毗斯納伽的王后出爐吧。」

「關於這件事，」提馬羅蘇說道，「我預期我對國王的選擇會有影響，也打算發揮影響力。這件事關係到的不是愛情，而是國家。」

「我明白，」潘帕．坎帕納說道，「我最終會弄清楚你是站在哪一邊。」

她開始執行任務，對象是國王排名第八的妻妾。這名女子原本是一個花販的女兒，如今改名「蘇提毗」，因為擁有蓮花花蕊般的膚色而入選。「妳有許多事要做，」潘帕．坎帕納告訴她，「妳必須一直保持性情和善，不管受到什麼刺激都不能動怒。國王如果口渴，妳要幫他倒水。當他辛苦工作一天回家，妳要用香油幫他按摩。妳要訓練鸚鵡為他表演，訓練公雞打鬥。妳是**女眷區**的花朵守護者，確保花瓶裡花朵永遠鮮嫩。有些花朵會在月亮升起時綻放，帶來好兆頭，妳要認識它們的名字，確保王宮栽種多多益善。還有，妳要養蜂。還有，王后加冕之後，妳要幫她編辮子，並且窺伺其他的**牧牛女**，確保沒有人會對王后心懷不軌。妳做得到嗎？」

「我會滿懷愛意去做。」第八級**牧牛女**回答。

第七級**牧牛女**改名「蘭伽」，原本是一個洗衣婦的女兒。潘帕．坎帕納告訴她：「妳的工作是當王后不在的時候，妳要沒完沒了地和國王打情罵俏；當王后與國王都在，妳要用沒完沒了的笑話讓王后歡笑。夏天天氣熱，妳要幫他們搧扇子；冬天天氣冷，妳要為壁爐添煤塊。但妳也必須研讀邏輯，這樣如果國王想要討論哲學，妳就可以參與對話，表現出妳很有能耐、朝氣蓬勃。妳做得到嗎？」

「邏輯這部分不太容易，」第七級**牧牛女**回答，「但是我會以更火熱的打情罵俏來彌補不足。」

第六級**牧牛女**現在改名「英度雷伽」，原本是一個王宮廚子的女兒，被帶到潘帕．坎帕納跟前，「噢，妳脾氣火爆，可能是因為廚房裡溫度太高。妳要幫國王烹調無比美味的餐點，在他用膳時搧扇子。此外妳要學會弄蛇術，讓蛇為國王舞蹈；還得學會看手相，每天早上為他占卜吉凶，確保他做好萬全準備。王后選出來之後，她與國王會透過妳來傳達訊息，因此妳會知道他們的祕密；妳還會負責管理她的衣服與珠寶。如果妳笨到對任何人透露王室祕密，或是偷竊……」

「我絕不會那麼笨，」第六級**牧牛女**大喊，「所以請別指控我是長舌婦或者小偷。」

第五級**牧牛女**現在改名「童伽維迪亞」，是一個學校老師的孩子，因為才智過人、知識廣博、嫻熟藝術而入選。潘帕．坎帕納說道：「妳進入王宮是為了運用十八般專業知識來激勵國王，涵蓋道德、文學等各個領域。還有舞蹈。我相信妳會演奏維納琴、詠唱瑪卡曲調。這些都很適合。如果國王打算建立政治聯盟，他還可以借重妳的外交專業。如果國王與王后發生爭執，也需要妳的外交專業來息事寧人。只不過遇到這種時候，主導的人一定是妳的上級齊多羅，妳要聽從她的吩咐。」

「沒有問題，」第五級**牧牛女**回答，「但是我希望自己也有機會談情說愛。」

第四級**牧牛女**「齊多羅」是少數出身貴族家庭的入選仕女，因此顯得趾高氣揚，不太願意接受潘帕・坎帕納的指導，「我知道該怎麼做，」她告訴潘帕，「我會調停王室爭端，每天歌頌讚美國王與王后。我通曉多種語文的說與讀，能夠為國王翻譯任何文獻，讓他瞭解作者的真正意旨，不只是表面文章。我對食物看一眼就知道有何滋味，因此也能夠分辨是否有毒。我會用幾個鍋子盛裝不同分量的水，以鼓棒敲打出音樂。我要負責管理王宮的花園，為國王獻上藥草，有些會讓他進入一個超越的境界，有些可以療癒他的病痛。家禽家畜也由我照顧。我對待國王會滿懷感情、欲望高漲，但如果王后在場，我會保持端莊含蓄。這些都不是什麼難事。」

「我們等著看吧。」潘帕・坎帕納回答。

她的最後一位學生是「錢帕伽」或「錢帕伽—摩莉伽」，木蘭王后，出身一個平凡的森林住民家庭。「我沒有多少東西可以教妳，」潘帕・坎帕納說道，「就只有我對其他人所說的一切。妳在王室仕女中地位崇高，僅次於人選尚未確定的王后，以及兩位尚未任命的王后侍臣。對於地位比妳低的仕女，妳要為她們的行為負起全責；但妳也會嫻熟於如何授權托付。如果妳扮演好自己的角色，妳的內在力量將會排名第四；而且當排名前三位的仕女感覺疲備或者缺乏意願，妳會被召喚為國王帶來快樂。妳的雙手具備——或者必須具備——高超技巧，能夠將黏土塑成雕像，也能夠做出美味至極的甜點，以致於人們稱妳為『甜點聖手』。」

「我不會做菜，」木蘭王后說道，「大家都這麼說。如果我失敗了該怎麼辦？」

「那就不要失敗。」潘帕．坎帕納回答，她快要按捺不住，「好好學習，盡快開始。」

潘帕．坎帕納感到意外，因為她的曾曾曾曾外孫女澤瑞妲．李對於曠日廢時的王室選妃完全不覺得反感。事實上，她相當開心潘帕能夠參與其中，幫助仕女們理解自身新職責的重要性與多樣性。

「誰知道呢，」她說，流露一種過度樂觀的天真，讓潘帕．坎帕納非常驚訝，「王后有兩位首席侍臣，也許國王會選擇我擔任其中一位。對啊！有何不可？」

「妳在說什麼？」潘帕．坎帕納反問，熱騰騰的口氣讓兩個人都為之訝異，原因可能是她先前勉為其難輔導那些新獲選的國王妻妾，「妳到過這世界許多地方，應該見多識廣，知道女性可以有更好的發展。」

「是的，我的一生都在漫遊，無處扎根，不知道自己來自何方、歸屬何處；就算找到歸屬之地，我也不知道自己會變成什麼樣的人。」澤瑞妲·李回答，「如果現在我有機會讓自己真正成為某件事的一部分，參與一項古老的傳統，成為統治王朝的一分子，那麼我會非常樂意，妳應該能夠理解。有朝一日站在國王身旁，我會相信自己的旅程已經來到終點，終於能夠落地生根。」

「我一直相信，一個女人能夠扎根在自己身上。」潘帕·坎帕納說道，「不必藉由站在男人身旁來界定自己，就算那個男人貴為國王。在妳漫遊的過程中，不曾遇見過任何抱持這種想法的女性嗎？」

她們當時身在古老的青冥宮，磨練自身的武藝，這番爭論——兩人的第一回——讓訓練變得更為激烈。「在我心目中的地圖上，」澤瑞妲·李邊打鬥邊說，「我看到有些地方的女性淪為奴隸、僕役，或者雖然保有自由但仍不被尊重。中國女性從小就要纏腳，纏到不良於行。在占吉巴島的石頭城，女性不得出入公共場所。地中海與南海曾經出現女性海盜，那是真的，但是其中一個被自己的女婿推翻，另一個嫁給自己的養子，最後淪落到澳門經營妓院。相較之下，當王后的際遇要好得多。」

「我當過王后，」潘帕·坎帕納說道，放下寶劍，「際遇並沒有那麼好。」訓練結束，兩人進行沐浴，「在舊日的毗斯納伽，」潘帕·坎帕納告訴孫女，「女人可以當律師、貿易商、建築師、詩人、導師，應有盡有。」

「等我當上王后，」澤瑞妲．李說道，「這些都可以再一次實現。」

「如果妳當上王后，」潘帕．坎帕納糾正她，嘆了一口氣。

「等我當上王后，」澤瑞妲．李堅持，「妳沒注意到他是用什麼樣的眼神看我嗎？」

這時潘帕．坎帕納脫口而出一句話，出自她內心一個不曾察覺的地方。

「他用一模一樣的眼神看我。」她說。

之後，澤瑞妲．李一個星期不跟她說話，把自己關在蓮花宮的地圖廳裡面，工作時請人送食物進來，帶了一張床進去睡覺。等到她終於打開廳門，人們看到她繪製了一張又一張地圖，但是只有兩個國家，而且潘帕．坎帕納懷疑兩者都出於想像：「澤瑞妲國」，當初李大師創造它來取悅愛人；「義和國」，澤瑞妲．李的祖先、潘帕．坎帕納的女兒澤瑞妲．桑伽馬虛構這個國家，藉此向李義和表白她也愛他。一個城市有逃竄的時間與捕蝶網，另一個城市有會飛的人類與不會飛的鳥兒，如今都化作地圖上繽紛的色彩與詳盡的細節。澤瑞妲城的一個角落，一名老婦人坐在由女兒拉著的輪椅上，拚命想捕捉逃竄的時間但已無能為力；幾個旁觀的男孩露出既同情又鄙夷的表情，嚼著時間三明治和時鐘形狀的水果，相信自己會長生不死。旁邊的一塊板子上，興高采烈的女人飛上義和鎮的雲層上方，像新生兒一樣赤裸裸，在空中無憂無慮跳舞；然後同樣一批女人冷得發抖，向雲端的商店購買衣服，不是因為赤裸而感到羞恥，而是因為在高空中凍得半死。兩個城鎮人民的面容各有千秋：澤瑞妲人顯得堅毅克制，義和人展現世俗智慧。

澤瑞妲．李完成作品之後，終於讓外祖母進來觀看。潘帕．坎帕納看了潸然淚下，因為這些地圖太美麗了，讓她讚不絕口。然而她最終還是不得不說，以摯愛、低沉的聲音：「親愛的孩子，這些是——不正是——人們做夢才會去的地方，不是人們清醒的時候能夠造訪。」

「正好相反，」澤瑞妲．李回答，「我繪製的每一幅地圖都代表此時此刻此地，都是毗斯納伽的地圖。」

地圖廳房門大開，國王是第一位訪客，他同樣因為澤瑞妲．李地圖之美而感動落淚。國王之後，朝廷大臣都來參觀，他們也必須哭泣，證明自己受感動程度不在國王之下。大臣之後，每一個造訪地圖廳的人都必須哭出大量真實或想像的眼淚；既然如此，人們開始——在國王聽不到的時候——稱它為「非哭不可廳」。

最近才改名的克里希納提婆羅耶在雄獅王座廳召集整個朝廷，朝臣魚貫進入，擦拭發紅的眼眶；國王公開宣布他對地圖師澤瑞妲．李的愛意。他對她說她應該改名「羅陀—羅尼」，意思是「羅陀王后」；他也要她選任自己的首席侍臣，「我想其中一位，」他告訴她，「應該是妳的**飛天**同伴，也就是妳的姊姊，或者妳說的任何身分。」接下來，三件事快速接連發生。

第一件事，澤瑞妲．李宣布她謙卑地接受國王有如一份禮物的愛；

……第二件事，潘帕．坎帕納有點惱怒地直率表明，她無意擔任王后的首席侍臣——不想當虛有其名的「羅莉陀」，也不當冒牌的「毗莎伽」。她告訴國王：「如果您允許，我這一生就當單純的潘帕．坎帕納。」

「我很困惑，」克里希納提婆羅耶回答，「妳顯然不是許久之前那位傳奇人物潘帕．坎帕納，以她為名就像船隻掛起方便旗；既然如此，妳為什麼不能使用別的名字，一個為妳帶來莫大榮譽和名聲的名字？」

「陛下，未來或許會有適當的時機，」潘帕．坎帕納回答，「我可以跟您解釋我的真實身分。至於現在，我只希望能夠告退。」說完之後，她離開王座大廳。

……第三件事，宰相提馬羅蘇站在雄獅王座的旁邊，國王的右手邊，他低下頭來，喃喃說道，「有一件事十萬火急，想跟陛下私下稟報。」

克里希納早已知道，如果宰相以那種特殊的腔調說話，他最好當一回事，走下王座，到自己的私人處所接見。只有提馬羅蘇能夠伴隨國王。等到兩人單獨相處，這位宰相悲傷地搖搖頭。

「您應該事先跟我商量，」宰相說道，「遴選王后是大事，不能只決定於身體的吸引力。」

「我愛她，」克里希納提婆羅耶說道，「這就足夠了，這就是決定性因素。」

「鬼扯，」提馬羅蘇堅定表示，「請原諒我的措辭。」

「那麼什麼因素才足夠？才算決定性？」克里希納提婆羅耶質問。

「國家的因素，」提馬羅蘇表示，「在選后這種事情上，其他因素都不相干。」

「你所謂的國家因素指的是？」國王再問。

「南方邊界，」提馬羅蘇回答，「結盟的時機已經成熟。迪瓦尼戰役勝利之後，北方情勢穩定下來，至少目前是如此。但是在南方，簡單來說，我們需要室利朗格帕特塔納（Srirangapatna）的毗羅波提亞王，他是一位幹練的統治者、令人敬畏的軍事指揮官，已經為我們征服並治理幾個南部地區，最重要的就是邁索爾這座城市與公國。

「這件事和我對**飛天**澤瑞妲．李的愛有什麼關係？」國王質問，口氣很不客氣，臉色因為怒氣上升而漲紅。

（國王是出了名的壞脾氣，提馬羅蘇終將體認激怒國王會有何下場。不過等到克里希納提婆羅耶怒氣平息，他也的確會感到後悔，並且盡心盡力補償自身怒火的受害者。我們稍後將看到事證，現在姑且不提。）

「想要得到毗羅波提亞王的感戴與支持，」提馬羅蘇告訴國王，「你就必須迎娶他的女兒蒂魯馬拉。」

「什麼？**那個**蒂魯馬拉？」克里希納提婆羅耶大吼，吼聲迴盪在宮殿的每一個角落，灌進澤瑞妲．李、潘帕．坎帕納與每一個朝臣的耳朵，「那個惡名昭彰的泰盧固公主，人們不是都說她是一個可怕的惡霸，習性非常殘暴，毫無愛心可言？」

「您也知道怎麼回事，」提馬羅蘇試圖安撫國王，「一個強勢的男性會被尊為領袖，一個強勢的女性會被貶為潑婦。您如果和她結婚，那就等於昭告整個帝國的女性：尊重女性力量的時代再度降臨。」

「所以這麼做會讓毗斯納伽每一位女性愛戴我，認為我是好國王。」國王說道。

「會的。」提馬羅蘇回答。

「而且我還是保有我的**牧牛女**，因此不必花太多時間與那位公主相處。」國王思索。

「人們說她熟悉軍事，」提馬羅蘇說道，「所以您或許可以要她與其他幾位女豪傑——優樓比二世、澤瑞妲．李與潘帕——並肩作戰。」

「她們無法好好相處。」國王預言。

「她們必須好好相處，」提馬羅蘇說道，「因為你會下達命令，而且你是國王。」

克里希納提婆羅耶思考了半晌，「我現在該怎麼辦？」他問道，聲音不再洪亮，幾乎楚楚可憐，「短短幾分鐘前，我才宣布澤瑞妲．李會是我的羅陀。難道我要在她還沒上任之前就將她降級？」

「王室與朝廷是一個從打擊中學習的地方，」提馬羅蘇說道，「際遇起起落落，她會學習到珍貴的教訓。」

「我現在必須走出去、告訴她，她不能當羅陀，然而可以當羅莉陀，只是降了一級，仍然是一個很重要的職位。」

「我想蒂魯馬拉會要求她母親一起來到毗斯納伽，」提馬羅蘇說道，「她母親未必會長期待下，但是首席侍臣仍然非她莫屬，第二級的『羅莉陀』職位必須給她。」

「你要我將澤瑞妲．李降到第三級？」克里希納提婆羅耶大喊，「她不能當羅陀，連羅莉陀也不能當，只能當毗莎伽，她一定很難接受。」

「她可以算是外國人，」提馬羅蘇直率表示，「她有不少中國人血統，也許還混了其他種族。您就告訴她，外國人從來不曾在帝國擔任如此高階的職位。過去有個外國人負責火藥引爆，但王后首席侍臣的位階要高得多。您就告訴她，我們不可能給她更高的職位，否則將形同告訴中國的皇帝，毗斯納伽願意接受某種程度的中國主權，接下來可能導致敵軍入侵，艦隊開進果阿，然後會是一場我們被迫投入的戰爭。事實上，如果你不給澤瑞妲．李任何位階，那會是更恰當的作法。」

「你的建議太過分了，」克里希納提婆羅耶告訴提馬羅蘇，「這是一個我愛的女人，如今我必須為了你所謂的『國家因素』而去傷害她，但是我會繼續深愛著她。蒂魯馬拉可以成為毗斯納伽的王后，但澤瑞妲．李永遠會是我心上的王后。」

「真的嗎？」提馬羅蘇反問，「這會不會只是某種一時迷戀？她來到之後，你幾乎沒跟她說過話。你根本不認識她。」

「這不是一時迷戀，」國王回答，「當你看到人們在戰場上廝殺，他們的本質將一覽無遺。當人們只有生存與死亡的問題要面對，他們不會有遮遮掩掩的空間。我看過她在迪瓦尼戰役的表現，當時的她非常傑出。現在的她還是很不平凡。如果我要找一個終身長相左右的女人，她會是我的最佳選擇。另一位飛天——自稱是潘帕．坎帕納的那位——或許更不平凡，但是她儘管擁有青春與美麗的外貌，我不知道為什麼，她仍然讓人感覺是一個年紀非常大的老婦人。對於她可能擁有的老靈魂，我滿懷尊重與景仰，但我還是希望年輕人就要有年輕人的樣子。我的情感來自這些因素，並不膚淺，相當深刻。我還要再指出一點，或許類似你的盤算式思考，甚至可以列為一項『國家因素』。

「而且果真如她所說，她是澤瑞妲．桑伽馬的後代，那麼與她結親將可以聯結圖盧瓦與桑伽馬兩個王朝，讓我們對於雄獅王座的繼位權——我本人與子孫的繼位權——無可置疑。我們不必對蒂魯馬拉或者她父親提這件事，但這會是我偏愛的傳承世系——對我的王室最為有利的世系。」

提馬羅蘇仔細端詳國王，「我看得出來，你對自身感情的描述一點不假，你的前瞻思考也耐人尋味，」他終於說道，「所以我會保護並促成你的感情，然而蒂魯馬拉必須是地位最高的王后。至於子孫繼承的問題，我們以後再處理。現在我們必須回到王座大廳，把每一件事情講清楚說明白。」

「非常好，」克里希納提婆羅耶說道，「我們把這件事辦妥吧。」

潘帕．坎帕納離開王座大廳，一個人坐在臥房裡，思索事態會如何發展。她最近的行為連她自身都感到困惑。為什麼她會如此爭強好勝，告訴澤瑞姐．李國王是如何看她——**他用一模一樣的眼神看我**？為什麼她離開王座大廳時已經不顧儀態，臉紅脖子粗？的確，她完全不想參與克里希納提婆羅耶的山寨版「聖羅勒森林」，以及濫竽充數的冒牌神祇隨從牧牛女。的確，她憎惡自己被宰相提馬羅蘇拖進這項愚蠢的計畫，充當**牧牛女**的教育者與導師。的確，她母親的名字就叫「羅陀」，因此看到另一個女人得到這個名號讓她相當痛苦。然而這些問題不應該在澤瑞姐．李與她之間造成裂痕。還有，她應該可以理解澤瑞姐．李期盼成為這個新世界的一分子，面對這個屬於自己但相當陌生的文化，渴望要進入核心，渴望一份歸屬感。潘帕．坎帕納心想，這到底是怎麼一回事，為什麼她心情如此惡劣？

難道她也愛上國王？

荒唐的想法。他的虛榮、以天神自居的錯覺，坑坑疤疤的臉龐……她有一百個理由來拒斥這樣的男人，他完全不是她的理想對象，更何況她根本不太認識他。

但是難道她愛上他？

而且，你認識一個人需要多久時間，才會察覺自己愛上對方？七年？或者七分鐘？

愛的統治在帝國各地施行，一如他先前的宣示，也要歸功於他。在她漫長的一生中，她從未聽說過任何一位國王——任何一位男性——將愛情推升到一切價值之上。這也是她心靈最深處的夢想：毗斯納伽的所有分歧——種姓、膚色、宗教、思想、身材、地區——都被束諸高閣，普瑞瑪羅闍——也就是愛的王國——從此誕生。她從來不曾告訴過任何人，甚至不曾對自己坦白：她在心中抱持著如此感性的願望，而且被克里希納提婆羅耶一語道破，每個人都聽到了。

愛的統治。

他甚至很可能不知道自己在說什麼，潘帕．坎帕納心想，他只是隨口拋出一句空洞的口號。但是如果她能夠成為他的親密伴侶，她就可以教導他那句口號的意義。如果她能夠重返往昔榮耀的地位，她就可以對國王的耳朵、宰相的耳朵、世間每一個人的耳朵呢喃愛的話語。她可以讓這件事成為她一生最重要的工作——她過了將近兩百年還沒有結束的一生。

但是她原本就可以這樣做，對不對？她曾經對整座城市的人們耳語，既然她告訴自己傳播愛的福音是她最重要的心願，為什麼不直接進行？

至於**她的榮耀地位**，她不是曾因為那份榮耀而迷失混亂？過了那麼久的時間，經歷那麼多的事情，她真的還期盼那份榮耀嗎？對於重返榮耀的渴望偽裝成另一種渴望，指向一個不怎麼令人渴望的男性與他的王冠，是這樣嗎？

她必須對自己——儘管很羞恥——承認，這可能是正確答案。除了澤瑞妲．李之外，還有一個人曾經長年流亡放逐，還有一個人渴望歸屬與肯定。然而澤瑞妲．李對毗斯納伽的瞭解只限於她母親的講述，她母親的知識又只限於代代相傳的講述。她沒有毗斯納伽的生活經驗，如今當然會對那樣的經驗感到飢渴，然而坦白說，一個女人之所以飢渴，正是因為她不曾進食。

反觀潘帕．坎帕納，她無所不知。她知道自己做了什麼才造就了今日的毗斯納伽，她還記得森林流亡放逐的痛苦滋味。曾經擁有但後來失去的經驗，遠比從未擁有、不知究竟更為糟糕。她期望一切回歸過往：期望自己再度被視為神奇的存在，一個被女神寄居的人，曾經用一袋種子建立一個帝國，以耳語將歷史注入帝國的耳朵，藉此讓帝國變得真實。她期望與國王單獨相處，為他講述帝國的歷史，還有自己在建立過程中的核心角色，讓他明白這不是兩百年前流傳下來的童話故事，而是事實。化身為他眼前這個講故事的女人，看起來年紀不到三十七歲，但其實已經目迎目送一百九十個生日。這麼做應該會比一頂王冠更有價值。而且如果伴隨認可而來的是愛，國王的愛，也許再加上人民的愛，她會非常樂意接受，完完全全接受，視為一種肯定。

她責備自己虛榮成性。

澤瑞妲．李闖進房間，又奔跑、又痛哭、又大笑。「王后終究不是我，」她哭喊，「但是我會當上二房王后！」她語無倫次，夾雜著啜泣與笑聲，告訴潘帕．坎帕納國王要與室利朗格帕特塔納的蒂魯馬拉進行政治聯姻，「但是我不在乎，因為她八成是個醜惡的女人，不是嗎，如果她只能靠冷酷的政治安排來找到丈夫，一點也不**浪漫**，正是如此，誰在乎**她**，因為他帶我進入他最私密又私密的房間，跟我說我是他唯一的真愛，他說愛神射出全部五支箭，五支都射中他，就是這樣，我的一輩子他都會愛我，美極了，他無比**誠懇**。」

「我明白，」潘帕．坎帕納擁抱投入她懷中的年輕女子，「嗯，恭喜妳。」

「二房王后仍然是王后，」澤瑞妲．李靠在潘帕．坎帕納的肩頭哭泣，「對吧？」

「的確如此。」潘帕．坎帕納回答。

澤瑞妲．李擦拭眼睛，「妳知道愛神伽摩的五支箭嗎？」她問，眼淚還沒乾。

「知道。」潘帕．坎帕納回答，年輕女子停不下來，「我不知道，」澤瑞妲．李說道，「但是他用很美好的方式為我解釋，他說第一支箭**蓮花**以白蓮花裝飾，射中他的心房，讓他覺得興奮、年輕、開心；第二支箭**阿育王樹**以阿育王樹的花裝飾，射中他的嘴巴，讓他高聲呼喚愛情；第三支箭**芒果**的箭桿繪有芒果花，射穿他的大腦，讓他愛慕泉湧；第四支箭**茉莉花**射中他的眼睛，從此他眼中的我綻放著最偉大女神美麗燦爛的光輝；第五支箭**藍蓮花**射中他的肚臍，但他說這支箭射中哪裡其實並不重要，它射中任何地方都會讓你滿懷愛意，讓你在愛的大海中載浮載沉，讓妳只想完全沉浸其中。」

「這些話說得非常漂亮，」潘帕．坎帕納同意，「我明白妳為什麼會深受感動，就好像被箭射中的人是妳。」

「我也覺得我可能被射中了，」澤瑞妲．李回答，「只是當時我並不認識愛神伽摩與他用甘蔗做成的弓，因此不知道發生什麼事。」

潘帕．坎帕納忍住話不說，只露出一抹神祕的微笑。

「妳為我開心嗎？」她的曾曾曾外孫女高聲說道，「妳一定要，我要妳**非常**開心，我要妳欣喜若狂。」

「我虧欠她太多太多，」潘帕．坎帕納心想，「我自己的女兒臨終時這樣說過我，連帶我也虧欠了她的女兒、她女兒的女兒，一代又一代。因此我將對她有求必應，成就她的榮耀。為了她，我要站到一旁，當一個無人注意的平凡潘帕，我將學習到愛的最深層意義是棄絕，放棄自身的夢想，只為了讓摯愛的人實現夢想。此外，我已經厭倦了看著摯愛的人老去、死亡。且讓將死之人戀愛將死之人，不死之人孤獨自守。」

「我為妳欣喜若狂，」潘帕．坎帕納說道，緊緊抱住自己的外孫女，「我充滿了神聖的喜悅。」

第十六章

潘帕．坎帕納來到大市集她最喜歡的水果攤前面，品嘗今年收成季節第一顆完美的芒果，來自果阿的阿芳索芒果；這時外國人維耶利出現，大剌剌走來，彷彿整條街都是他的。他戴著一頂酒紅色軟帽，搭配一條從脖子上垂下來的圍巾。他留著濃密的紅棕色鬍鬚，顏色和他的衣服很協調。他罩衫上的圖案是一頭有翅膀、用後腿站立的金色獅子。他看起來像是準備要讓畫家繪製一幅肖像畫。他一頭長髮火紅，雙眼碧綠。

「不可能，」潘帕．坎帕納高聲說道，「但是你又出現了，第三次出現。」

維耶利——也叫「來去先生」——聽到她說話。他和毗斯納伽的每一位市民一樣，知道兩個**飛天**從天而降的故事。他對這個故事半信半疑——聽起來很像某個野心勃勃統治者捏造的傳說，用來證明自己奪權行動的正當性。此外我們也已看到，對於克里希納提婆羅耶如何成為國王，他聽說過不同版本的故事。然而當他的目光落在潘帕．坎帕納身上，他心裡想的是：「我會相信這個女人告訴我的每一件事，做到她對我的每一樁要求。」他規規矩矩鞠躬，並且回答：「如果這是第三次，我一定會記得第一次與第二次，因為這樣的邂逅不可能讓人忘卻。」

「你很會說我們的語言，」潘帕・坎帕納說道，「但你是從哪裡來的？」

「我的家鄉是平靜祥和之城、高高在上之城，」他說話習慣華麗浮誇，「橋梁之城、面具之城、沒有王公之城，也就是威尼斯共和國，地球上最賞心悅目的一座城市，但是它真正的美與最真摯的本質無影無形，只存在於市民獨一無二、多重面貌的精神之中；他們行遍世界各地，但是從來不曾離開家鄉，因為家鄉就在他們心中。」

「噢，」潘帕・坎帕納說道，「至少這回你不是葡萄牙人。」

維耶利住的地方從費爾南・帕埃斯的時代開始就被稱為「外國人賓館」，一幢石造豪宅，有向外打開的大窗，過去還有蒼翠的花園與一座甘蔗田，但如今只是一座旅店，空地被隨著城市擴張而來的新建築占滿。他邀請潘帕・坎帕納，如果有興趣，可以到賓館作客。「就連你的聲音也沒改變，」她說，「你現在留了鬍鬚，但我很確定鬍鬚下方會是同樣一張臉。我想我應該心懷感恩，你在每一個世代都會現身，讓我開心。」

「沒有什麼事比讓妳開心更能夠讓我開心。」尼科洛・德・維耶利說道。

賣水果小販室利・拉克斯曼性情溫和，大腹便便，對自家的農產品相當自豪，這時打斷兩人對話，「芒果也會讓人開心，是真的。」

「芒果會帶給我好心情，」潘帕．坎帕納說道，「給我一籃阿芳索芒果，另一籃送到這位外國男士的住所，讓他見識一下葡萄牙人的本領。」

阿芳索芒果是果阿的葡萄牙人培育出來的品種，取名自阿芳索．德．阿爾布克爾克，這位將軍在西海岸為葡萄牙建立殖民地。尼科洛．德．維耶利從室利．拉克斯曼的攤子上拿起一顆芒果，輕輕拋上空中，「葡萄牙人能做的任何一件事，」他說，「威尼斯人都能做得更好，而且穿著更優雅的服飾。」

水果攤隔壁的小販是室利．拉克斯曼的兄弟室利．納拉揚，販售豆類、穀物、大米與種子，「先生、女士，別忘了跟我做生意。」他假裝生氣，「大米也會讓人開心，種子展現土地的肥沃，還會有什麼事比這更開心。」

「今天不是買種子的日子。」潘帕．坎帕納說道，「但是你的日子將會到來。」

「儘管我可以從毗斯納伽任何一位女性得到無條件的愛，」克里希納提婆羅耶在寢宮告訴澤瑞妲．李，「我卻無法以無條件的愛回報任何一位女性。然而妳與眾不同，因為妳是從天而降，來到我的身邊。如果我能擁有一位神聖的愛人，而且不會被她的神性與力量消耗，那麼我也必須擁有一模一樣的力量。妳讓我看清楚自己的面目，因此我會永遠愛著妳。」

「謝謝你，」澤瑞妲．李回答，「我有生以來第一次有這樣的感覺，覺得自己腳踏實地，落地生根。所以，你也讓我發現了自己；因此，我會永遠愛著你。」

「所有的真愛都是自我之愛，」克里希納提婆羅耶說道，「在愛之中，對方與自我連結，與自我平起平坐。因此愛上對方也就等於愛上自我之中的對方，兩者平等，兩者相同。」

澤瑞妲·李從床上坐起來，從床頭櫃拿起一個碟子，享用一道開心果甜點。

「她什麼時候抵達？」她問，「那個醜女人？她母親也會來嗎？」

「明天。」國王回答。

「那麼今天之後，你和我再也不能平起平坐，」她說，「那是不可能的事。」

「一件事有可能既是不可能又是可能。」克里希納提婆羅耶說道，「這件事就是如此。」

「再說吧，」澤瑞妲·李說道，將國王拉向她，她的信心升高了，「你的行為將證明一切。」

室利朗格帕特塔納的蒂魯馬拉公主一點也不醜惡，她的容貌相當出眾，鼻子特別引人注目，給人驕傲甚至殘酷的感覺，曾經啟發至少一首偉大的詩歌。她抵達毗斯納伽的城門，坐在金色的王座、金色的馬車上，由十二匹金色的駿馬拖拉；她全身覆蓋金色的盔甲，在陽光下燦爛奪目。蒂魯馬拉後方站著她的父親毗羅波提亞王與母親那伽羅王后，兩人都戴上高聳的金色頭飾、寬大的金色圍巾、鑲嵌寶石的黃金腰帶。每個人都聽說過毗斯納伽君王的財富，室利朗格帕特塔納的王室要確保自家不會被當成南方來的窮親戚。

克里希納提婆羅耶在宮殿的大門等候，他的服裝風格讓遠道而來的賓客相當訝異，甚至震驚。他並沒有穿南方人熟悉、露出胸膛的服飾，而是穿一襲阿拉伯風格的**卡巴伊**錦緞長袍，戴著一頂圓錐型的波斯—土耳其風格**卡德伊**或**卡德赫**高帽子，也是錦緞布料。他身上唯一的寶石是手指上一枚代表王權的印章戒指。毗羅波提亞王控制不住自己，面對克里希納提婆羅耶繁文縟節的正式歡迎，他粗魯地伸出食指，粗魯地質問：「這是什麼鬼東西？」

克里希納提婆羅耶也生氣了，「我們的消息可能還沒傳到南部的省分，」他回答，堂而皇之地使用複數主詞，「對於我們自身的風格，我們欣然定位為印度君王之中的蘇丹。未來你的女兒將不只是一位王后，她還會是一位蘇丹后，等到我們的統治結束，德干所有五個蘇丹國都將歸屬於我們，其中兩個——畢查浦與比達爾——已經是我們的屬國，這就是為什麼——舉個例子——你在我們王宮之中的各個地方，都會看到非常優秀的**比達爾**手工藝品——以燻黑的銅與鋅做成的盒子、水煙筒與櫃子，鑲嵌精細的白銀窗格與圖案……」

「好啦好啦，可以啦，」毗羅波提亞王不耐煩地打斷，「採用穆斯林手工藝品沒問題，有何不可。但你為什麼要穿得像個穆斯林？」

「我喜歡他們的服裝，」克里希納提婆羅耶回答，「也欣賞他們的生活方式。現在，如果你允許，我想迎接你的女兒，我的未婚妻。」

蒂魯馬拉公主來到自己新家的大門口，她著名的鼻子在空氣中嗅聞，「如果我要進去，」她說，「我希望被授予蒂魯馬拉·提毗的位階。如果你是一位提婆（大神），那麼你就應該有一個女神陪在你身邊。我的母親要和我待在一起，她在這裡的身分會是那伽羅·提毗。此外，我們不會穿北方蘇丹國的服裝，不會接受阿拉伯、波斯、土耳其風格的褻瀆。」

宰相提馬羅蘇看到克里希納提婆羅耶眼中的怒火上升，連忙介入，「同意，」他很快說道，「現在，我們要開始慶祝了。」

新娘的隨從——王室金馬車後面跟著許多小型馬車——湧入王宮，圍觀的群眾傳出一些喝采聲，但是並不怎麼熱烈。這場聯姻似乎並沒有得到民意支持。當天稍晚，克里希納提婆羅耶的間諜向他回報，婚禮人員穿過人群的時候，許多人低聲說**毒藥夫人**，克里希納提婆羅耶皺起眉頭，「這就糟了。」他說。

澤瑞妲·李和國王待在他的寢宮，儘管今晚是他的新婚之夜，他應該身在別的地方，在另一張撒滿花瓣的床上，準備奪走新娘的童貞。床的旁邊焚燒香料，女僕服侍新娘換上晚禮服，將她的長髮編成辮子，塗上椰子油。樂師在遙遠的角落演奏柔和的音樂。他應該在這樣的地方接待自己的新娘。

「我很抱歉，」澤瑞妲·李說道，「我還在學習本地語言，『Shrimati』我當然知道是『夫人』的意思，但『Visha』是什麼？」

「以她的母語泰盧固語來說是『Visham』，」國王解釋，「Visha、Visham 的差別無所謂，都是指『毒藥』，所以『Shrimati Visham』的意思是『毒藥夫人』。」

「人們說的是誰？」澤瑞妲．李追問，「是媽媽還是女兒？」

「我也不清楚，」克里希納提婆羅耶說道，「我們正在祕密調查這個稱號的由來，還有形成的原因。不過此時此刻，我們還一無所知。」

澤瑞妲．李從床上坐起來，「明白了，」她說，「以後我吃東西的時候會特別小心。」

克里希納提婆羅耶親吻她，滿懷愛意告辭，到另一個地方履行新婚之夜的義務。

蒂魯馬拉．提毗與澤瑞妲．李之間立刻產生敵意，而且沒過多久就升高為公開衝突。克里希納提婆羅耶面對正宮王后的時候，幾乎是毫不掩飾自己如何偏愛二房王后。蒂魯馬拉．提毗是個自尊心很強的女人，甚至有點傲慢，國王的態度顯然對她打擊沉重，她對新家毗斯納伽的感受也越來越惡劣，充滿怨恨。她原本還期待夫婿賞識她的行政能力，讓她分擔一部分治國理政的重責大任，然而一開始並未能如願。她也期望與他並肩策馬，衝鋒陷陣，然而卻尷尬地發現國王已經選好四位戰友：左翼是優樓比二世與巨人提馬，右翼是潘帕．坎帕納與澤瑞妲．李。「如果妳堅持要隨行，」他告訴蒂魯馬拉．提毗，「我希望妳負責管理軍營、伙房與野戰醫院之類的，戰鬥的事我們來就好。」她別無選擇，只能低頭表示同意。

當時這些事情都還只是假設狀況，因為毗斯納伽並沒有與任何對手開戰。她心想自己還有時間，一旦軍事行動展開，她可以爭取到應有的地位。在這段時間，她對澤瑞妲·李的憎恨在心中化膿潰爛。

沒過多久，天神克里希納誕辰慶典到了。這位天神是在午夜降生，因此王宮的牧牛女要日以繼夜載歌載舞，為國王獻上天神嗜吃的甜點與美食：檳榔、水果和甜**希代**，一種加上石蜜的甜炸米球。**牧牛女**一個接一個把一顆又一顆米球送進國王嘴巴，直到他大喊夠了，因為沒有人能吃得下一百零五顆。最後一顆米球由澤瑞妲·李餵食，她的動作活色生香、情欲洋溢，讓坐在國王右側的正宮王后蒂魯馬拉·提毗火冒三丈，高聲說道：「搞清楚妳的身分地位，妳這個斜眼睛的外國女人！」澤瑞妲·李當著正宮王后的面大笑：「我很清楚我的身分地位，」她說，「而且我想妳的身分地位遠遠不如我的有趣。」她朝著國王的方向送了一個飛吻，退下時深深鞠躬，雙手合十。她離開之後，克里希納提婆羅耶轉頭對蒂魯馬拉·提毗說：「我再也不想聽到妳說出這種充滿偏見的話，否則我會要宮廷裁縫師把妳的嘴巴縫起來。」王后漲紅了臉，猛然後仰，彷彿被甩了一記耳光，她忍住不再多說什麼。

晚間慶典來到高潮，**牧牛女**完全遵照國王的指示，在王宮的庭院表演**拉斯里拉**舞劇。澤瑞妲·李扮演女主角羅陀，儘管她在現實生活中與這個角色擦身而過。這場表演讓人們看到她不但精通劍術，舞技也是出類拔萃。她的姿態動作勾引挑逗，對國王欲迎還拒，因此在宮中得到一個新綽號，詩人杜闍提在描寫當晚盛會的詩作中形容她是一位「捉摸不定的舞者」。「我就是以這種方式收服你，」她的舞蹈告訴克里希納提婆羅耶，「每當你以為你已經擄獲我，我就會掙脫你的懷抱，讓你對我的欲求更加飢渴迫切。」此時此刻的蒂魯馬拉·提毗，知道自己不可能做出如此既柔軟又熾烈的情欲展現，也知道澤瑞妲·李的內在力量讓她望塵莫及。她只想離開宮廷，但是礙於禮節規定只能留下，眼睜睜看著情敵在自己面前誘惑丈夫。

煙火是當年多明哥·努涅斯帶給毗斯納伽的禮物，如今工匠的技藝出神入化，煙火射入午夜高空，幻化成噴火龍一般的怪物，與天神交戰並慘遭屠殺；還有巨幅圖畫在夜空中呈現克里希納與羅陀相會，綻放出一系列既火辣又溫柔的擁抱。這一幕壓軸好戲落幕之後，國王站起身來，感謝所有娛樂他的人，「這是我有記憶以來最棒的生日。」他說道，一個人退下，完全不管怒火中燒的蒂魯馬拉·提毗與她脾氣同樣火爆的母親那伽羅。從兩人的眼神中彷彿可以看到魔龍煙火的舞動，還有魔鬼身影的迴旋。

「妳聽到了嗎？」蒂魯馬拉·提毗對母親說道，「他想像今天是他的生日，彷彿他就是天神克里希納，不再只是肉身凡人。難道他真的相信自己是偉大天神降生人世？」

「恐怕是的，親愛的，」她母親回答，毫不在乎自己的聲音有多大，會讓宮廷在場的人聽得一清二楚，「妳那地位崇高的丈夫克里希納提婆羅耶，可能有一點瘋狂。」

宰相提馬羅蘇走上前來，「兩位女士，在這麼吉祥的日子說出這麼不吉祥的話，相當不明智。我建議兩位回到寢宮祈禱，希望得到原諒。我相信國王會寬宏大量，妳們的祈禱會得到回應。」

兩位女士回到室內。後來有人聲稱聽到母親對女兒說：「除了祈禱之外，我們還有其他辦法達成目標，達成心願。」但這樣的說法至今缺乏佐證。

澤瑞妲・李沒有說錯（潘帕・坎帕納寫道）

當她說自己必須小心

自己吃下肚子的東西。

食物既可以延續生命，

也可以用來終結生命

如果處理的人有問題。

毗斯納伽王宮毒殺行動第一個受害者是一位宮廷詩人，潘帕・坎帕納對此深信不疑，而且在書中認定那伽羅・提毗與蒂魯馬拉・提毗就是凶手，儘管蒂魯馬拉・提毗其實和克里希納提婆羅耶一樣熱愛詩歌。在宮廷中，克里希納提婆羅耶對「八象」——八位大詩人——賜予榮華富貴，形容他們的天才有如神話中的大象撐起天空。「八象」之中包括阿拉薩尼．佩達納與泰納利．羅摩兩位大師；命運多舛的詩人杜闍提、克里希納提婆羅耶本人——有人認為這證明了國王的日益妄自尊大。蒂魯馬拉．提毗嫁到毗斯納伽時也帶了一位詩人穆庫．提馬納同行，他的名字意為「鼻子提馬納」，這是因為他最有名的詩正是我們引述過的那首，讚頌一位女性鼻子之美，而且蒂魯馬拉．提毗有理由相信詩中主題正是她那無比明顯的臉部特徵。克里希納提婆羅耶同意將鼻子提馬納列入偉大詩人行列，儘管這樣就必須捨棄數字「七」的神祕力量；正因如此，得到表揚的詩人是「八象」而不是「七象」。

然後杜闍提死了。一天晚餐過後，他在自己的住所緊緊抓住肚子，死亡後被人發現時仍然保持這種姿勢，嘴角冒出泡沫。沒有人願意言之鑿鑿指稱他是遭到謀殺——誰會想謀殺這樣一位廣受愛戴的人物？醫界的共識則是他體內某處破裂，釋放出致命的毒素。這種事情時有所聞，讓人非常悲傷，但是也無可奈何。之後，大詩人的榮銜再度成為「七象」。迷信一點的人們甚至會相信「八象」違反了自然界的秩序，因此自然界的秩序採取行動，撥亂反正。

潘帕．坎帕納還記得杜闍提最後的作品，一首美好的長篇詩歌，描述天神克里希納誕辰那天晚上，「捉摸不定的舞者」澤瑞妲．李在國王面前翩翩起舞，激怒正宮王后。潘帕自問有可能嗎？詩人因為過度讚美不該讚美的王后——不知檢點的二房王后，因此遭到可怕的報復？這是不是一種警告，警告澤瑞妲．李要收斂言行，徹底接受自己低人一等的地位？「毒藥夫人」的耳語一直在市集間流傳，隨著杜闍提的死亡，耳語變得更為響亮，潘帕．坎帕納也開始相信。但是當時，如果要她面見國王、指控正宮王后，她很難做到。

不過國王自己也起了疑心。

情勢快速明朗，蒂魯馬拉．提毗不僅是與二房王后澤瑞妲．李爆發衝突，扮演**牧牛女**的那一整群女性也與她為敵。有一天她直闖**後宮**，準備質問正在尋歡作樂的國王，**牧牛女**一看到她就鳥獸散，「這種不入流的樂園，模仿聖羅勒森林，到底是在做什麼？」蒂魯馬拉．提毗質問，「也許你太著迷穆斯林文化了，妻妾成群，七層天堂的天使，『不曾被男人或精靈碰過的』**天堂美女**。你應該穿男人該穿的衣服，丟掉這些娘娘腔的垃圾。」

克里希納提婆羅耶毫無悔意，「妳自己的父親也是妻妾成群，」他說，「這與印度教徒或者穆斯林無關。我為了向天神克里希納致敬，才會在毗斯納伽重建祂的樂園。」

「你知道我心目中真正的樂園嗎？」蒂魯馬拉問他，揭示出一種與潘帕．坎帕納如出一轍的思維，「那樣的地方或者時代，一個男人只需要一位妻子。」

「對大部分人們而言，那種樂園已存在多時，」克里希納提婆羅耶回答，「它叫做貧窮。」

「也許我們應該將它改名，」正宮王后說道，「把它想像成一種財富，也許你，再多女人也不夠的你，才是真正的窮人。」

「我曾聽說妳是一個爭強好辯的人，」國王說道，「我喜歡，請繼續。」

「你先把衣服穿整齊，」她告訴他，「然後我們再來對話。」

「順便一提，」國王在她準備離開時說，「妳應該聽說可憐的杜闍提已經死了。」

「是的，」她聳聳肩，「他體內有東西破裂，可能是心臟。你也知道人們如何形容詩人：他們從出生的第一天就開始哀悼，最終都會死於悲傷，因為任何人的愛都無法滿足他們。」

「人們還說了其他的事情，」國王說道，「在妳和妳母親經過的時候，人們會耳語**毒藥夫人**。」

「人都有一死，」她回答，「窮人會把任何死亡都當成謀殺，但我只看到命運，稱之為『業力』，那才是正確、恰當的說法；但是如今你穿著穆斯林的服裝，說著烏爾都語，大概會稱為『宿命』。」

「給妳一個建議，」國王說道，「下毒者往往最後會自食其果，這一點妳可以想想看。」

「你的二房王后才是毒藥，」蒂魯馬拉．提毗高聲說道，抬頭挺胸，快步離開，「那個外國人，如果你擔心毒藥的事，她才是你該擔心的人。」

「外國人」澤瑞妲．李到「外國人賓館」拜訪潘帕．坎帕納。她乘坐一輛銀色馬車，帶著隨從與侍衛，但她一個人踏進賓館，而且造訪期間的身分只是家族的一個孩子，不再是二房王后。她發現潘帕．坎帕納也是一個人，蜷縮在一個靠窗的座位上，看著窗外城市的熙熙攘攘，整個人籠罩在悲傷的氛圍之中，彷彿覺得自己的時代已經過去，雖然住在愛人的家裡，但那只是一種消磨時間的方式，無聲無息爬行過去的時間。「他沒有什麼特別的，」她對自己坦白，「他的頭髮有如一團美麗的火焰，眼睛有如寶石，施行讓人感覺舒服的老派禮節。然而他只是她另一段人生另一個男人的仿製品。事實上，他模仿的男人也是另一個真實男人的仿製品。我的年紀太大了，不能再去愛上一個仿製品的仿製品，就算他擁有恰當的頭髮、眼睛與禮節，做愛的方式一如我的記憶、我的喜好，差別只在不是葡萄牙人。我看過原版的人，聽過原版的愛的音樂，回音的回音無法讓我滿足。尼科洛很討人喜歡，身為威尼斯人見過世面，就像他說的。然而歸根究柢，他無關緊要。」

這時她又心想：在那麼多個年頭之後，隨著我即將迎來第兩百個生日，也許我也已經是無關緊要。

「曾曾曾曾外祖母，」澤瑞妲．李說道，「妳想要什麼？」

「我想要兩件事情，」潘帕．坎帕納回答，「第一件事，我希望妳能夠得到妳想要的。如果你想要的是國王，以及伴隨他而來的一切，那麼我必須幫助妳完成願望，長長久久，不要在厭倦生命之前死於中毒。」

她從窗邊的座位站起來，招招手要澤瑞妲．李跟著她走，「毗斯納伽附近的森林與阿蘭尼耶尼的魔法森林不同，」她說，「然而我成長的地方——毗德薩伽的山洞——周遭的森林也不一樣。那地方的平凡森林為他提供他需要的一切，這裡的森林對我的目的而言已經足夠。當妳忙著在宮廷勾心鬥角的時候，我經常到這裡的森林進行採集。」

「採集什麼？」澤瑞妲．李問道，潘帕．坎帕納志得意滿地笑了，「毗德薩伽是一個更多面向的人，」她說，「他有智慧，受到許多人景仰；他懂政治，工於心計，也因此讓許多人畏懼；他會在夜裡做一些事，我永遠無法原諒，但是我把那些記憶鎖進一個房間，房間藏得如此之深，有時候連我也迷了路，丟了鑰匙，今天也沒有必要去找那把鑰匙。此外，他還有一些面向，我們可以利用；我應該說，妳可以利用。」

她們來到潘帕．坎帕納的房間，角落裡有一個小小的陶壺，頸子細長，看起來像隻昂首闊步的公雞。「維耶利告訴我，這把陶壺是千年古物，在出產它的國家，人們用它來盛裝落敗敵人的鮮血。他拿給我的時候，壺裡仍然有乾涸的血漬。毗德薩伽曾經教導我，這種血如果加上適當的藥草，製成飲品，會讓飲用者從此百毒不侵。」

「一種解毒劑。」澤瑞妲．李懂了。

「我去採集藥草，」潘帕．坎帕納說道，「將它們壓碎，丟進細長的頸子中，在火爐上加熱，唸頌毗德薩伽教我的咒語，現在已經完成。」

她在陶土公雞壺旁邊擺了一只木碗，抓著壺頸拿起來，砸碎在木碗中，濃稠的深色液體從碎片中汩汩流出。

「妳說這陶壺有一千年歷史，」澤瑞妲．李感歎，聲音中有一絲驚訝。

「是的，」潘帕．坎帕納說道，「它等待了許久，終於完成自身的使命。」她察覺澤瑞妲．李不以為然的神情，「一大把年紀，」她酸溜溜地說道，「現在可無法讓妳享受特權。我過去也做過陶壺，要我摔碎一個陶壺可不是容易的事。」

她將濃稠深色液體舀入一個玻璃瓶中，用小小的軟木塞封住瓶口，「把它掛在脖子上，」她說，「用餐前找人試吃，做好各種防範措施，但如果還是抵擋不住，當妳覺得毒液已進入體內，趕快喝一口。不必喝太多，幾滴就可以救命。」

「我要怎麼知道食物或飲品有毒？」澤瑞妲．李問道，「強烈的味道可以蓋過毒液的滋味，不是嗎？」

「妳的身體會告訴妳，」潘帕．坎帕納回答，「身體受到威脅的時候會發出警訊；當訊號出現，妳自然會知道。當然，我希望這種狀況永遠不要發生。」

「妳的第二個願望呢？」澤瑞妲．李追問，將小玻璃瓶掛在脖子上，塞進衣服裡，「妳願意告訴我嗎？」

「妳在說什麼？」潘帕．坎帕納反問。

「妳剛剛說妳想做兩件事？」澤瑞妲．李提醒她，「第二件事什麼？」

潘帕．坎帕納沉默了許久，終於做了決定，娓娓道來。

「我是毗斯納伽的母親，」她說，「每一件發生在這裡的事，都是因為我而發生。我的種子催生出人民，我的技藝讓城牆升起，我曾經坐在兩位開國君主旁邊的王座上。我還想要什麼？我想要人們認識我的本來面目，我不想再當隱形人，我想要人們看見我。」

澤瑞妲．李非常認真、全神貫注地聆聽，然後回答：「我會和他商量，我會解釋。當他開始相信，將會非常震驚。我確信他一定會歡迎妳進宮，讓妳擔任最高階的職位，甚至高出正宮王后。但是有一件事情比我更能夠說服他，妳知道是什麼嗎？」

「不知道。」潘帕．坎帕納回答。

「更多的城牆。」澤瑞妲．李說道。

在數字「七」的神祕力量影響之下，克里希納提婆羅耶做出決定，日益擴張的城市需要七道而不是一道城牆環繞防守。城市的人口直線上升，原有的城區已經容納不下，防禦工事之外出現一個又一個新聚落，當地居民無法抵擋外來攻擊，非常需要新的城牆。

「我讓第一道城牆升起，已經是很久以前的事了，」潘帕．坎帕納說道，「那時候的我遠比現在年輕、強壯，而且後來我還與粉紅猴子打了一仗，幾乎喪命，一直沉睡到妳來喚醒我。的確，我們化身為鳥類飛到這裡，但是就連這項本領也已經用完，我不知道自己還有多少能耐，能不能建一道牆都有疑問，更別說是增建六道牆。」

「試試看吧。」澤瑞妲．李說道。

第二天，潘帕．坎帕納拜訪室利．納拉揚，買了一大袋綜合種子。「夫人今天不買水果嗎？」室利．納拉揚的水果小販兄弟室利．拉克斯曼隔街叫喊，「芒果李快過了，夫人，最好趁現在就買，免得來不及。」

為了讓他高興，潘帕．坎帕納買了兩顆芒果，放進袋子裡。室利．納拉揚氣沖沖地說：「他的甜言蜜語本領比我厲害，」他說，「但是這裡的土地硬如岩石，怎麼可能種出芒果？」

「芒果種子不只會長出芒果，」她說，「你的種子也是如此。」

她離開之後，兩兄弟搔頭不解。

「那是什麼意思？」室利．納拉揚狐疑。

「都是些胡說八道。」室利．拉克斯曼回答，「這位女士人很好，但是有時候我擔心她有一點不太正常。」他敲敲自己的腦袋，強調自己的用意。

潘帕．坎帕納早早入睡，尼科洛．德．維耶利稍晚躡手躡腳上床，沒有驚動她。天還沒亮，她醒過來，偷偷摸摸走出房間，沒有吵醒他。黎明時分，她行經城門，打著赤腳，身上只披著兩塊手織布，額頭畫上表明使命必達的記號，肩上斜背著一個粗麻布大袋子，裡面裝滿了種子（還有幾顆芒果）。她一個人來到岩石纍纍的棕褐色平原，抬頭看看周遭的山丘，彷彿是要讓它們知道，它們即將經歷一場偉大的變化。然後她走向虛空，接下來許多個星期，沒有人看過她。後來她在《闍耶帕羅闍耶》中描寫自己漫長蜿蜒的旅程：穿越平原、登上丘陵、走下山谷；她也描述自己如何一邊跋涉、一邊吟誦歌詠。

是的，土地貧瘠荒蕪，（她寫道）
但歌曲讓果實成長
就算來到荒蕪沙漠
歌曲的果實會成為
這世界的偉大奇蹟。

終於，她下山回到廣大的毗斯納伽平原，她的皮膚布滿沙塵，雙脣乾裂。黎明再度降臨，山丘的陰影退卻，陽光流洩到她身上，有如一道熱量的河流。潘帕．坎帕納紋風不動站立了七個小時，不在意汗水開始從頭頂流下，皮膚上的沙塵化為泥漿；熱量在空氣中閃爍，拍打她的耳膜有如擊鼓。七個小時之後，她閉上眼睛，高舉手臂，她的奇蹟登場。

石牆從四面八方升起，升起的地方正是她埋下種子的地方，沿著河岸，穿越平原，上下地形險峻的山丘。河水沖刷石牆，石牆君臨平原，毗斯納伽城市周遭的山脈讓新防線高聳摩天。防線上設有瞭望台，等待哨兵進駐；有雉堞的防禦工事只缺弓箭手、大砲與熱油鍋。城門固若金湯，足以抵擋噸位最重的攻城衝車。從那一天直到末日之前，沒有任何一個敵人曾經踏上帝國的心臟。敵人在末日那天侵門踏戶，只因為人們喪失希望。唯有絕望才會讓城牆傾頹崩塌，但絕望要在許多年之後才會降臨。

六道新出現的環狀高聳城牆，誕生自魔法種子；全部七道環狀城牆：**世界奇蹟**。

城牆持續上升，直到日落仍未停止，一直進行到深夜。毗斯納伽的人們等不及奇蹟完成，就已經蜂擁而至，有人步行、有人騎馬、有人坐車，對上升中的城牆日瞪口呆。國王親自騎馬出城，同樣不敢置信。潘帕．坎帕納獨自站在毗斯納伽大平原的中心，雙眼緊閉，雙臂高舉。一開始的時候，沒有人將這位女苦行者與上升的石牆聯想在一起。人群愈聚愈多，無知地推擠著潘帕．坎帕納。但她仍然站在那裡，不出聲、不睜眼地指揮巨大的壁壘步步高升，一塊石頭接著一塊石頭，排列得整整齊齊。城牆平整光滑，彷彿有一大群無影無形的幽靈石匠正在工作，憑空召喚石塊來到，以不可思議的速度進行。太陽在七道環狀石牆的後方落下，毗斯納伽的民眾既畏懼又喜悅，男男女女見證奇蹟從諸神的世界跨越邊界，進入人們的日常生活，讓女女男男看到那道邊界並不是無法穿透，奇蹟與日常生活是一體的兩面，我們自身正是我們追尋膜拜的神祇，我們能夠締造偉大的事業。

澤瑞妲·李與國王並肩策馬出城，晚間，她看到民眾開始推擠一個身形嬌小、高舉雙臂的女人，立刻快馬加鞭過去保護潘帕·坎帕納，「退後！」她高喊，「你們看不出來是她締造這一切的嗎？」

石牆奇蹟過後，整個毗斯納伽都相信潘帕·坎帕納法力高強，至少明白自己所在的城市是由她播種、由她催生；他們也知道古老的神話其實是事實。從賣她種子的室利·納拉揚、他那甜言蜜語的水果小販兄弟室利·拉克斯曼到尼科洛·德·維耶利——她締造奇蹟之前睡在他的床上，每一個人都心懷敬畏。國王本人不得不承認，在整個帝國之中，除了他之外，還有別人也曾經被天神或女神加持。澤瑞妲·李對他講述潘帕·坎帕納的真實故事，一如當初別人對她的講述，這回克里希納提婆羅耶不再嗤之以鼻，故事的證據就在四面八方，以石材打造。

「我得到她的榮耀庇佑，」他說，「我的榮耀也將相得益彰。」

終於，午夜時分，潘帕·坎帕納雙膝跪下，筋疲力竭，向前仆倒，昏迷在沙塵之中。她被國王的馬車載回毗斯納伽，國王與澤瑞妲·李騎馬陪伴，宰相提馬羅蘇也一路跟隨（蒂魯馬拉·提毗留在寢宮中生悶氣，知道自己對宮廷的影響力將大打折扣）。她被帶進專門接待來訪國王與王后的房間，躺在床上，澤瑞妲·李睡在旁邊的地板上，不敢熟睡，一手按著劍柄：有如一頭臥虎，隨時準備殲滅來犯的敵人。

潘帕．坎帕納睡了一個月才醒來，澤瑞妲．李仍然陪在身旁，用水滋潤她的嘴唇，一如上一回她長期沉睡的時候。

「城牆都豎立起來了嗎？」潘帕．坎帕納問道，澤瑞妲．李回答是的，城牆高大而堅實，潘帕．坎帕納微笑點頭。

「現在我可以晉見國王了。」她說。

她走進王座大廳，腳步還有些不穩，一隻手搭在澤瑞妲．李的肩膀上。克里希納提婆羅耶從雄獅王座走下來，雙膝跪下，親吻她的雙腳，向在場的妻妾與朝臣以及王宮之外的整個帝國傳送一個訊息。「請原諒我，母親，」他說，「過去的我太盲目所以看不見、太耳聾所以聽不到；但是現在我的耳朵已經打開，我的眼睛看見真相，妳不只是一位**飛天**，儘管**飛天**也是奇蹟。我現在明白，女神就存在妳身上，從將近兩百年前妳催生我們的世界以來一直支持著妳。妳的青春與美麗彰顯了神聖的支持力量。從現在開始，妳會被稱為我們所有人的母親、帝國的母親，妳的位階將高於每一位王后。我將興建一座神廟，日復一日膜拜與妳同在的女神。」

「我不需要任何位階、王冠或神廟，」潘帕．坎帕納說道，聲音相當微弱，但是她控制住不致發抖，「我也不需要人們的膜拜。我只想要被人知曉，那樣就夠了。或者也容許我和宰相提馬羅蘇共事，為榮耀鼎盛的帝國提供建議與指引。」

「太好了，」國王說道，「讓榮耀鼎盛的時期開始吧。」

「關於這個問題，」蒂魯馬拉．提毗插嘴，走上前來跪在國王跟前，「請容我以至高無上的喜悅稟報陛下，我非常榮幸已經孕育您的第一個孩子。」

澤瑞妲．李臉龐漲紅，也走上前去，將潘帕．坎帕納留在後面，站在克里希納提婆羅耶前方（相較於對手的卑躬屈膝，她的拒絕下跪是一種無聲但輕蔑的批判），「關於這件事，我有話要說，」她告訴國王，「您一定會非常高興知道，我也懷孕了。」

第十七章

好傢伙！蒂魯馬拉．提毗與澤瑞妲．李的懷孕競賽就像貓鼬惡鬥眼鏡蛇，真是俗話說得好。接下來的幾個月裡，宮廷——以及宮廷之外的帝國各地——陷入激烈混亂的猜測、爭辯與猶豫。如果澤瑞妲．李生兒子但蒂魯馬拉．提毗生女兒該怎麼辦？王宮裡的權力均衡會出現什麼變化？如果她們兩個人都生兒子或者都生女兒呢？那個棘手的老問題——讓潘帕．坎帕納縈繞心頭——是不是又會再度浮現：女性的王位繼承權？這些辯論會引發什麼樣的意外結果？生孩子像抽大獎，如果蒂魯馬拉．提毗因此失去正宮王后的地位，會不會影響毗斯納伽與她父親——室利朗格帕特塔納的毗羅波提亞王——的結盟關係？如果毗羅波提亞王毀棄盟約，帝國南疆的防衛是否會大幅削弱？如果毗斯納伽必須全力對付南方的麻煩，北方的五個蘇丹國是否會趁虛而入？在迪瓦尼戰役慘敗的比達爾與畢查浦是否會東山再起，與哥康達、加賈帕提、貝拉爾結盟，重建如今四分五裂的哲弗拉巴德軍團，發動危險的聯合作戰？什麼樣的立場最為適當？朝臣應該如何選邊？或許不選邊才是最佳策略？蒂魯馬拉的手下有可能傷害澤瑞妲・李嗎？反過來看呢？噢，這世界一下子充滿了不確定性！這個懷孕的難題是不是上天降下的試煉？人們要如何才能通過試煉、討好眾神？宰相提馬羅蘇對此有何意見？為什麼國王本人保持沉默？如果連帝國的領導階層都無法提供指引，人民怎麼可能知道如何是好？

在這幾個月裡，兩位處於事件核心的女士保持禮貌但冷若冰霜，誰都看得出來她們的關係，尤其是國王的妻妾們。蒂魯馬拉・提毗得知澤瑞妲・李會害喜，於是送上一劑沒有名稱的飲品，聲稱對二房王后的腸胃問題一喝見效。澤瑞妲・李將瓶中液體倒進寢宮裡的一株開花盆栽，讓大家看到盆裡的花朵立刻枯萎死亡。不久之後，澤瑞妲・李聽說蒂魯馬拉・提毗變得非常愛吃甜食，儘管體重直線上升，還是抗拒不了誘惑。於是二房王后立刻為正宮王后送上一籃又一籃世上最誘人的甜點，有邁索爾的帕克與科祖卡塔、果阿的貝賓卡、坦米爾的阿迪拉薩姆，甚至還有來自遠方的異國甜食：孟加拉的桑代希與德里蘇丹國的古吉亞。澤瑞妲・李一天送一籃，連送幾個星期，蒂魯馬拉・提毗的腰身越來越粗，對情敵的憎恨也越來越深。

克里希納提婆羅耶非常信任的宰相薩盧瓦・提馬羅蘇私底下建議國王，不要做任何事讓正宮王后有被打壓的感覺。就算澤瑞妲・李生了兒子、蒂魯馬拉・提毗生了女兒，也先不要冊封二房王后的兒子為王儲，而要再給蒂魯馬拉・提毗更多機會；她如果能夠生出兒子，不論是什麼時候出生，都應該列為第一順位繼承人。

克里希納提婆羅耶搖搖頭，「那樣做不太對。」

提馬羅蘇斗膽反對，「陛下，您的意思應該是不太公平，我也敢說確實不公平。然而身為國王，有時候就是必須採取會導致不公平的行動。」

「我們去請示帝國的母親，看她是否同意。」國王回答。

潘帕·坎帕納很不舒服。自從施行石牆奇蹟之後，她一直覺得暈眩，骨骼作痛，牙齦不適。「妳需要休息，」澤瑞妲·李告訴她，「妳的狀況不太對勁。」但其實潘帕內心深處知道，現在的她正處於她該有的狀況，一個年邁長者該有的感覺。有生以來頭一回，她感覺自己垂垂老矣。

她並沒有回到尼科洛·德·維耶利的住所，直覺告訴她，無論接下來她是恢復體力與目的感，還是逐漸消逝在虛無之中，她與「來去先生」在一起的日子已經結束。她傳訊息給水果小販室利·拉克斯曼，請他送一些阿芳索芒果到「外國人賓館」，信差還帶了一張蠟封的紙要他放在芒果中，那是她與威尼斯人之間的悄悄話。「這是最後一批阿芳索芒果，」紙上寫著，「芒果季要結束了。」維耶利收到禮物，讀了訊息，理解這就是她說再見的方式。他立刻收拾行囊，不到二十四小時就永遠離開毗斯納伽，前往他永無止境旅程的下一個目的地；帶著她的話語和他的情愛回憶，兩件他一直背負到生命盡頭的包袱。他是進入她生命的最後一個外國人，她生命故事的這個面向也即將畫下句點。

她留在接待來訪君王的寢宮之中，但是深深退回自己的世界，完全無視於房間布置有多富麗堂皇：帝國征服比達爾之後得到的石器與白銀水煙壺；朱羅王朝將濕婆呈現為納塔羅闍——舞蹈之王——的青銅雕像；獨具一格的毗斯納伽畫派作品，畫家最有特色的主題既不是天神也不是君王，而是尋常百姓——他們總是在工作，好不容易才能休息。面對這一切，潘帕·坎帕納有如暫時失明，彷彿她還待在當年與毗德薩伽同住九年的簡樸山洞，或者她和女兒在阿蘭尼耶尼森林搭建的叢林小屋。她變得沉默寡言，迷失在自己的思緒中，一天到晚欲罷不能地檢視自己的臉龐、雙手與身體；她的骨頭已經讓她感覺老邁，現在她想知道自己的外貌是否也終於老態畢露。

她告訴自己，不應該像那些虛榮淺薄的傻瓜，擔心白髮與皺紋一一出現。她的力量是蘊藏內在，不是流露外表。——的確如此，她回答自己，如果她外表像個醜老太婆，國王恐怕也會對她另眼相看。——也許是吧，她反駁自己，但國王可能會更重視她、尊敬她，那是對待長者應該要有的態度。也許她的權威將因此更上層樓。

但其實她看不出歲月在自己皮膚留下的痕跡，女神的青春贈禮顯然還沒有消失，至少外表是如此。至於內在，她開始感覺兩個世紀生命年復一年累積的重量。至於內在，她開始感覺自己已經活得太久。

澤瑞妲．李前來探視，大腹便便，怒氣沖沖。懷孕對她而言相當折磨，各種難受的症狀紛至沓來，不過這倒不是她心緒惡劣的原因。「國王想見妳，」她告訴潘帕．坎帕納，聽起來喘不過氣，同時也怒火中燒，「妳必須立刻動身。」

「什麼事情？」潘帕．坎帕納問道。

「事情就是，他希望由妳決定我的孩子會不會成為大人物、在這個該死的帝國有重要性可言，或者像垃圾一樣被棄擲一旁。」澤瑞妲．李回答，「為了讓我做好準備，能不能告訴我，妳打算如何回答這個問題？」

潘帕．坎帕納告訴她，自己與國王的談話恐怕不會讓她開心。

「帝國的母親」如今備受尊重，讓她很不習慣。上回她以「二度王后」的身分行經王宮，已經是很久以前的事了。與人們對國王的畢恭畢敬相比較，現在她得到的尊重更為深刻。她知道這是一種崇敬，當年她的對頭毗德薩伽在全盛時期也曾享有如此待遇。她不確定自己是否喜歡受人崇敬；然而老實說，她同樣不確定自己是否不喜歡這樣的待遇。她的身體仍然虛弱，進入王座大廳時得倚靠皺著眉頭的澤瑞妲．李，朝臣紛紛匍匐行禮，一波接一波有如海水退潮。克里希納提婆羅耶在雄獅王座等候，她走上前，國王與宰相提馬羅蘇都跪下來觸碰她的雙腳。蒂魯馬拉．提毗聽聞潘帕．坎帕納即將裁決兩個未出世孩子的命運，立刻拖著懷孕的身體趕往王座大廳，打定主意要推翻任何不合她心意的裁決。她拒絕卑躬屈膝，也不觸碰潘帕的腳趾。她直挺挺站著，臉色陰沉，有如一名復仇天使。澤瑞妲・李與蒂魯馬拉・提毗四目相對，兩個女人誰都不肯轉頭，她們的視線有如一道致命的火線。

「喔，喔，看來大家的情緒很激動，」潘帕・坎帕納輕鬆說道，「我們冷靜一下。我的裁決如下：現在就要決定王位繼承問題未免荒謬可笑，因為兩位候選人根本還不知道如何呼吸這世上的空氣或臭氣。他們兩人誰最適合統治國家？這個問題我們等大約十八年之後再提出來，到那時候也許我們會有答案，到那時候我們再來爭論女孩或男孩的問題。」

對於這樣的答案，沒有人滿意，許多人困惑。蒂魯馬拉・提毗與澤瑞妲・李大聲嚷嚷，要求國王表明立場；朝臣各為其主，爭論不休。克里希納提婆羅耶不知道該如何看待潘帕・坎帕納的裁決。宰相提馬羅蘇力挺蒂魯馬拉陣營，在國王耳邊急切耳語。

潘帕・坎帕納再度開口：「我們的國王身體健康，完全掌控自己的心智與精神，也完全掌控帝國，」她說，「我們卻為兩個未出生的孩子浪費時間，這實在荒謬。依據一千五百多年前偉大的阿育王——這個名號的意思是「無憂」——留下的教誨，我們現在唯一要關心的是如何為全體人民帶來最大的福祉與幸福。等到我們盡了全力打造出一座塵世的樂園，一個無憂無慮的地方，我們再來討論誰最適合繼位來保衛這座樂園。」

「阿育王是佛教徒，」蒂魯馬拉・提毗說道，「他不信奉我們的神祇，反而崇拜一個放棄王位的人，我們如何能夠信賴這樣一個古老帝王？」

「阿育王是我們這塊土地的心臟，」潘帕．坎帕納回答，「如果妳不認識心臟，妳將無法瞭解身體。」

蒂魯馬拉．提毗並沒有進一步爭論，但是後來當災難降臨，她率先指稱那是諸神對潘帕．坎帕納的審判，不僅審判她的糟糕建議，更審判她的「褻瀆」。

毗斯納伽帝國的二房王后、克里希納提婆羅耶大帝最寵愛的妻室澤瑞妲．李，在分娩時過世，兒子也死產。一個星期之後，蒂魯馬拉．提毗也分娩，也是兒子，也是死產，但她存活。對毗斯納伽的每一個人而言，這場三重悲劇猶如預示了大難臨頭。在其他國家看來，它代表毗斯納伽帝國走向衰弱。克里希納提婆羅耶下令不准任何人進入王座大廳，整整四十天不曾現身，據傳他除了提馬羅蘇之外誰都不見。蒂魯馬拉．提毗有母親安慰陪伴。潘帕．坎帕納要求離開王宮，獨自哀悼她的曾曾曾外孫女，她最後的血脈。當時的情勢就像是帝國的頭被砍下，身體動彈不得；毗斯納伽的敵人蠢蠢欲動，準備入侵。

澤瑞妲．李的遺體被火焰包圍，在潘帕．坎帕納內心引發一場洪水。她失去了那麼多人，卻一直無法好好哀悼，這樣的缺憾終於追上她，所有尚未處理的悲傷將她淹沒。她要求國王讓她手持竹竿，擊破澤瑞妲．李的頭顱，釋放她的靈魂；儘管傳統上這是男人的工作，國王仍然開恩准許。執行過這項儀式之後，潘帕．坎帕納昏迷倒地，被人抬回住所休息。這幅景象再一次讓人們議論紛紛，對於毗斯納伽與它的盟友，它顯示了毗斯納伽廣受讚譽的寬宏心態；也代表毗斯納伽在誕生之初提高女性價值、推動女性參與各行各業的計畫，在現任國王領導之下獲得新的動力。國王早年關於「帝國全境將會建立愛的統治」的承諾並不是空口說白話。然而在毗斯納伽的敵人看來，這又是一個國勢中衰、權力中樞崩解的徵兆。

那個年代的世界就是如此，悲劇催生出軍隊；個人對災難反應——悲傷心碎、寬宏大量、陷入昏迷——的象徵或者寓言意義，將被送上戰場接受試煉。每一件事都是徵兆，徵兆會引發眾說紛紜的詮釋，唯有戰場——唯有力量——能夠決定哪一種詮釋最為真實。

對於這一點，克里希納提婆羅耶比任何人都清楚，他透過宰相提馬羅蘇下達命令，大軍準備參戰。

潘帕．坎帕納從昏迷中醒來，面對新的現實。澤瑞妲．李走了，潘帕的希望破滅，再也無法孕育新的魔法女性血脈。未來屬於蒂魯馬拉．提毗，她走出自身的悲傷之後，必然會有更多機會為國王生育，其中必然至少會有一個男孩，而且能夠存活。舊有的秩序不會改變，儘管克里希納提婆羅耶功業輝煌，贏得許多場戰役，但是他不會成為潘帕．坎帕納女性後裔期望的人。

毗斯納伽全體民眾大受震撼，一位王后與兩位可能的王位繼承人先後死亡。克里希納提婆羅耶這時照理說應該要整軍備戰，然而他脫掉平時習慣穿著——蒂魯馬拉．提毗和母親非常看不順眼——的「蘇丹」服飾，換上兩匹樸素的布，那是乞討者與苦行僧的穿著。他將自己封鎖在猴子神廟當中，跪在地上，專注祈禱，尋求猴王哈奴曼的指引。整座城市屏住氣息，等待他的現身。

就像這樣，過了幾天。

一天清晨，黎明之前，潘帕．坎帕納被一個緊張的女僕叫醒，告訴她國王在她房間外面等候，身上依舊穿著半裸的乞丐裝。「請他進來。」她吩咐，一邊整理服裝，起床準備迎接國王。

國王走進房間，不讓她跪下或者做出任何恭敬的姿態。「我們沒有時間，」他說，「我有很多事要跟妳談。在神廟裡的時候，當我閉上眼睛，等待猴王哈奴曼賜給我答案，我只看到妳的臉龐。我終於明白，只有妳才能夠給我指引，因此我必須為妳獻上一份新的、更深沉的愛，不是一般的男歡女愛，而是信徒見證神蹟顯現之後流露的崇高的愛。」說完之後，反而是國王跪下來，觸碰她的雙腳。

情勢發展如此快速，讓潘帕．坎帕納感到困惑。「這太快了，」她說，「我們現在應該全心全意哀悼死者。愛情宣示，無論是崇高或者低下，都應該再等一段時間。陛下，您剛才說的話很不恰當。」

「我想妳的意思是，我說的話在這裡不恰當，在王宮的迴廊不恰當，在城市的街道不恰當。」克里希納提婆羅耶回答，「但是一位國王為了鞏固王權，有時必須違反常情常理。我沒有時間可以浪費，正遭逢一生的重大考驗。我預見未來幾年的日子裡，我將處處濺血，能在家鄉平靜度過的夜晚少之又少。我希望當我出門在外，妳能擔任攝政王后，我在神廟看到的景象就是這個意思，因此我們必須立刻結婚。是的，妳會成為二房王后，填補那個職缺，然而在其他任何一方面，妳都是至高無上。蒂魯馬拉·提毗聲稱她有行政才能，也許真的如此，但是我要拔擢妳在她之上，提馬羅蘇也同意我的說法。妳明白國家需求高於社會傳統，國王必須當斷則斷，當愛則愛，不能延誤時機，或者等候人們的認可。妳是我的榮耀的化身，必須代替我進行統治。蒂魯馬拉有許多好的特質，但她並非榮耀。」

「用『愛』這個字眼很奇怪，」潘帕·坎帕納說道，「它和許多與愛完全無關的字眼混用。還有一件事，你是澤瑞妲·李的愛人，因此你與我無緣，那樣太不恰當了。因此，我會與你結婚，在你遠行時統治毗斯納伽，但是也就到此為止，我們要分床睡。」

潘帕·坎帕納心中暗潮洶湧，她虧欠澤瑞妲·李**太多**，曾經將自己的夢想束諸高閣，只為了讓年輕女孩能夠圓夢。但是現在女孩已經離去，潘帕得到**應有盡有**的第二次機會，而且推送的力道比第一次更強大。自從她升起城牆——這項奇蹟讓毗斯納伽帝國的首都從此固若金湯——之後，她受到的尊重總算不再只是行禮如儀，人們對她既驚歎又感激。然而如今她被邀請進入帝國的中心，也就是進入國王的心中。她面對的將是真實世界，而不是彬彬有禮的表面工夫。她再也不必為了實現澤瑞妲．李的希望而抹殺自己的夢想。她從來沒有遇過如此奇特的愛情宣示，這份愛情讓人五味雜陳，既抽象又不倫，甚至有一點褻瀆。她曾經被一位女神加持，但她本身不是女神，可是如今人們將她拱上那個位置，就算不是女神，也是女神在塵世的代言人，或者某種類似的角色。她的一生曾被許多男人以許多方式愛過，並曾因此蒙上淫蕩的惡名，有時甚至還得承認自己名不虛傳。但是如今國王提出的愛前所未有，不再是身體交歡，而是崇高地位，揉合了對毗斯納伽的愛與關心以及國王的執念——他所謂的「景象」。過去的她是如此熱切渴望肉體的歡愛，如今她在心情激盪中逐漸明白，肉體的歡愛只是暫時取代她真正想要的事物，現在國王要求她接受的事物正是她想要的事物。

「**在我的一生中**（她在書中告訴我們，她的書讓本書相形之下大大遜色），**我想要許多我無法擁有的事物。我想要母親走出火葬堆毫髮無傷。我想要一位終身伴侶，儘管知道自己會活得比任何一位伴侶都久。我想要建立一個女性當家的朝代，讓她們統治全世界。我想要一種生活方式，儘管知道自己是在夢想一個遙遠的未來，可能永遠不會到來，或者到來時七折八扣，然後遭到摧毀。然而我最最想要的事物似乎是這一樁：**

「**我想成為國王。**」

「我跟你說過，我不希望你為我建一座神廟，」她告訴克里希納提婆羅耶，「但是我們將會建立一座無形的神廟，它的磚瓦將是繁榮、幸福與平等；當然，還有你的軍事勝利。」

「還有兩件事情，」國王說道，「第一件事，我會繼續嘗試讓蒂魯馬拉．提毗成為我繼承人的母親。」

「我不在乎。」潘帕．坎帕納說道，儘管她其實在乎，儘管她自我安慰——**反正你不會長期待在這裡，是吧，所以要生孩子可不是容易的事**——因此感覺良好，「第二件事是什麼？」她問。

「第二件事，」克里希納提婆羅耶回答，「當心我的弟弟。」

（《闍耶帕羅闍耶》在這裡第一次提到克里希納提婆羅耶的弟弟，讀者應該會感到驚訝，當時的潘帕．坎帕納恐怕也是。）

毗斯納伽東南方二百五十哩的地方，矗立著十一世紀興建的昌德拉吉里堡壘。克里希納提婆羅耶將弟弟阿鳩多放逐到這座已被世人遺忘的古老要塞——我們必須強調，它連在毗斯納伽時代都顯得古老。阿鳩多品行低劣，與王室格格不入，動輒訴諸暴力，殘忍卻又懦弱；國王不願意讓家人濺血，因此將他關在遠方，重兵看守，幾乎絕口不提他的存在。「但是他很狡猾，」克里希納提婆羅耶告訴潘帕．坎帕納，「自從我把他送到那裡，他為了找尋出路，賄賂、謀殺、詐欺無所不為，未來還是會如此。妳要派遣妳信任的間諜前去刺探，確保他不會讓警衛與他勾結。好好盯住他，否則他會突圍而出，所到之處造成破壞與混亂。」

潘帕．坎帕納正在為攝政做準備，吸收這項資訊，但是她有一些關係更接近的人們必須安撫，或者至少必須溝通。第一位是朝廷權臣薩盧瓦．提馬羅蘇，他堅持國王冊封蒂魯馬拉．提毗為正宮王后，因此未必會支持潘帕．坎帕納出任攝政王后，儘管國王聲稱他贊同這項決策。她在王宮的屋頂找到他，當時他正在餵鴿子。他是個大塊頭的老人家，已經禿頭，下巴好幾層，一雙大手，看著鴿子落在他的手掌上啄食種子。他跟她打招呼，但是沒有抬頭，「我第一次見到妳的時候，」他說，「妳也是一隻鳥。在我眼中，這對妳很有利。這些灰色的小鳥是我的朋友，我最信賴的使者。在許多方面，鳥兒是比人類更高階的動物。」

她知道他這番話是在表示友好，因此禮尚往來，「我真的認識你是在那場荒謬可笑的遴選，女孩們假裝自己是**牧牛女**，取悅國王。」提馬羅蘇抬起頭笑著說：「國王很容易就會覺得無聊。那些女性如今還在**女眷區**，年華老去，被忽視甚至被遺忘。我們很快就可以讓她們退休，送她們回老家，無論她們的老家在哪裡。但是我還記得澤瑞妲．李王后的舞蹈，真的美不勝收。」

他以這種方式帶出蒂魯馬拉．提毗的話題，後者因為那場舞蹈而火冒三丈。「我希望，」潘帕．坎帕納說道，「在我攝政期間，正宮王后不會覺得有必要使出一些偷偷摸摸的伎倆。」

提馬羅蘇臉色一沉，說道：「妳要知道，當初我建議國王迎娶室利朗格帕特塔納國王毗羅波提亞的女兒，完全是出自政治考量，建立不可或缺的聯盟。妳不應該因此認為我會偏袒她。」

「很好，」潘帕．坎帕納說道，「那麼我們就是朋友了。」

「在我看來，」提馬羅蘇說道，「蒂魯馬拉王后現在野心勃勃只想繼承王朝，無心涉足帝國的日常政務。她想與國王同床共枕，生兒育女；我相信國王也對妳解釋過，那是一定會發生的事。如此一來，正宮王后會認為她只要能夠生出鑽石王座的繼承人，一定會是最後的贏家。」

「且讓我們靜觀其變，」潘帕．坎帕納說道，準備離開屋頂。她轉身的時候，提馬羅蘇叫住她。

「關於毒藥之類的問題，」他說，「只要我還活著、還管事，毗斯納伽就不會發生這種事情。我已經對相關的女士講得一清二楚，她們知道自己已經被盯上。」

「感謝你，」潘帕．坎帕納說道，「我也會跟她們提這件事，也會盯著她們。」

「國王是個傻瓜，」那伽羅．提毗說道，「跟妳結婚是愚蠢行為，任命妳為攝政王后則不僅愚蠢、而且瘋狂。請原諒我的正宮王后女兒和我本人，我們不會參加婚禮，不會參加妳升任攝政王后的典禮；妳我都知道，無論是雄獅王座、鑽石王座或者隨便妳怎麼稱呼的王座，妳都坐不了多久。」

「王宮之中充滿死亡，」蒂魯馬拉．提毗說道，「我兒子死了。是妳帶來詛咒，不會得到原諒。」她抽著鴉片，躺在鋪滿地毯、放滿靠墊的寢宮，空氣中瀰漫著鴉片的氣味，還有廣藿香濃郁的香味。詩人「鼻子提馬納」站在她身旁。

「鼻子為我們寫了一首傑作，」那伽羅．提毗說道，「鼻子，為我們的客人朗誦。」

潘帕．坎帕納很快就聽出來，這首詩惡毒嘲弄澤瑞妲．李那場著名的舞蹈，形容它一點也不優雅美好，讓所有觀眾都覺得難堪。

「我要離開了，」潘帕．坎帕納說道，「謊言不會因為脫口而出就成為事實。這是對死者的中傷毀謗。詩人，你在羞辱你自己。」

「妳走之前不喝一杯嗎？」那伽羅．提毗問道，指著一個裝滿粉紅色液體的玻璃瓶。

「她太膽小，不敢跟我們一起喝。」蒂魯馬拉．提毗不屑地說。

「跟她說說她一定不知道的那件事。」

「又一個謊言？」潘帕．坎帕納說道。

「單純的事實。」蒂魯馬拉．提毗回答，「當妳在毗斯納伽累得半死，處理行政事務、屋頂修繕、法律糾紛，我會陪著國王出征。等到我們回來，我們會帶著下一任國王回來，若不是在我的子宮裡，就是在我身邊。」

「這不是真的。」潘帕．坎帕納說道。

「妳自己去問他。」正宮王后說道，當著對手的面大笑。

在毗斯納伽，戰象的地位與人類貴族不相上下，王城的象廄是首都最壯麗的建築之一，一幢宏偉的紅色磚石華廈，十一道巨大的拱門後方就是國王的御象，每一道拱門容納兩頭，還有牠們的象伕——訓練員與照顧員。當克里希納提婆羅耶需要一個安靜的地方來平心靜氣、準備行動，象廄正是他的首選，就好像蓮花宮也是宰相提馬羅蘇與他的鴿子的首選。國王在他灰撲撲的巨獸之間漫步，撫摸牠們的身體側邊，喃喃說著牠們能理解的象伕語言。他經常來到象廄深處，坐在一張簡單的木凳上，陪伴著他摯愛中的摯愛、世上最巨大最可畏的一頭大象——摩斯諦．摩達訶斯諦，牠不願用牠敏感的腳踐踏敵人，怕傷了自己腳跟，但如果國王下令，牠還是會忠實執行命令。克里希納提婆羅耶坐在這裡，呼吸著象糞令人安心舒暢的氣味。大象安安靜靜，讓國王能夠集中思緒。他即將發動的戰爭將占據他未來十年人生的一大部分。出征前夕，潘帕．坎帕納發現他待在象廄。她進來時勃然大怒，有如雷霆附身，摧毀了周遭的寧靜氛圍。

我們不需要描述兩人的爭執。她抗議自己竟然並未被告知，正宮王后將與國王一起出征。他回答說他已經表明，他非常需要一個繼承人。她繼續嚴厲批評，他以咆哮回應。我們可以想像他們在象廄裡比手畫腳、針鋒相對，周遭的大象愈來愈躁動不安，牠們用後腳站立，高舉象鼻，以自己的語言吶喊，只是我們無法理解。最後，國王舉起一隻手，手掌朝外，爭執告一段落，潘帕．坎帕納轉過身去，離開國王與他仰天長嘯的朋友們。

第二天清晨，黎明之前，毗斯納伽軍隊出動，陣容龐大：四萬多名官兵、八百多頭大象；克里希納提婆羅耶坐在摩斯諦．摩達訶斯諦身上的金色象轎；蒂魯馬拉．提毗與薩盧瓦．提馬羅蘇也坐上皇家御象，帶頭前行；那伽羅與潘帕．坎帕納站在最外圍一道城牆的穹頂下方，向大軍揮手送行——那伽羅得意洋洋，潘帕坐立難安，但是下定決心：國王、宰相與正宮王后離開之後，她即將坐上王座，那段時期將會是她的勝利。

如今我們讀過潘帕．坎帕納的作品、全面瞭解帝國歷史之後，我們要將接下來十年時間——大約是西元一五一五年到一五二五年——的戰爭與攝政，稱之為毗斯納伽帝國的「第三黃金時期」；然而我們也要特別註明，這個時期開始於一場爭執，此外我們也記得那句老話：吵鬧上路走不遠。不過「第三黃金時期」倒還是持續了足足十年，令人訝異，所以也許我們應該讓那些老話在一個舒服的的地方長眠，那是老人們的共同希望，有些時候也能實現。

潘帕．坎帕納的作品描述克里希納提婆羅耶的戰場勝利，就好像她親臨戰場；就好像是她而非蒂魯馬拉．提毗騎在大象背上，陪在國王身旁；就好像她與巨人提馬以及優樓比二世，在每一場戰役中與國王並肩作戰。克里希納提婆羅耶經常與攝政王后通信，讓她知道自己的進展，也許潘帕．坎帕納的描述就是參考這些通信。或者也許讀者會覺得潘帕．坎帕納是在想像自己化身為戰士國王的眼睛。或者兩個也許都是真的。

「目前北方的邊界尚稱安全，」克里希納提婆羅耶告訴他的將軍們，「還有，感謝我的岳父大人毗羅波提亞王，南方的情勢也算安穩。因此敵人策動的攻擊會來自東方，我們必須先下手為強。」

帝國東方是名聞遐邇的羯陵伽地區，一千八百年前傳奇的阿育王對當地發起他生平最血腥的戰爭，殺戮超過十萬人，並且據說導致阿育王皈依佛教。對克里希納提婆羅耶而言，「踏上阿育王的足跡」這個想法讓他興致勃勃，儘管他不可能成為佛教徒。不過進軍羯陵伽必須經過東山，東山之王則是克里希納提婆羅耶的頭號勁敵：加賈帕提王朝的普拉塔帕魯德拉，許多人形容他有如克里希納提婆羅耶的雙胞胎兄弟，兩人同樣功業輝煌，而且據說長相一模一樣。因此，克里希納提婆羅耶為了贏得一場大戰，他必須面對自己的鏡像，必須摧毀這個版本的自己。

東山高三千呎，岩石遍布但森林茂密，山頂有一座堡壘要塞。普拉塔帕魯德拉的將軍羅塔羅耶率領數千名官兵駐紮當地，補給雄厚。大軍直接仰攻絕無可能，包圍是唯一可行之計。

歷經兩年漫長的圍攻後，糧食耗盡的羅塔羅耶將軍終於投降。在此期間，克里希納提婆羅耶七度前往當地著名的蒂魯帕蒂神廟朝聖，以華麗堂皇的馬拉松儀式進行祈禱，懇求天神毗濕奴賜給他一個繼承人（祈禱過後，他也大手筆捐贈神廟香油錢，希望會有助於天神恩准他的懇求）。此外，他與蒂魯馬拉．提毗也進行——這是斯文的講法——「直接夜間活動」，試圖促成祈禱應驗。

因此在兩年圍攻期間，克里希納提婆羅耶與王后蒂魯馬拉．提毗生了兩個孩子，老大是女兒，取名「蒂魯馬拉姆芭」，母親名字的延伸。第二個孩子讓大家喜出望外，是個男孩！而且兩個孩子都活了下來。有趣的是，潘帕．坎帕納的史實記載幾乎不提這兩位王室新成員。可以這麼說，她的沉默透露出強烈的訊息。

男孩出生——蒂魯馬拉．提毗也依照自己的名字為他取名蒂魯馬拉．提婆——之後，東山的敵軍終於投降，彷彿是為這個孩子慶生。克里希納提婆羅耶將攻占的堡壘交給宰相提馬羅蘇的兒子掌管，同時他也從山區擄獲許多戰利品，其中包括普拉塔帕魯德拉一位女性長輩、一座天神克里希納——國王自稱是祂的化身——的宏偉雕像。那位女士後來平安回到自己國家，毫髮無傷。但克里希納雕像留下，送往毗斯納伽，安放在王宮特別闢出的一間祈禱室。

潘帕．坎帕納第一次攝政結束之後是長時期的放逐，一個半世紀之後是她的第二次攝政，她知道這回必須要有不一樣的作法。為了建立自己對朝廷的權威，她決定嚴格遵循國王的日常例行程序，讓每個人都能熟悉每天該做的事。她每天黎明之前起床，喝下一大杯芝麻油，從烘烤過的芝麻籽榨出的琥珀色油脂；然後她要女僕用芝麻油按摩她的身體。接下來是國王的重量訓練運動習慣，然而潘帕．坎帕納並不會去高舉沉重的大壺，她來到很久以前為李義和大師興建的青冥宮，映照火盆的光練習劍術，讓上方看台的觀眾們滿懷敬畏。練劍讓她將喝下的油像排汗一樣排出來。接下來她會騎馬一段時間，漫遊毗斯納伽最外側城門之外的平原。太陽升起，她已下馬。接下來是每天的宗教時段，最讓潘帕．坎帕納感覺格格不入，有如穿上一件粗製濫造的衣服。她來到哈札拉羅摩神廟，參加黎明時分舉行的**普闍**典禮，服裝類似克里希納提婆羅耶祈禱時的穿著：身上是一襲繡上金色玫瑰的白色絲綢袍長裙，頸子上圍著一串鑽石項鍊，頭上戴著一頂織錦的圓錐形高帽子。祈禱結束之後，她走進一座**曼達帕**坐下，這是一座開放式的柱廳，每一根柱子都是精細的動物或者舞者雕刻。她在這裡主持政務，大臣進行報告，有所不滿的民眾請願申訴。她評斷大臣的報告，對民眾的請願做出裁決，然後下達日常政令，毗斯納伽的貴族安靜佇立在她跟前，俯首聆聽，唯有被她點到名時才會抬起目光。如果她想表揚某位大臣，就會請他品嘗檳榔，其他人可不敢在朝廷上嚼檳榔。她對國王例行公事的保持與模仿是如此巧妙，以致於人們會說：「就好像國王其實從未離開，仍然待在城裡。」

潘帕·坎帕納表面上對國王的作法亦步亦趨，實際上她正默默開始改變世界。她下令為女性設立新的學校，試圖矯正教育體系中男女失衡的現象。對於新學校以及每一間既有的學校，她建議教育不應該再以神學教學為核心，不應該再完全由婆羅門僧侶把持；僧侶出身龐大的曼達納**僧院**、神廟與神學院體系，無可避免會受毗德薩伽及其「十六種哲學體系」影響。為了取而代之，她建立了一個新的職業階層，名稱就叫「教師」，任何一個種姓的成員都可以加入，擁有並傳播最優質的知識，內容涵蓋各個領域：歷史、法律、地理、健康、公民、醫學、天文學。這些所謂的「科目」在教學時不會摻入任何宗教偏見或重點，目的是培育出新型態的人民：知識廣博、心胸開闊，仍然熟悉宗教信仰，但是深刻體認知識之美、彼此和睦相處的公民責任、對促進全體民眾福祉的投入。

潘帕·坎帕納本著實話實說、大鳴大放的精神，在她的敘事中引進了摩陀濟阿闍黎這個搶眼的人物，也就是大祭司摩陀婆，曼達納**僧院**的領導人，古代毗德薩伽——**僧院**創辦人——哲學的傳承者與發揚者。

「噢，偉大的摩陀婆！」（**她在作品中直接與他對話，彷彿他就站在她眼前。**）「不要與我唱反調，我不是你的敵人！」我們從這裡可以得知，大祭司摩陀婆反對潘帕．坎帕納的改革，對她而言是個強而有力的對手，必須加以安撫。

大祭司大約四十五歲上下，在曼達納僧院體系中快速竄升，最近成為**僧院**領導人。潘帕．坎帕納告訴我們，他的身材高得出奇，比毗斯納伽大多數男性至少高一個頭，晉見國王時儘管必須依照宮廷禮節彎腰低頭，但還是會俯視克里希納提婆羅耶。至於他的性格，潘帕．坎帕納著墨不多，只提到他作風強勢，令人敬畏，很容易大發雷霆——據說與國王的暴怒程度不相上下，在曼達納僧院人見人怕。

當國王出征作戰，宰相、正宮王后與兩名最剽悍戰士隨行，不把女性攝政當一回事的摩陀婆阿闍黎認定眼前出現權力真空，立刻採取行動把握良機。他發表一連串煽動人心的演說，象徵意味十足地盤腿坐在當年毗德薩伽最愛的榕樹下，聲稱毗斯納伽已經背離了毗德薩伽的正道——意思幾乎就是背離了諸神的正道。他恢復舉行早已不再盛行的集體膜拜，吸引了人山人海的信徒，為他營造出一個人們一望即知的權力基礎。潘帕．坎帕納推動的改革讓摩陀婆難以接受，他的第一波批判譴責——尤其是針對僧侶被逐出教育體系核心——不可輕忽。

也就在這個時候，潘帕．坎帕納開始考慮重新推展「異議」運動，或者至少從它的灰燼之中發起新的運動。

激進的理念可能會逐漸失去動力，「新異議」運動曾在提婆羅耶時期進入政府，化身為權力體制的一部分，不再是一種抗議運動，重要性與必要性也就很快消失。那已是久遠的歷史，然而在潘帕．坎帕納的間諜讓她相信教育改革大受歡迎之後，她吩咐這些間諜去組織一項運動，來捍衛改革成果。此外，她也在作品中暗示，她開始再一次進行**耳語**，讓許多毗斯納伽人支持她的理念。如今的耳語行動比上一回更為困難，她再一次感受到年齡的影響。或者是這世界發生變化，她的甜美呢喃已無法打動某些人，他們的忠誠另有對象且不可動搖、無法改變；對於摩陀婆阿闍黎的追隨者而言，他不再只是一位僧侶，更是一位先知。所幸還是有一些人樂意打開耳朵，接納她無聲的耳語，而且人數仍然多於摩陀婆的信徒。因此她繼續進行自己的夜間工作，儘管如今做來更為費力、更令人疲憊。等到她確信自己能夠動員的人數已經足夠，她要求摩陀婆阿闍黎在**僧院**與她會面。

「……我不是你的敵人！」我們可以合理認定，攝政王后真的對曼達納**僧院**的領導人傳過這些話語，而且很可能是當面告知。畢竟我們有那場高峰會議的詳實記載，她捨棄慣用的抒情手法，一五一十呈現如何做成一樁政治交易。

兩人單獨會面，地點是曼達納僧院深處一個密不透風、戒備森嚴的房間。潘帕．坎帕納為了表示尊重，並沒有要求摩陀婆阿闍黎彎腰俯首到低於她頭部的地步，儘管她身為國王的代理人有權如此要求。她藉由這種方式傳達，兩人是以對等方式會面。摩陀婆阿闍黎表示對她的表態非常受用，然後進入正題。兩個人很快就認清現實：他們都有能力在短時間內動員大批群眾走上毗斯納伽街頭；兩人在這方面不相上下。潘帕．坎帕納有首都衛戍部隊可以調度，這是她的優勢；然而摩陀婆阿闍黎立刻指出，如果她要出動部隊來對付毗斯納伽的市民，她的支持度會快速下滑，部隊發生叛變，街頭出現起義。因此她的這項優勢可能只是紙上談兵，現實中並不存在。

為了打破僵局，潘帕．坎帕納率先提議，然後打出一張王牌。從布卡一世的時代開始，曼達納**僧院**就擁有一部分直接徵稅的權利，來籌措營運經費。如今攝政王后建議大幅提高這項徵稅權，讓曼達納富甲一方，並且建立一套強調信仰與傳統的平行教育體系，其他領域的教育工作交給她的新學校負責。

換句話說，就是賄賂。

這是她的提議。為了迫使摩陀婆阿闍黎接受，她拿出一封信，一看就知道是國王的筆跡，內容表示全力支持她攝政時做的每一項決策。摩陀婆讀過之後也就明白，他不能在毗斯納伽掀起政治動亂，否則國王回朝之後一定會立刻發動報復。至於她在打出王牌——或者也可以說是做出妥協——之前提出的賄賂，他知道對他而言那是一種讓步但不失顏面的作法。

「其實妳是一位非常幹練的統治者。」他告訴潘帕．坎帕納，「我當然願意接受。」

克里希納提婆羅耶班師回朝之後，潘帕．坎帕納才向他坦承，她曾經仔細模仿他的筆跡，她拿給摩陀婆阿闍黎看的那封信根本是偽造。「我任憑您發落處分。」但是克里希納提婆羅耶捧腹大笑，「我找不到更好的攝政者。」他高聲說道，「妳找到方法讓毗斯納伽配合妳的意志要求；有些地方反對妳的決策，妳也能夠對付。身為國王，最重要的不是做了什麼決策，而是有無能力對人民實施決策但不致於流血。我自己的作法不會比妳更好。還有，」他皺起眉頭，「我的確寫了很多封信給妳。我似乎可以聽到妳的聲音在我耳邊呢喃，說著：**告訴我一切**。妳確定妳說的那封信不是我寫的？」

潘帕．坎帕納滿懷感情地微笑，「人們如果要說一個重要的謊話，」她說，「最好的作法就是把它藏在眾多無可置疑的事實之中。」

以下是一封（貨真價實、未經偽造）克里希納提婆羅耶寫給潘帕．坎帕納的信：「**親愛的攝政王后，當我想到妳，心中滿懷驚歎，妳不但創造奇蹟，妳本身就是奇蹟。有時候我會覺得很難相信，儘管深知千真萬確：妳見識過一切，從開始到現在認識我們每一個人，我們的一切問題妳都有答案。我有時候會問自己那些關於開始的事，許久以前的胡卡與布卡，他們在想些什麼？他們在為什麼奮鬥？我想，當毗斯納伽剛誕生的時候，他們是為了生存而奮鬥，努力建立自己的地位，從牧牛人變成國王。妳比世上任何人都更明瞭他們的想法。告**

訴我，我說的對不對。如今，經過多年爭戰，我也要問自己同樣的問題。我在為什麼奮鬥？如果是為了抵抗那些以為我們越來越衰弱的敵人，那麼東山的勝利已經昭告世人我們有多強大。如今我們四面八方的防禦都已經鞏固。那麼我是為了報復而奮鬥嗎？不是，報復是最卑微的動機。一個只想報復的國王不會將敵人的女性長輩毫髮無傷地送回去，她可以證明我們如何善待她。顯然我也不是為了宗教而奮鬥，因為普拉塔帕魯德拉和我們信奉同樣的宗教，我有一些最優秀的將領和士兵則是一神教信徒，這根本不成問題。也許我是為了土地而奮鬥，單純只是想為帝國開疆拓土，直到它成為歷史上最偉大的帝國。在這個意義上，對土地的征服可能也來自對榮耀的渴望。許多人會說，我的動機可能是以上這些因素的結合，然而我的發現卻是以上皆非。後來，是我的敵人普拉塔帕魯德拉為我揭開真相。

「摯愛的攝政王后，我寫這封信的時候，正率領大軍深入羯陵伽，目標鎖定孔達維杜的堡壘，普拉塔帕魯德拉的妻子住在當地，他的兒子擔任總督。我攔截到一名為普拉塔帕魯德拉傳訊息給他兒子的使者，普拉塔帕魯德拉在訊息中不但侮辱我，還侮辱我的血脈世系，說我們是野蠻人，不是貴族出身，只因為我們的祖先只是普通的軍人。他還得寸進尺貶抑整個毗斯納伽的歷史，說這個地方是由牧牛人、次等人類、低階種性的人建立，因此不必指望我們會有良好行為。『不要向克里希納這種人投降，』普拉塔帕魯德拉寫道，『他只是一個普通的野蠻人，毫無家世可言，我擔心王后和你一旦落入他的手中會有何遭遇。』我已經將他

的女性長輩平安送回，他居然還說這種話！

「因此我猜想，驅動整個毗斯納伽歷史的力量來自我們的需求—我的需求、所有先人的需求：證明我們與這些傲慢的王公貴族平起平坐—不！我們高人一等！他們信奉什麼神祇並不重要，重要的是他們的虛榮勢利與種姓優越感，我們必須加以推翻。這才是我奮鬥的目標，也許和胡卡、布卡不同。妳可以讓我知道我說對或者說錯，但是就我自己來看，這就是我奮鬥的目標。」

後來孔達維杜陷落，普拉塔帕魯德拉的兒子自殺，妻子淪為克里希納提婆羅耶的戰俘。然而——可能是為了證明他不是野蠻人——他對待她與她的隨從彬彬有禮，並且讓他們平安返回敵營，還附上一封短信：「在愛的王國，我們就是如此對待敵人。」孔達維杜之後是一場接一場勝利，克里希納提婆羅耶對待手下敗將極為仁慈，彷彿是在進行一場禮節的戰爭。宰相提馬羅蘇一度憂心忡忡地建議他，「您知道，為了顧及傳統，您或許應該偶爾砍下幾顆腦袋、塞進稻草、送到各地巡迴展示，這才是人們期望的作法。吊死、酷刑、斬首、腦袋插竹竿……人們喜歡勝利的奇觀，恐懼是一種很有效的工具，良好的行為並不能換來人們真正的尊敬。」

這項建議產生作用，後來克里希納提婆羅耶揮軍北上，摧毀普拉塔帕魯德拉的首都刻塔克，下令處決守城的十萬名官兵——他惡狠狠地對宰相說：「這裡砍下的腦袋和歷史上偉大的阿育王羯陵伽戰役不相上下，這是看在你的分上。」不過他也下令不准傷害城中的平民，並且對每一座神廟捐獻大筆金幣，試圖安撫人心。因此儘管砍了十萬顆腦袋，他還是相信自己保住美名——他是一位以愛征服的國王。

（他沒保住。）

普拉塔帕魯德拉尋求和平，雙方在辛哈查拉姆的一座山丘上簽署條約，克里希納提婆羅耶第一次與這位手下敗將面對面，問對方一個簡單的問題：「你也見到了，你和我是不是就像彼此的倒影，彼此間完全沒有差異？」

普拉塔帕魯德拉知道自己必須道歉，因為他一直強調自己的王朝與毗斯納伽歷代國王之間，在階級、王朝歷史與種姓上天差地遠。但是他還在做困獸之鬥，拒絕被羞辱，「坦白說」，他回答，「我看不出來哪裡相同。」

「如果你還是如此盲目、虛榮，」克里希納提婆羅耶憤怒咆哮，「那麼我們可以撕毀協議，我會把你失敗的帝國燒得一乾二淨，搜出你的家族成員一個一個殺光；當然，從你開始。」

普拉塔帕魯德拉低下頭來，「我錯了，」他說，「更仔細看看，我們的確一模一樣。」

依照和約的規定，普拉塔帕魯德拉將女兒圖佳許配給克里希納提婆羅耶，蒂魯馬拉·提婆也出席了辛哈查拉姆的投降談判，對這樣的安排勃然大怒。她闖進國王的營帳斥責他，「首先，」她說，「這樣對我很不尊重。第二點，你難道笨到看不出來，這場所謂的『婚姻』其實是要對付你的計謀？」克里希納提婆羅耶試圖安撫她，然而婚禮舉行的時候，正當圖佳要餵國王吃傳統甜食，蒂魯馬拉·提婆強力介入，要求試吃人先吃一塊，結果這人倒地死亡，暗殺國王的計謀失敗。

「我早跟你說過。」蒂魯馬拉·提婆告訴大驚失色的國王。

圖佳根本無意否認自己參與這項計謀，反而大吼大叫：「這個身分卑微的男人，這個陰溝裡的國王，哪裡有資格迎娶像我這麼高貴的女子？」之後，她被放逐到帝國最偏遠的地區，單獨囚禁度過餘生。國王在盛怒之中下令，她的住所必須極度不適，食物必須極度惡劣。

「別擔心，」蒂魯馬拉·提婆說道，「我來負責。」

潘帕·坎帕納的作品並沒有清楚說明圖佳的遭遇，但以下的詩句強烈暗示她的結局：

不要誘惑毒藥夫人，

試圖成為一名囚犯，

否則妳的命運注定
毀於妳的愚蠢行為。

克里希納提婆羅耶率領大軍（有男有女）離開毗斯納伽已經六年，終於，回家的時候到了。

第十八章

克里希納提婆羅耶回到王宮，發現毗斯納伽經過攝政時期已經脫胎換骨，成為潘帕．坎帕納多年以來夢想的美好城市。它的富裕展現在每一個地方：人們身上精美的服飾，商店裡待售的貨物，還有最重要的是語言的豐富性，被偉大的詩人提升到欣喜若狂的境界；她為這些詩人提供房舍讓他們安居，提供舞台讓他們發聲。從毗斯納伽出發的商船航行到天涯海角，散播消息讓世人知道它的神奇。現在外國訪客——商人、外交官、探險家——湧入城市街頭，為它的美麗喝采，將它與北京、羅馬相提並論。**每一個人都可以依照自己的意願來到、離開、居留。公平與正義全面推行，不僅統治者必須遵奉，也適用於每一位人民**。相關文字記錄是由一位紅髮碧眼的葡萄牙訪客留下，他名叫哈克特．巴博沙，是一個在科欽工作的馬拉雅拉姆語抄寫員與通譯，也是進入潘帕．坎帕納諸多外國男性的最新化身。然而這一回她抗拒他的魅力，「我受夠了你的一再出現，」她告訴摸不著頭腦的巴博沙，「我還有正事要做。」

然而，她容許他為她講述自己的旅人故事。從巴博沙與其他新訪客身上，她聽說了許多遠方異域光怪陸離的謠傳，例如，在一個名叫「歐羅巴洲」的地方，極北之處有一座城鎮托倫，居民會烘焙大量的薑餅，有一個人聲稱宇宙運轉的中心是太陽而非地球。還有一座名叫「翡冷翠」或者「佛羅倫斯」的城市，人們暢飲世上最醇美的佳釀，繪製最偉大的畫作，研讀最深刻的哲學家，但是城裡的王公貴族卻鄙夷人性而且殘酷。她還記得當年從毗德薩伽學到，印度有一位天文學家阿耶波多也曾提出太陽中心的體系，而且比那位托倫人早了一千年，只不過同儕無法接受他的構想。她也知道佛羅倫斯王公的殘酷和鄙夷心態，並不是外國貴族獨有的特質。「無論如何，」她寫道，「很高興知道**那地方**與**這地方**並沒有多大不同；人類的才智、人類的愚蠢與人類的本性，本性中最美好與最惡劣的部分，都是這個變動不居的世界中最為恆定的因素。」

毗斯納伽成為一座世界都會，就連天空中飛翔的鳥兒似乎也不太一樣，彷彿牠們也是受到城市蒸蒸日上的名聲吸引，大老遠飛來毗斯納伽。漁夫告訴她，果阿與曼加羅的海域出現新的魚種。室利．拉克斯曼開始展示、販賣人們聞所未聞的外來水果。潘帕．坎帕納歡迎國王班師回朝，卸下自己的攝政權，如此歡迎他：「我將您的城市交還給您，它一直是帝國的心臟，如今更是全世界的奇蹟。」

她為國王建了一座新的亭子，世界征服者紀念亭，每天都會有傑出的詩人以數種語言為他歌功頌德，宮廷中最美麗的女子拿著犛牛尾扇子為他搧風。樂師與舞者在街道上迎接回國的英雄們；施放煙火也必不可少，一如當年多明哥．努涅斯首度施放時一般美麗。這是一場光輝盛大的凱旋，潘帕．坎帕納企圖藉此讓人們暫時忘卻一項事實：蒂魯馬拉．提毗帶著一個女兒、一個兒子回來，身分不再只是現任的正宮王后，而且還是下一任國王的母后；她要讓全體國民清楚知道，現在與克里希納大帝共同掌權的人是她，不是卸任的攝政王后。

那伽羅．提毗如今是未來國王的外祖母，要確保潘帕．坎帕納瞭解自身最新的處境。她與前攝政王后站在一起，表面上是要觀賞街道上的嘉年華會，實際上是要幸災樂禍。「無論妳是誰，」那伽羅．提毗說道，「一個施行魔法偽裝成年輕女孩的老邁婦人，或者就只是一個厲害的騙徒，都已經無關緊要。妳擔任攝政王后就像是一名僕人獲得提拔，應付實際需要。現在妳又是僕人了，不管妳有什麼野心，都在王儲蒂魯馬拉．提婆與他的姊姊蒂魯馬拉姆芭公主誕生之後化為烏有。一旦克里希納提婆羅耶駕崩，妳什麼都不是。事實上，現在的妳就已經什麼都不是了。」

克里希納提婆羅耶班師回朝之後，旱災隨即降臨。一旦水資源耗竭，就連最豐饒的土地也會開始枯萎，大乾旱時期的毗斯納伽也是如此。土地裂開，吞沒牛隻。農民紛紛走上絕路。河水流量縮減，城市實施飲用水配給。軍隊也嚴重缺水，一支口渴的軍隊打不了勝仗，除非是為了爭取水源而戰。外國人開始離去，尋找會下雨的地方。人民總是樂意接受寓言式的解釋，開始懷疑這場乾旱是不是對國王的詛咒；儘管他對神廟做出大手筆獻祭，還是無法取悅諸神，一場看不到盡頭的災難是對他殘殺十萬人罪行的判決。後來這種感受日益強烈，因為人們得知在東北方一百哩、位於**河間地**——潘帕河與克里希納河之間——的來楚爾大雨如注，居高臨下的城堡有淡水泉水潺潺流動，顯示水源相當豐富，今年可望會有好收成。

國王的暴怒發作愈來愈頻繁，讓宰相提馬羅蘇與潘帕．坎帕納非常擔心。剛開始的時候，他們猜想他的易怒可能是因為精疲力竭，六年出門在外累積的壓力與倦怠；然而如今他已回到自家首都的懷抱，有犛牛尾扇子侍候，不間斷的娛樂享受，他的情緒還是很不穩定。有一天，他走進王座大廳，拍打雙手，精力充沛。「我想通了，」他宣布，「我們必須攻占來楚爾，從此掌握他們的雨水。」

這麼做幾近於瘋狂，然而潘帕．坎帕納與提馬羅蘇都無法阻止克里希納提婆羅耶實行自己的計畫，他聲稱：「我看到一幅景象，我父親，那位沙場老將，來到我的夢中告訴我：『沒有來楚爾，帝國就不會完整。攻下那座堡壘，它會成為你王冠上的寶石。』」國王下令大軍備戰，即將出兵。

提馬羅蘇警告他：「來楚爾現在是由畢查浦蘇丹國的阿迪爾．沙阿控制。陛下應該還記得，迪瓦尼戰役過後，畢查浦承認我們的主宰地位，兩國長期和睦相處，如今你卻要對沙阿蘇丹採取行動……這樣的行動可能會被視為背信棄義，促使其他蘇丹國挺身而出，捍衛與自己同一宗教信仰的國家。」

「這與宗教無關，」克里希納提婆羅耶咆哮，「這是天命。」

來楚爾戰役成為克里希納提婆羅耶統治時期最險惡的一場軍事衝突，他帶領五十萬名官兵、三萬匹戰馬、五千頭戰象向北方前進。阿迪爾．沙阿的部隊在克里希納河的彼岸以逸待勞，兩軍勢均力敵，沒有人說得準誰會獲勝。不過最後是阿迪爾．沙阿的大軍逃離戰場。

克里希納提婆羅耶傳送訊息給阿迪爾．沙阿，態度十分輕蔑：「如果你還想活命，就過來這裡親吻我的腳。」讀了這封信之後，飽受羞辱的蘇丹逃之夭夭，發誓來日再戰。他暫時不必在羞辱與死亡之間做選擇，但是後來堡壘大門被攻破，升起投降的白旗。毗斯納伽的官兵衝向泉水，大口暢飲。德干高原其他蘇丹得知來楚爾陷落之後，沒有人敢抗衡克里希納提婆羅耶，於是毗斯納伽帝國囊括克里希納河南岸所有土地。第二天，毗斯納伽城與帝國各地開始下雨，乾旱結束，街道恢復生機。

國王出征期間，潘帕．坎帕納再度成為攝政王后，讓蒂魯馬拉．提毗與那伽羅．提毗大為光火，她們認為應該要由王儲蒂魯馬拉．提婆擔任攝政，儘管他還只是個孩子，做決策必須倚賴母親與外祖母的輔導。然而提馬羅蘇看到城市在潘帕．坎帕納治理之下欣欣向榮，因此否決掉王儲攝政的建議。從此之後，正宮王后和她母親變成提馬羅蘇的死對頭。然而這對母女還有其他事情要處理，因為王儲與公主都身體不適。

旱災期間讓人難以消受的乾熱引發一種疾病，肆虐毗斯納伽各地，死相枕藉。王宮房舍雖然有厚牆抵擋熱浪，但是抵擋不了疾病。這種病無法預測，病因無人知曉，猶如詛咒再加上詛咒。年輕病患會發高燒，然後體溫恢復正常，然後再次上升。他們會咳嗽，然後停止咳嗽，然後繼續咳嗽。他們會腹瀉幾天，然後停止腹瀉，然後繼續腹瀉。上上下下，上上下下，有如隨著海浪起伏。蒂魯馬拉．提毗與那伽羅．提毗和年輕的王儲與公主一起受難。的確，她們的痛苦有一部分來自身為母親與外祖母的愛與關心；但是也不得不指出，她們知道自己的前途與兩個孩子的生命息息相關，尤其是王儲的生命。蒂魯馬拉姆芭公主率先康復，蒂魯馬拉．提婆十天之後病癒。兩個好消息先後傳出，但公主注意到母親與外祖母對後者的欣喜之情遠高於對前者。這個發現讓公主非常受傷，她覺得自己不被疼愛，終其一生對家裡兩個女人心懷怨恨。後來她在十三歲被許配給阿利亞．羅摩，夫婿年紀比她大許多，野心勃勃，奸詐狡猾，覬覦王位。她結婚之後與母親、外祖母不相往來，走入人生的新方向。

馬匹商人費爾南．帕埃斯曾說：黃金時期總是不久長。潘帕．坎帕納的榮耀年代即將畫下句點。乾旱讓黃金蒙塵，雨水將它洗亮，國王從拉楚爾凱旋回歸，熱浪引發的疾病退潮，然而不久之後情勢開始惡化，開端則是王儲蒂魯馬拉．提婆的夭折。國王回朝時已經想好一項宏大計畫：他將遜位給兒子，確保傳承過程順利，然後他會擔任兒子的導師與嚮導，與宰相提馬羅蘇、前攝政王后潘帕．坎帕納組成三人顧問團。然而克里希納提婆羅耶才剛宣布打算遜位，王儲就再度重病，額頭火燙，全身顫抖，而且這回病情並未好轉。他很快就陷入黑暗之中，一命嗚呼。

火葬儀式中，國王戳破兒子的頭蓋骨，因為悲傷與對諸神的憤慨而開始尖叫咒罵，對身邊的人也怒氣沖沖、疑神疑鬼。王宮陷入混亂，朝臣試圖迴避國王，以免被指控與王儲之死有關。王儲死於非命的謠言盛傳，王宮之外、市集之中繪聲繪影。最常被引述的說法是朝廷之中有叛徒，效命於被擊敗的阿迪爾．沙阿，設法下藥毒害王儲。一提到毒藥，人們立刻聯想到兩位惡名昭彰的「毒藥夫人」——正宮王后與她的母親，但是沒有人能夠理解她們為什麼會想要暗殺自己的兒子、外孫。因此情勢仍然混亂。接下來，王后蒂魯馬拉．提毗與那伽羅．提毗也提出一套指控，從此改變毗斯納伽的歷史。

「國王坐在鑽石王座上，不停啜泣，傷心欲絕，想要找出可以歸咎怪罪的人。」潘帕．坎帕納告訴我們，「那兩個邪惡的女人，指甲長如匕首，塗上鮮血的顏色，指向睿智長者薩盧瓦．提馬羅蘇與我本人。」

「你看不出來嗎？你瞎了眼嗎？」蒂魯馬拉．提毗聲稱，「這個女人、這個騙子與殺人犯沉迷於權力，跟你奸詐的宰相合作，陰謀奪取王座。他們在你背後耳語『國王瘋了』，

『國王神智不清，無法治國，朝廷兩個最能幹的人必須要取而代之』。這樣的耳語四處流傳，人們開始相信；他們每天早上醒來時，耳語已經進入腦海。

「你的兒子是這兩個叛徒的受害者。如果你什麼都不做，下一個受害者就是你。我再問你一次：難道你如此盲目，看不見眼前的事實？只有瞎子才看不見如此明顯的事實。難道國王、我的丈夫已經瞎了？」

克里希納提婆羅耶悲傷痛苦，對他的宰相大喊：「提馬羅蘇，這事你怎麼說？」

「太可鄙了，」提馬羅蘇回答，「我無話可說，就讓我多年來的忠心耿耿說明一切。」

「你要我殺人，」克里希納提婆羅耶大喊，「你說那是人們的期待，我也照做了，將敵軍官兵斬首，整整十萬人。我問你**這樣夠不夠？人們滿意了嗎？**結果人們開始說我瘋狂，**國王瘋了**。我明白了，我明白你的詭計，這一切都是你的主意。」

國王轉向潘帕．坎帕納，「妳呢？妳也拒絕抗辯嗎？」

「我只想說，這世上有一種荒謬錯亂，單單只是提出指控，沒有任何證據，就足以當成有罪判決。我們每個人都有可能陷入這種瘋狂。」潘帕．坎帕納說道。

「又說我瘋狂，」國王咆哮，「妳趁我不在的時候誘惑人民，就是這樣，妳讓自己成為人民擁戴的王后，現在妳要清除登上王座之路的障礙。女人也可以當國王，妳一直這樣說，對不對？太明顯了。」

潘帕．坎帕納不再多說什麼。周遭陷入恐怖的靜默。國王站起身來。跺腳說道：「不，國王並不盲目，國王對眼前情勢看得一清二楚。但是這兩個人將什麼都看不到。抓住他們！把這兩個人戳瞎！」

又過了四十年，毗斯納伽才徹底崩潰。然而這個漫長、緩慢的過程就從那一天開始，克里希納提婆羅耶在狂亂之中下達恐怖的命令，以燒紅的烙鐵戳瞎薩盧瓦．提馬羅蘇與潘帕．坎帕納的雙眼。當宮廷的女戰士將他們銬上手銬腳鐐、纏上鐵鏈，兩個人都沒有反抗。反倒是女侍衛不停哭泣；當巨人提馬與優樓比二世押著被判刑的兩人走出王城大門，他們也痛哭失聲。一行人緩慢前進，大市集街道上擠滿了驚恐的民眾，不可置信地哭泣。愈是接近鐵匠作坊，一行人的速度就愈慢，彷彿不願意抵達。片刻之後，痛苦的慘叫聲從作坊傳出，首先是男子，然後是女子。人們還可以聽見鐵匠的哭泣聲，他無法忍受自己被迫要做這種事。這些眼淚與哭聲並沒有逐漸平息，反而逐漸高漲，散播到整座城市，流溢過大街小巷，注入每一扇窗、每一道門，直到連空氣也開始啜泣、大地也發出歎息。幾個小時之後，國王試探性地乘車出巡，想掌握城內目前的氣氛；民眾圍攏過來，脫下鞋子砸向他，表達心中的憎惡。

「異議！」民眾高喊，「異議！」這是人們對權力前所未有的駁斥，是來自街頭的怒吼。從此之後，人們對克里希納提婆羅耶幡然改觀，他的榮耀年代夕陽西下，再也不曾升起。

眼睛被戳瞎之後，提馬羅蘇與潘帕．坎帕納坐在鐵匠給他們的凳子上顫抖，鐵匠止不住地道歉，儘管兩人已經原諒他。毗斯納伽最好的醫生急忙過來，為他們血淋淋的眼眶敷上止痛的膏藥。陌生人帶食物給他們果腹，拿水給他們解渴。他們的鐵鏈已經解開，可以自由前往任何地方，但是他們能去哪裡？他們留在鐵匠作坊，天旋地轉，幾乎要在痛楚中昏厥，直到一名來自曼達納**僧院**的年輕僧人一路奔跑過來，送上摩陀婆阿闍黎的訊息。

「從今天開始，」僧人平靜說道，覆述阿闍黎的話，「兩位將是我們最尊貴的客人，我們非常榮幸能夠服侍兩位、照顧兩位的每一項需求。」

兩位噩運者被小心翼翼引導坐進一輛等候的牛車，緩緩駛向曼達納。年輕僧人駕車，巨人提馬與優樓比二世步行護送。整座城市彷彿都在觀看這趟前往**僧院**的旅程，唯一的聲音是傷心欲絕的悲歎，和一個字眼，從淚海中浮現。

「異議！」

第十九章

一開始就只有痛楚，痛到讓人覺得死亡還比較討喜，是一種恩賜與解脫。極端痛楚終於消退之後，很長一段時間裡一片虛無。她坐在黑暗裡，當有人送上食物，她會吃一點；也會從一只黃銅水壺喝一點水；銅壺放在房間的角落，附有一個倒掛在頸子上的金屬杯。她偶爾睡一下，雖然感覺已無必要，失明讓清醒與沉睡之間的界線消失，兩者似乎合而為一；此外，她不再做夢。失明也讓時間消失，她很快就不知今夕何夕。有時候她會聽到提馬羅蘇的聲音，知道那是他被帶進她的房間造訪，然而兩人的失明讓他們無話可說，他的聲音聽起來病懨懨，她知道戳瞎雙眼已將他剩餘的生命力消耗殆盡。不久之後，這樣的造訪成為絕響。摩陀婆阿闍黎也會來訪，但兩人同樣無話可說，他也能夠體諒，安安靜靜陪她坐著，可能幾分鐘，可能幾小時，時間長短如今已無差異。除此之外，她沒有其他訪客，這也沒有什麼關係。她覺得自己的人生其實已經終結，但她受到詛咒，必須繼續活著。她與自己的歷史分隔開來，覺得自己不再是那個能夠締造奇蹟、多年前曾被女神加持的潘帕．坎帕納。女神遺棄她，讓她任憑命運擺布。她有如待在一個沒有光的洞穴，儘管到了夜晚有人會來點燃爐子、讓她保暖，但爐火不見形跡，也不會在牆壁上留下陰影。這地方只有一無所有，她也已化為虛無。

他們試圖讓她的房間舒適一點，但舒適與否無關緊要。她知道房間裡有一張椅子、一張床，但她從不使用。她一直蹲踞在房間的一個角落，雙臂向前伸展，身體重量落在膝蓋上，臀部頂住牆壁。她每天這樣醒來，這樣睡去。她要沐浴很不容易，有時根本拒絕沐浴，大小便也成問題。但她很清楚不時有人會來照顧她，幫她打理清潔，換上乾淨衣物，梳理她的頭髮並塗上膏油。除了這些時候之外，她總是佇留在自己的角落，不是瀕死，不是已死，只是等待終結。

後來發生一樁惱人的驚擾事件。房間門口一陣喧囂，一個聲音說道：「國王駕到。」於是他來到，一個明確具體、大聲嚷嚷、侃侃而談的空無，進入一個吞沒一切、了無分別、安靜無聲的空無。她感受到他觸碰她，親吻她的雙腳，懇求她的寬恕。他整個人趴在地上，像個做錯事的孩子一樣號啕大哭。他的聲音令人作嘔，她要他停止。

「好了好了，」她說，那是她被戳瞎之後頭一回開口說話，「我知道，當時你很憤怒，你身不由己，你思慮不周，你迷失自我。你需要寬恕？我寬恕你。去到老薩盧瓦腳邊懇求，他就像你的父親一樣，如今遭遇致命的打擊，必須在死前聽到你的愚蠢道歉，至於我？我會活下去。」

他懇求她回到王宮，回到過往舒適的王后生活，享受無微不至的侍奉，接受最優秀醫師的照料，坐在他右手邊新設的王座上。她搖搖頭說道：「如今這地方就是我的王宮，你的王宮裡有太多王后。」

他告訴她，蒂魯馬拉．提毗與她母親那伽羅．提毗被軟禁在自己的寢宮。她們做的事不可寬恕，他再也不會見到她們。

「我也不會。」潘帕．坎帕納回答，「似乎對你而言，給予寬恕要比接受寬恕更加困難。」

「我該怎麼做？」克里希納提婆羅耶懇求地問。

「你可以離開，」她回答，「我同樣再也不會見到你。」

她聽到他離開，她聽到有人敲擊提馬羅蘇的房門，接下來傳出的是老人的怒吼。慘遭凌虐的宰相以殘存的最後一絲力氣詛咒自己的國王，讓他知道他的惡行將永遠是他名聲上的汙點，「不，」薩盧瓦．提馬羅蘇怒吼，「我不會寬恕你，再過一百萬輩子也不會。」

他在那天晚上過世。永恆的靜默重返，籠罩著她。

第一波降臨的夢境是噩夢，她在夢中再一次看到鐵匠充滿罪惡感的臉孔，鐵棒被放進熔爐之中，拿出來時尖端燒得火紅。她感覺到優樓比二世從她背後架住她的手臂，巨人提馬聳立在她面前，牢牢抓住她的腦袋。她看著鐵棒逐漸逼近，感覺到它的熾熱。緊接著她驚醒，全身顫抖冒汗，失去的視力猶如從每一個毛細孔流失。她也夢到提馬羅蘇被戳瞎的過程，儘管她知道他已經過世，再也不必害怕什麼，無論是帝王的皺眉或者暴君的打擊。他在她之前受酷刑，因此她被迫觀看，在自身噩運降臨之前先觀看一回；她覺得自己就像是被戳瞎了兩次。

但是的確，圖像再次出現，黑暗不再絕對。她做夢時不知道自己是醒是睡，夢到自己完整的一生，從那場燒死她母親的火葬，到那座燒瞎她眼睛的熔爐。由於她的故事也正是毗斯納伽的故事，她回憶起自己的曾曾曾曾外孫女澤瑞妲·李如何告訴她要記錄這一切。

她大聲叫喚照料她的人：「給我紙張，還有一根羽毛，還有一些墨水。」

摩陀婆阿闍黎再一次坐在她身旁，「我想告訴妳，」他說，「妳以身作則，教導我何謂仁慈，讓我知道仁慈可以涵蓋所有人，不僅是虔誠信徒，還包括非信徒與其他信仰的信徒；不僅是品德高尚之人，還包括不知品德為何物之人。妳曾告訴我妳不是我的敵人，當時我不明白，如今了然於心。我晉見國王，讓他知道他的惡行玷汙了自己的名聲；但是我仍然必須關心他，就如同我要關心所有的人民。我和他談起他的詩作《戴上花環再獻上花環的人》，詩中描述坦米爾神祕主義者安妲爾，我說：『儘管您並不自覺，但是您對安妲爾的描述完全就是我們的王后潘帕．坎帕納；安妲爾的美就是潘帕．坎帕納的美，安妲爾的智慧就是潘帕．坎帕納的智慧。當安妲爾戴上花環，看著池塘，那水中倒影正是潘帕．坎帕納的臉龐。因此，你毀傷的人正是你頌揚的人；你詩中讚美的智慧，被你從自身剝奪；你不僅對她犯下罪孽，也對自己犯下罪孽。』我當著他的面這麼說，看得出來他火冒三丈，但是我作為曼達納領導人的身分還能保護我，至少目前如此。」

「謝謝你。」她說。她的言語表達仍有困難，也許書寫會容易一點。

「他准許我到妳的寢宮拿一些衣服，」摩陀婆阿闍黎告訴她，「我親自這麼做，還拿了妳的所有文件與作品，都在這個小袋子裡，我放在妳跟前。妳需要任何紙張、羽毛筆與墨水，也都會帶來給妳。我將指派一位最優秀的書記來協助妳，引導妳的書寫動作，直到妳的手能夠運用自如。而今而後，妳將以手代眼；眼睛看不到的事物，妳要用手寫下。」

「謝謝你。」她回答。

她的手能夠快速學習，很容易就重建與紙張、墨水池的親密關係，她書寫的細緻與精確也讓照顧她的人驚歎不已，字母上方橫線緊密連結，有如在紙上行軍。她開始覺得她的自我正隨著寫作而回歸，她寫得慢條斯理，速度遠不如過往，但是筆跡整齊清楚。她無法以「快樂」來形容自己，覺得快樂已離她遠去；然而當她寫作的時候，她比任何時候都更接近快樂的新所在。

耳語再度出現。一開始她不太清楚發生了什麼事，還以為有人在她房間外面的走廊講話，想叫他們保持安靜，或者至少到別的地方講話。然而她很快就知道，房間外面根本沒人，她聽到的話語是來自她內心的毗斯納伽，對她訴說人們的故事。事態反方向進行，就好像河水開始往上游流動。當她還是個孩子的時候，一位宗教聖人收容她，但是那個安全的地方後來不再安全，友誼也轉變為敵意。現在，另一位聖人過去曾是她的對頭，如今轉變為朋友，為她提供安全與照顧。另一方面，在毗斯納伽建立初期，她將人們的人生傳入他們的耳朵，讓他們可以開始擁有自己的人生；如今，那些人的後代將自己的人生傳入她的耳朵。城市裡有許多神廟，她從賣祭品——花朵、香、銅碗——的小販那邊聽到，他們近來生意興隆，原因是戳瞎事件——以及後來的**宰相**提馬羅蘇過世——讓人們對未來充滿不確定性，紛紛向諸神祈禱求助。從外國商人聚集的街道上，她聽到更多憂慮和懷疑：毗斯納伽儘管戰無不勝，是否仍將國勢中衰？民眾是否應該考慮趁現在還來得及，收拾行囊一走了之？中國人、馬來人、波斯人與阿拉伯人也都對她說話，她只能聽懂一小部分，但是充分體會他們聲音中的驚慌。她聽到女僕轉述女主人的憂慮，聽到占星家預言未來情勢險惡。王宮的女侍衛滿懷悲傷，有些人甚至考慮發動兵變。各個神廟的舞者、葉藍瑪神廟的**廟妓**表明不願繼續表演舞蹈。潘帕．坎帕納甚至認為她可以分辨個別的說故事者：這裡是悲傷的優樓比二世，那裡是巨人提馬。整個毗斯納伽陷入危機，危機的聲音迴響在她清醒時的思緒中。她聽到軍營裡官兵不滿的竊竊私語，年輕僧人的蜚短流長，朝臣口不擇言的輕蔑。國王不久前才從戰場凱旋，名聲卻降到他登基以來的最低點，民眾滿腦子想的都是宮廷政變的可能性。然而誰敢舉事、如何進行、何時動手、成功機會多大、成功之後該怎麼做、要是失敗該怎麼辦？《闍耶帕羅闍耶》有一部分我們現在稱之為「盲目詩篇」，潘帕·坎帕納讓無名氏、尋常百姓、卑微人物、被無視者有機會發聲，許多學者認為這些篇幅最能夠栩栩如生地呈現毗斯納伽的面貌。

她寫道，耳語是一項恩賜，將世界帶回來給她，也將她帶回去給世界。她的失明已是無可如何之事，但如今不再只有黑暗，其中充斥著人們、他們的臉孔、他們的生活。喜悅幾度離她而去，首先是澤瑞妲·李逝去，然後是她失去雙眼，讓她明白自己終究沒能逃離燃燒的詛咒。但是現在，點點滴滴，城市的耳語祕密讓喜悅重生：是一個嬰兒的誕生，是一幢新家的落成，是她從未享有的家人感情，是為馬兒套上蹄鐵，是人們果園裡結實纍纍，是農作物大豐收。是的，她提醒自己，恐怖的事情會發生，其中一樁也的確發生在她身上，然而大地上的生命依然豐饒、依然充裕、依然美好。她儘管失明，但是她看得到光。

回到王宮，國王迷失在黑暗之中。時間在雄獅王座周遭停下腳步，他的健康開始走下坡。朝臣談論他如何在王宮的迴廊漫遊，自言自語。有人說他似乎是在和鬼魂深度對話。他與已過世的宰相說話，尋求建議，結果沒有回應。他與死於難產的二房王后說話，尋求愛情，結果沒有回應。他帶著死去的孩子走進花園，想教他們認識事物，推他們盪鞦韆，把他們抱起來拋向空中，但是他們不想玩耍、無法學習。（奇特的是，他沒有花多少時間陪伴活下來的女兒蒂魯馬拉姆芭．提毗；相較於已經成年的女兒，他更掛心的是夭折的孩子。）

（依據潘帕．坎帕納在這裡的敘述，蒂魯馬拉姆芭．提毗已經成年。但我們必須提及，細心——不是學究！——的讀者可能會計算發現，「現實」中的蒂魯馬拉姆芭應該還是一個孩子。對於這些讀者以及所有透過本書接觸到《闍耶帕羅闍耶》的人，我們提出如下的建議：當妳體驗潘帕．坎帕納的故事，不要拘泥於傳統上對「現實」的描述，不要一味跟著日曆與時鐘走。這位作者先前曾經——她描述自己在阿蘭尼耶尼的六個世代「沉睡」——顯示，她願意為了戲劇化目的而壓縮時間。她在這裡則顯示她也願意反方向運作，增長而非縮短時間，來符合她的要求，讓蒂魯馬拉姆芭在神奇擴張的時間之中成長——在她的泡泡之外的時鐘停止運轉，泡泡之中的時鐘繼續行走。對於依據時序的敘事，潘帕．坎帕納是女主人而非僕人。無論她的詩句要我們相信什麼，我們都必須接受，不這麼做的人都是傻瓜。）

克里希納提婆羅耶前往毗斯納伽每一座神廟參拜，禱告祈求自身能夠解脫苦難；但是諸神對他充耳不聞，畢竟此人戳瞎了那位被女神附身超過兩百年的城市創建者。他寫作詩歌，但隨即撕毀。他要求宮廷的詩歌天才集團「七象」——七位才華足以撐起蒼穹的詩人——創作新詩歌，抒發情感來振興毗斯納伽的美好，然而他們一致表示自己靈感枯竭，一個字也創作不出來。

「**國王瘋了**。」耳語說道。

或許滿懷悔恨與恥辱的國王，因為自知之明——知道自己的雷霆之怒粉碎了自己的世界，趕走了這個世界最重要的兩個成員——引發的恐懼而身心俱疲，如今心心念念渴望贖罪，但卻不知如何進行、不得其門而入。

他的健康持續惡化，開始臥床，御醫找不出病因。他似乎失去了活著的理由，「他想要的就只是，」耳語說道，「在離開之前獲得些許心靈的平靜。」

狀況急轉直下來到某個時間點，他想起自己的弟弟仍然被囚禁在昌德拉吉里的堡壘。朝廷許多人認為他陷入臨終的狂亂，他大喊：「我有一個過錯可以彌補！」然後下令釋放阿鳩多，派人將他從流放地護送回到毗斯納伽城。「毗斯納伽需要一位國王，」克里希納提婆羅耶宣布，「我死之後，我的弟弟將成為統治者。」整個朝廷沒有多少人見過阿鳩多，但是關於他品行惡劣、性情殘酷、崇尚暴力的傳聞人盡皆知。然而沒有人敢發言違抗國王的命令，只有蒂魯馬拉姆芭的夫婿阿利亞試圖介入。

人們開始認為克里希納提婆羅耶來日無多，阿利亞前去探視。「陛下，容我直言，」他開門見山，「您的弟弟阿鳩多是人盡皆知的野蠻人。明明我就在這裡，為什麼要去找他？我身為您唯一存活子女的夫婿，人們都知道我是個正經的人、負責任的人；我會成為一個更適合、更沒風險的繼承人，不是嗎？」

國王搖搖頭，似乎不太記得蒂魯馬拉姆芭是何許人，也不太認識遠比她年長的丈夫。

「我必須和我弟弟和解，」國王回答，揮動著衰弱的手，很不以為然。「雖然昌德拉吉里不算太糟，」他語帶憐憫，「那裡的君臨宮相當舒適。但是我必須釋放他。至於你，好好照顧我的女兒，她的叔父阿鳩多當上國王之後，他會給你們應有的尊重。」

阿利亞轉向蒂魯馬拉．提毗與她母親那伽羅．提毗求助：「您身為正宮王后，必須制止國王。當初您不正是為了王位的考量，才希望蒂魯馬拉姆芭嫁給一個較有分量、年紀較長、較有權威的人，而不是一個沒什麼歷練的年輕人？這不正是讓您的家族登上毗斯納伽王位的一條路？現在時候已到，您必須採取行動。」

蒂魯馬拉．提毗悲傷地搖搖頭，說道：「我女兒恨我，也不跟她的外祖母來往。她認為當初她生病時，我們不關心她的死活，注意力全放在她弟弟身上。現在她對我們視而不見。就算我們幫助她和你登上雄獅王座，對我們也不會有什麼好處。」

「那件事是真的嗎？」阿利亞問道，「妳們兩位的注意力？」

「這是什麼問題，」那伽羅．提毗回答，「當然不是。她從小就是壞脾氣。」

阿利亞回到日益衰弱的克里希納提婆羅耶身邊，「您在宰相提馬羅蘇和潘帕．坎帕納的事情上犯下大錯，」他說，「請不要在離開我們之前犯下第二樁大錯。」

「去找我弟弟，」克里希納提婆羅耶命令他，「他將成為你們的國王。」那是他一生做出的最後一個決定，幾天之後駕崩。克里希納提婆羅耶曾經不可一世，君臨與他同名河流以南的所有地區，成為「勝利之城」有史以來最偉大的勝利者，讓毗斯納伽達到前所未有的繁榮興盛；然而當他駕崩時卻陷入無法言喻的恥辱，昔日榮耀黯然失色，人民再也看不見他的豐功偉業，就好像當他戳瞎宰相提馬羅蘇與潘帕．坎帕納的雙眼時，也戳瞎了毗斯納伽的每一個人。

耳語告訴潘帕．坎帕納，他最後的遺言是對自己的怨恨駁斥。

「異議。」

PART 4
FALL

第四部：毀滅

第二十章

父王過世之後，蒂魯馬拉姆芭．提毗公主失魂落魄，在毗斯納伽的街道上遊走，優樓比二世保持一段距離跟隨在後，有備無患。然而沒有人不懷好意地接近這位悲傷的公主。她的悲傷就像一層面紗，遮擋住粗魯陌生人討厭的注視。大市集街道上，室利．拉克斯曼與他的兄弟室利．納拉揚想拿給她水果、豆子、種子與大米，但是她微微搖頭，憂愁走過。黎明時分她來到河邊，看著善男信女讚頌太陽神蘇利耶，但是她已無心膜拜任何神祇。河邊一帶山丘起伏，巨石林立，讓她相形之下顯得渺小，更增添了一種無足輕重的感覺，像隻蚊子，像隻螞蟻。父親過世之前並沒有認可她的權利，也不經討論就否決她的夫婿繼承王位，形同羞辱。她的母親與外祖母都成了惡毒的悍婦。她在這世間孤孤單單，只有她下嫁的那個老男人作伴，但他成天籌劃陰謀詭計，試圖在新國王抵達之前，讓自己的盟友占據重要位置；他沒有時間理會她的苦惱。她在外國人居住區漫遊進出，那裡有瓷器、美酒與精細的手織薄布。她也走過貴族人家的街坊與風塵女子的深巷。她在王城長大，但是城裡的翠綠池塘與美麗建築無法引起她的興趣。她蜿蜒行經灌溉的運河、擁有城裡最佳女舞者的葉藍瑪神廟。她心想：**每個人都知道自己應有的位置，我在這地方卻無家可歸**。就這樣，既失落又漫無目的，她一路走向曼達納**僧院**。這時她需要雙腳更甚於需要頭腦，雙腳帶她來到潘帕·坎帕納的門前。

整個城市屏息以待。阿鳩多即將抵達，他在路上的旅店度過狂野的夜晚，大口喝酒，大快朵頤，鶯鶯燕燕，鬥毆鬧事，這些故事早早就傳到宮廷。毗斯納伽的確應該擔心，接下來的新時代恐怕會截然不同於克里希納提婆羅耶全盛時期的帝王榮光，以及攝政王后潘帕·坎帕納在國王出征時期培植的藝術與包容文化。某種更加喧鬧、粗糙的事物即將來到，此時保持低調、循規蹈矩才是明智之舉。阿鳩多提婆羅耶是出了名的粗野不文，而且暴力成性，沒有人知道他會往哪個方向發展。有消息從昌德拉吉里傳來，許多人被阿鳩多吊死在路邊，只因為被指控或被誣告對他不恭敬。這樣的故事預示了新秩序的來到，讓每一個人膽戰心驚。

「我可以進來嗎？」蒂魯馬拉姆芭·提毗輕聲問道，一個蹲踞在房間遠處角落的女子微微揮手，示意要她進來。公主立刻走進房間，脫掉涼鞋，向前觸摸失明女子的雙腳。「不要這樣，」潘帕·坎帕納說道，「在這個地方，我們平等相會，否則不如不要相會。」

蒂魯馬拉姆芭·提毗坐在她身旁，說道：「妳是毗斯納伽的母親，卻被毗斯納伽的孩子如此殘酷對待，更何況他們也是妳的孩子。而我，也是一個被自己母親與外祖母殘酷對待的孩子。所以也許我是在尋找一位母親，而妳需要一個孩子。」

之後兩人成為朋友。蒂魯馬拉姆芭．提毗每天都會過來，優樓比二世很快就讓她一個人待著，告訴她在那裡不需要隨扈，沒有人會受到傷害。角落的女子有時候不想說話，兩個人就安安靜靜一起坐著。那是一種美好的靜默，讓兩個女人都覺得受到呵護，更加接近彼此。有時候潘帕．坎帕納想要說話，為年輕女孩講述自己早年的故事，胡卡與布卡如何用一袋種子催生出整個城市，對抗粉紅猴子的戰役，一切的一切。蒂魯馬拉姆芭．提毗聽得目瞪口呆。

潘帕．坎帕納每一天都會設法寫一點東西，蒂魯馬拉姆芭．提毗看到她的困難，儘管她的手部運用很有技巧。終於，蒂魯馬拉姆芭．提毗說話了：「在我看來，妳因為眼睛的關係，手的動作變得非常緩慢，遠遠趕不上妳的心智，這對妳而言相當難受。其實妳創作的速度可以非常快，但沒有辦法快速記錄下來。這樣的強迫放慢一定讓妳滿懷挫折感，是不是？」

潘帕．坎帕納微微點頭，意思是說：**也許，我沒有其他選擇**。

蒂魯馬拉姆芭．提毗鼓起勇氣，提出一個大膽建議：「不朽的廣博仙人在寫作《摩訶婆羅多》的時候，口述速度飛快，對不對？但是象頭神迦尼薩都還來得及記錄，對不對？當祂的筆斷裂，祂折斷自己的一根象牙、繼續書寫，是不是這樣？正因如此，我們又稱祂**伊克丹塔**，一根象牙的迦尼薩。」

「我不是廣博仙人，」潘帕．坎帕納回答，臉龐浮現一抹罕見的微笑，「而且妳的牙齒也都還在，這個我很確定；還有，我知道妳並沒有一雙大耳朵。」

「但是不論妳口述速度多快，我都能跟得上。」蒂魯馬拉姆芭．提毗眼睛發亮，「如果我的筆折斷，我會想盡各種辦法繼續抄寫，絕不停頓。」

潘帕．坎帕納考慮這項建議。

「妳會跳舞嗎？」她問，「因為迦尼薩是一位絕佳的舞者。妳能騎在一隻老鼠身上嗎？妳會不會將一條蛇纏在脖子上當成圍巾、或者盤在腰間當成腰帶？」她說著說著，滿臉微笑。

「如果非這樣做不可，」蒂魯馬拉姆芭．提毗堅定表示，「那麼我會學習。」

阿鳩多．提婆．羅耶踏進蓮花宮，只想大開殺戒。他膚色黝黑，年紀五十來歲，蓄著大鬍子，牙齒間隙很大，大腹便便；他的憤怒讓人想像他長期被關押在一個遙遠的地方，只能任憑一些鄉下的牙醫擺布。他的穿著彷彿要投入戰鬥：鎖子甲背心外面罩著無袖皮革外套，腳上是一雙破舊的靴子，腰間掛著一把劍，背上繫著一面盾牌。他的隨從是烏合之眾，一群醉醺醺的流氓惡棍，也是他在昌德拉吉里唯一的人際關係。這群人後面才是王室隨扈，一群來自王宮侍衛的女戰士，從她們的表情就可以看出，她們對國王朋友一路上的花天酒地、國王自身的胡作非為有多憤慨。她們職責所在要將新國王護送到雄獅（或者鑽石）王座大廳，但此人態度粗暴惡劣，讓她們覺得自身專業遭到踐踏。

恭候新國王大駕的是王室家族的剩餘成員：克里希納提婆羅耶的正宮王后蒂魯馬拉．提毗、她的母親那伽羅．提毗、公主蒂魯馬拉姆芭．提毗、她的丈夫阿利亞．羅摩。阿利亞後來決定將自己的稱號改為「阿利亞．羅摩．羅耶」，理由是他娶了克里希納提婆羅耶唯一倖存的孩子，但這麼做也必然會被阿鳩多視為警訊、搧動，甚至形同宣戰。「人們若像我遭放逐這麼久，」阿鳩多說道，「回來後會尋求復仇。毀掉我一生的人——我高貴的哥哥——已經離開，不必面對我的怒火，但是你們要代替他承受。」

「二十年相當漫長，」阿利亞回答，「我們看得出來，放逐對你的容貌與性格都造成了傷害。然而我們還是歡迎你，叔父——我用這個稱呼聊表敬意，儘管我比你還年長幾歲。毗斯納伽如今為你所有，這是先王的遺命，請相信這裡沒有人會抗命。但是你也要知道，王宮的人們——貴族、大臣、一般官員、強悍的宮廷侍衛——不僅效忠王位的擁有者，更效忠帝國本身。在你離開的二十年中，他們效忠善待自己的人。且讓我講清楚說明白，他們愛戴先王唯一存活的孩子——他的女兒，而我是她挑選的丈夫，因此他們也會效忠於我。宮廷大門外的人們同樣如此，他們愛戴的是毗斯納伽，國王是毗斯納伽的僕人，永遠不可以背叛它。

因此請你小心行事，否則你的統治可能會相當短暫。」

「此外，」蒂魯馬拉・提毗說道，「我的父親、我母親的丈夫、你南方邊界的守護者、室利朗格帕特塔納的毗羅波提亞王，他會密切觀察，你一旦得罪他，情勢對你相當不利。」

阿鳩多轉向蒂魯馬拉姆芭・提毗公主：「至於妳，年輕女士，妳怎麼說？妳也要威脅我嗎？」

「我最親密的朋友、我第二個母親潘帕・坎帕納雖然失明，但是一切事情都看得一清二楚。因此，我要學習她的榜樣，訴說一切但不會開口。」

阿鳩多抓一抓頸背，一隻手移向腰間的寶劍，抓住劍柄，放開，再次抓住，再次放開。然後他用右手搔著頭頂，撫弄他濃密、凌亂、發白的頭髮，皺起眉頭；左手移向右手臂的胳肢窩，就像在抓跳蚤。他搖搖頭，一副不可置信的樣子。他望著自己帶來的酒友，表情彷彿在說：**你們實在沒什麼用處**。突然間，他哈哈大笑，鼓掌叫好，「家庭生活是吧？」他大喊，「你拿它沒辦法。回家真好，我們開飯吧。」

接下來的幾個年頭，阿鳩多・提婆・羅耶加冕盛宴的故事活色生香、家喻戶曉，成為最能夠代表他統治時期的故事。毗斯納伽每一個人都歷歷在目，國王與他醉茫茫的夥伴進食有如豬玀，喝酒有如在沙漠中迷途多年；王室成員與朝廷貴族安靜坐著，雙手交疊，什麼都沒吃。阿利亞・羅摩・羅耶站在宴會廳後方，根本拒絕坐下來和新統治者一起用餐，心裡想的是他下一步該怎麼做。

蒂魯馬拉姆芭‧提毗為潘帕‧坎帕納詳細敘述當天晚上的情景，由《闍耶帕羅闍耶》的作者轉化為詩句，公主以漂亮的字跡抄寫，呈現在我們眼前。當蒂魯馬拉姆芭的敘述告一段落，潘帕‧坎帕納深深嘆一口氣，「這兩個男人，妳丈夫和妳叔父，我們全都會毀在這兩個人手裡。」

毗斯納伽動盪史最後兩位男性領導人天差地遠，後來人們以「同意與反對」、「向上與向下」或「加法與減法」來描述他們背道而馳的性情。「進步與倒退」也有人用，在這個層面，阿鳩多絕對是倒退的一方。他這種人毫不客氣含蓄，會闖進你家大門、給你當頭棒喝，把你房子偷走。阿利亞則是偷偷摸摸，如果他要偷走你的房子，你要等房子不見之後才會發現：站在馬路上，無家可歸，心想為什麼一切都消失了。阿鳩多會讓人聯想起一頭熊，頭上圍繞著一群憤怒的蜜蜂，總是焦躁不安，揮擊著嗡嗡作響的空氣。阿利亞靜定不動，像一個弓箭手，即將射出他致命的箭鏃。阿鳩多身材厚實臃腫，阿利亞則像一副會行走的骨架，配上一張生硬的長臉；手腳也細細長長，看似沒有肌肉，只有皮膚包覆著骨骼。阿鳩多容易激動，阿利亞異常平靜。阿鳩多宗教信仰虔誠，對其他宗教的信徒滿懷敵意；阿利亞鄙夷人性，只要覺得你有價值，完全不在乎你的信仰。人們對阿鳩多的才智評價不高，阿利亞‧羅摩‧羅耶則是王宮之中最聰明的人。

儘管如此，阿鳩多治下的毗斯納伽還是撐了過去。它的繁榮程度不如已往，領土與影響力也大不如前，然而當阿鳩多的統治結束，毗斯納伽依然屹立。相較之下，當阿利亞一了百了，帝國也畫下句點。

幾年過後，蒂魯馬拉姆芭．提毗說服潘帕．坎帕納離開曼達納**僧院**。當初她之所以願意走出寢室，完全是因為聽說**僧院**有一間陶藝室，陶輪、陶窯一應俱全，因此，在很長一段時間之後，儘管已經失明，她又開始做陶藝。後來那個收藏她一生傑作手稿的陶罐，很有可能就是她親手捏塑。很長一段時間，陶藝室與寢室是她唯二願意留下的地方。

最後讓她改變心意的關鍵，是那座新樹立的女神潘帕雕像。阿鳩多．提婆．羅耶決心要展現自己的虔誠信仰，下令打造一座女神雕像——潘帕是濕婆的妻子、梵天的女兒雪山神女在當地的化身，流經毗斯納伽的河流也以祂為名。雕刻家克里希納跋陀是一位婆羅門天才，先前克里希納提婆羅耶曾經委託他為天神那羅僧訶——毗濕奴半人半獅的化身——雕刻一座令人望而生畏的巨大雕像，而且只用一塊巨石：那羅僧訶左邊大腿坐著吉祥天女，懷中躺著魔王金床的屍體。這座雕像一直要到克里希納提婆羅耶過世之後才完成，但是永遠讓世人聯想到他的榮耀。阿鳩多要求克里希納跋陀打造一座同等巨大、壯麗的潘帕雕像，而且也只使用一塊巨石，完成後將矗立在那羅僧訶雕像的正對面。這就有如將阿鳩多的權勢化身為石雕的女神潘帕，與那羅僧訶的雕像一樣巨大、可怖，可以睥睨壓制前任國王的功業。

「妳必須來，」蒂魯馬拉姆芭．提毗告訴潘帕．坎帕納，「因為就在雕像完工與祈福典禮之後，人們都說它是向妳——我們所有人的母親——致敬，阿鳩多．提婆．羅耶透過這座雕像，為自己哥哥對妳犯下的罪行道歉。」她咯咯笑著，「這種說法快把我叔父搞瘋了。」

「好的，」潘帕．坎帕納終於答應，「我的眼睛看不到，但是我的手指可以代勞。」

潘帕．坎帕納離開**僧院**那天，頭上裹著一塊白布，保護她毀損的雙眼。摩陀婆阿闍黎親自為她撐傘，儘管他年事已高。毗斯納伽萬人空巷，向她致敬。她聽到群眾的喊聲與歌聲，非常感動。她開始思考——受重創退隱之後的頭一回——是否要重返人世生活；是否要在燒紅的鐵棒造成深仇大恨之後，為自己尋回一些摯愛的感受。她來到雕像所在地，雕刻家親自引導她的手來感受雕像的表面，描述它的細節，解釋它的象徵。

在蒂魯馬拉姆芭．提毗與摩陀婆．阿查里亞幫助之下，她向女神獻上鮮花，不僅祝賀雕刻家，也特別祝賀國王，能夠完成這樣至高無上的奉獻。「它很美麗，」她柔聲說道，她的話被許多聲音複述，像漣漪一樣漫過群眾，「我看它看得非常清楚，就好像它復原了我的視力。」

消息很快就傳進王宮，讓阿鳩多大為光火，他建造雕像是要為自身增添榮耀，卻在無意間變成向曼達納那個瞎女人致敬。（有人認為他應該可以預見會發生什麼事，而我們以後見之明看來，也不得不同意這種說法。但另一方面，阿鳩多這個人沒有什麼遠見，也不是才智出眾的統治者，因此民眾對於潘帕雕像的反應才會讓他驚訝、憤怒；而且他發現自己的愚蠢之後，也有可能因此惱羞成怒。）

「叫她去死吧，」他坐在王座上咆哮，「她居然假裝自己是女神？毗斯納伽容不下巫婆或是褻瀆者。如果戳瞎她還不足以讓她消失，我要把她活活燒死。」

潘帕．坎帕納的書中並沒有記載阿鳩多朝臣的名字，不過顯然他們——不管是何方神聖——說服國王，公然燒死一個廣受尊崇的女性，並不是明智之舉。不過他們阻擋不了他駕臨曼達納**僧院**，要求巡視她的住所。摩陀婆阿闍黎帶路，一行人發現她坐在她習慣的角落，朗誦詩篇，由蒂魯馬拉姆芭．提毗負責記錄。

「就算我不能燒死妳這個人，」他告訴她，「我一定能燒掉妳寫的書，我不必看就知道書裡面充斥著不適當、禁忌的思想。然後妳將會死去、被人遺忘，沒有人會知道妳是誰，雕像將回歸我的名下，永永遠遠如此。妳覺得如何？」

蒂魯馬拉姆芭．提毗跳起來，擋在阿鳩多與失明女子之間，「你必須先殺了我，」她說，「這位女士擁有神明賜予的才能，你的威脅如果化成行動，將是褻瀆神明。」

潘帕．坎帕納也站起來：「你想燒多少書就去燒，但是我創作的每一句詩行都保持在我的記憶裡，你如果想要消滅它，就必須砍下我的頭顱，塞入稻草，就像我書中那些亡國之君的遭遇。」

「我也默記了這部不朽的作品，」摩陀婆阿闍黎說道，「所以你的斧頭也必須造訪我的脖子。」

阿鳩多臉龐漲紅，「那個時刻也許就快到了，」他惡狠狠地說道，「到時候我會欣然接受你們所有的提議。至於現在，你們都去死吧，不要擋我的路，還有妳，」他憤怒地指著潘帕·坎帕納，「妳再也不准造訪我的雕像。」

「無所謂，」潘帕·坎帕納說道，「我的歷史不是寫在石頭上。」

國王離開之後，她轉身對摩陀婆阿闍黎說：「你剛才說的不是事實，你為一個謊言冒生命危險。」

「有些時刻，謊言比生命更重要，」他回答，「今天就是這樣的時刻。」

她回到自己的角落安頓好，「很好，感謝兩位，現在我們可以繼續工作了。」

「有時候我憎恨男人，」蒂魯馬拉姆芭·提毗說道，摩陀婆阿闍黎已經離開。

「我的一個女兒也是這樣想，」潘帕·坎帕納告訴她，「她喜歡和女人作伴，生活在阿蘭尼耶尼森林無比快樂。如果妳所謂的『男人』是指剛才那位王室訪客，那就情有可原。但摩陀婆的確是一個好男人。還有，妳的丈夫還好嗎？」

「阿利亞滿腦子陰謀和計畫，」蒂魯馬拉姆芭回答，「滿腦子祕密和詭計。朝廷裡黨派四分五裂，他知道如何挑撥一群人對抗另一群人，如何兼顧不同群體的利益。阿鳩多不是阿利亞的對手，這種程度的複雜性讓他頭暈眼花，因此阿利亞已經成為第二個權力中樞，跟國王平起平坐，這也正是他的目標，至少目前是如此。他這個人有如一座迷宮，你永遠不會知道要從哪個方向進去。妳如何能夠愛上一座迷宮？」

「告訴我，」潘帕．坎帕納問她，「我知道公主都是王冠的囚徒，很難選擇自己的道路，但是在妳內心深處，妳期盼什麼樣的人生？」

「從來沒有人問我這個問題，」蒂魯馬拉姆芭．提毗回答，「就連我母親也沒問過。永遠只有職責、職責、職責。現在唯有為妳抄寫詩句才能讓我心滿意足。」

「但是對妳自己而言呢？」

蒂魯馬拉姆芭．提毗深呼吸一口氣，「來到外國人居住的街道，我變得嫉妒起來。他們來來去去，沒有牽絆，沒有職責，沒有限制。他們的故事來自世界各個地方，我也確信當他們前往另一個地方，我們也會成為他們說給當地人聽的故事。他們甚至會為我們講述我們自己的故事；而且就算他們顛倒每一件事，我們也照樣相信。就像是他們有權利對全世界的人們講述全世界的故事，然後就……繼續前進。所以我有一個愚蠢的想法：我想當一個外國人。如此愚蠢，真是抱歉。」

「我有一個女兒也是這樣，」潘帕．坎帕納說道，「而且妳知道嗎？她後來果真成為外國人，我猜想她應該很快樂。」

「妳不確定？」蒂魯馬拉姆芭問道。

「我失去她，」潘帕．坎帕納回答，「但也許她找到真正的自己。」她把一隻手放在公主的膝蓋上，「去找一根黑鳶的羽毛。」她囑咐她。

「一根羽毛？為什麼？」

「好好收藏起來。」潘帕．坎帕納回答。

「人們說妳來到這裡的時候是一隻鳥。」蒂魯馬拉姆芭滿懷敬畏。

「我們回去工作吧。」潘帕．坎帕納說道，然而在她再度開始朗誦之前，她又提起一件事：「我曾經認識一些外國人，甚至愛過其中一兩位。但是妳知道他們最令人失望的地方是什麼嗎？」

「是什麼？」

「他們看起來一模一樣。」

「我可以問妳一個問題嗎？一個妳問過我的問題。」蒂魯馬拉姆芭說道，「妳仍然希望什麼、期盼什麼嗎？我當然知道妳失去視力，真是抱歉，又是我的愚蠢。但是妳還會有什麼祕密的欲望嗎？」

潘帕．坎帕納微笑說道：「謝謝妳，我的欲望年代已經結束，現在我想要的一切都在我的文字之中，而我需要的一切也就是這些文字。」

「那麼，當然可以，」蒂魯馬拉姆芭．提毗說道，「我們回去工作吧。」

雨季來到，情勢全面升溫。一天清晨，蓮花宮的寢宮裡，阿利亞．羅摩．羅耶與妻子安靜共進早餐，聆聽著彷彿相當歡欣的雨聲，因為有僕人在場，兩人沒有說話。用餐結束之後，阿利亞將每一個房間巡視一遍，確定沒有人偷聽，沒有大嘴巴的僕役或者聊是非的侍女，這才開口說話。

「我幾乎沒辦法和那個人溝通，」阿利亞告訴蒂魯馬拉姆芭．提毗公主，「他的思想水平是如此低下，思考事情就像在吃東西，跟豬一樣。」

粗暴的國王阿鳩多與他狡猾的對手阿利亞，兩人之間的權力分享協議既鬆散又緊張，彼此都不滿意，因此引發經年累月的爭端，將毗斯納伽往兩個相反的方向拉扯，民眾怨聲載道。

蒂魯馬拉姆芭小心翼翼回答：「摩陀婆阿闍黎說國王對神明很虔誠，不是嗎？」

「是的，」阿利亞回答，「但他什麼都不懂，他所謂的宗教就只有『**他們**是壞人，**我們**是好人』，而且我想他其實害怕**他們**。現在北方出現了一個新的**他們**，也就是蒙兀兒人，他簡直嚇壞了。」

「但是**他們**在毗斯納伽無所不在，」蒂魯馬拉姆芭說道，「許多街坊都有他們進行崇拜的場所，他們和我們一起生活，是我們的朋友和鄰居，我們的孩子玩在一起。而且我們說過，我們首先是毗斯納伽人，然後才是諸神的信徒，不是嗎？我們說過。軍中有幾位高階將領也是**他們**，對不對？此外，**我們**在五個蘇丹國也是無所不在，從大人物到商店老闆都有，就連他們王宮中的妻妾也有**我們**。」

「我已經對五位蘇丹伸出友誼之手，」阿利亞告訴妻子，「他們似乎比阿鳩多更害怕蒙兀兒人，儘管雙方信奉同一位神祇。我試圖對阿鳩多解釋，神祇不是重點，能夠自我治理才是。五位蘇丹和我們一樣，目標都是不被征服、不被消滅、保持強大、保持自由。然而他只會說『**爭鬥時、爭鬥時**，黑暗時期即將降臨，我們必須向毗濕奴祈禱，祂將從黑暗的痛苦中拯救我們。我們必須祈禱得到祂的力量，來對抗**他們**、徹底消滅他們。』這就像一個四歲小孩對宗教經典的理解。『徹底消滅他們』？就算做得到也是蠢事一樁。聲稱要『徹底消滅他們』就好比主動要求對方消滅自己。我正在和五位蘇丹好好溝通，大家不要再談什麼消滅的事。」

「他怎麼說呢？關於你的……『溝通』？」

「我們近來很少交談，這也不是好事。因此我想了一個主意：邀請五位蘇丹來毗斯納伽作客，調停阿鳩多和我的關係。」

「但是夫君，恕我多言，這會不會是個很糟糕的主意？這樣做不是會讓我們顯得脆弱嗎？」

「會讓阿鳩多顯得脆弱。」阿利亞回答，看著遠方，表情似笑非笑，「至於其他人，另當別論。」

「但是如果他們認定國王脆弱，於是發動攻擊、占據我們的領土，該怎麼辦？」

「果真如此，親愛的妻子，那將會向整個毗斯納伽證明國王無法勝任，必須改朝換代。」

「所以這就是你的計畫，」蒂魯馬拉姆芭．提毗搖頭說道，「我不知道，夫君，人們已經認為你是老奸巨猾，這樣只會證實人們的想法，不是嗎？」

「人們願意接受**狡猾**，」阿利亞平靜地說道，「只要能做到既狡猾又**能幹**。」

蒂魯馬拉姆芭知道沒有必要再討論下去，「你跟國王提過了嗎？」她問。

「我現在就要去告訴他。」

「但是他絕不會同意，不是嗎？他沒那麼笨。」

「五位蘇丹已經上路，」阿利亞說道，「我已經下令籌備一場盛大的歡迎儀式，還有一場盛大的饗宴，他們明天就會到來。」

蒂魯馬拉姆芭．提毗站起身來，準備前往**僧院**，展開她與潘帕．坎帕納一天的工作，「用**狡猾奸詐**來形容你顯然還不夠，」她離開時說道，「或許也可以用**鬼鬼祟祟**，還有**精於**

算計，或許要再加上一點**偷偷摸摸**。你和國王的對比其實不太像是『同意與反對』，比較像是當他說『不』，你會說『小心你的背後。』」

「謝謝妳，」阿利亞．羅摩．羅耶微微點頭，「當妳刻意為之，妳很會說好聽的話。」

他又笑了，一抹淡薄、神祕的微笑。

「今天我需要一把傘，」她說，「但我還是會淋溼。你也應該帶一把傘。像你這樣行事，落在你頭上的不會只有雨點，整片天空都會垮下來。」

德干高原五位蘇丹——亞美德納加、貝拉爾、比達爾、畢查浦、哥康達的統治者——的國是訪問並沒有持續多久，然而帶來巨大的變化。畢查浦老邁的蘇丹阿迪爾．沙阿當年在來楚爾被克里希納提婆羅耶擊潰，這回帶了一支小規模部隊與會，還穿著歷經戰鬥洗禮的軍裝。年紀更大的哥康達蘇丹庫特布．沙阿帶了一支更大的部隊，身上披掛著眩目的鑽石。這兩位蘇丹都給人耀武揚威的印象，因此反而顯示自身脆弱。亞美德納加的胡賽因．沙阿與貝拉爾的達里亞兩位蘇丹身體狀況欠佳，看起來都自知不久於世。比達爾的阿里．巴里德在五位蘇丹中年紀最輕、最為健康、最有自信，隨從規模也最小，彷彿是在昭告毗斯納伽的統治者：**諒你們不敢**。

阿鳩多．提婆．羅耶被阿利亞．羅摩．羅耶的計謀激怒，五位蘇丹才剛抵達，他就表明不需要他們的調停，「好，你們都來了，這不是我的主意，但木已成舟。」他不客氣地告訴他們，「我們不需要各位的建議，你們跑這一趟是白費工夫。太可惜了。現在既來之則安之，我們今晚好好吃一頓，然後各位就可以上路了。」

國王心裡想的是：**四個病懨懨的老人和一個小伙子，沒什麼好擔心的**。對於對方宗教的信徒，他還有一些不怎麼討喜的想法，但是沒必要在這裡複述。此外，無庸置疑的是，五位蘇丹對他也有同樣不討喜的想法。

晚宴時分，阿利亞．羅摩．羅耶與五位蘇丹一一對話。他很快就得知，亞美德納加的胡賽因．沙阿與貝拉爾的達里亞瞧不起比達爾的阿里．巴里德與畢查浦的阿迪爾．沙阿，原因是後兩者的王朝創建者的祖先是來自外國（喬治亞）的奴隸。哥康達的庫特布．沙阿瞧不起胡賽因．沙阿與達里亞，原因在於胡賽因的家族是婆羅門印度教徒，達里亞的祖先也是改宗的印度教徒。庫特布．沙阿享有哥康達的財富與權勢，因此被其他四位蘇丹憎恨與畏懼。五位蘇丹分別與阿利亞對話時，似乎都比與其他蘇丹對話來得愉快。至於阿鳩多，他與賓客保持距離，坐在餐桌的遠端喝酒，認為唯有如此才能熬過這個災難一般的晚上。

阿利亞．羅摩．羅耶心想：**真是有趣，他們彼此討厭；這個狀態要保持下去**。

當晚大雨如注，宴會廳屋頂顯然需要修繕，無法完全抵擋大雨，好幾個地方漏水，王宮人員拿著水桶與拖把匆忙穿梭，畢查浦與哥康達的蘇丹要有人幫忙撐傘。這種情形對宴會氣氛毫無幫助。

阿鳩多國王想得沒錯，這個晚上有如災難。五位蘇丹第二天破曉之前就動身離去，每個人都對這場無謂的旅行火冒三丈。

畢查浦的阿迪爾·沙阿心想：**毗斯納伽的狀況很糟，四分五裂，國政凋弊，屋頂漏水，人心困惑；也許時候已至，他應該做出果決行動。**

那場國宴還有另一件事值得注意：老態龍鍾的那伽羅·提毗最後一次出席國家活動。她的一邊是臉色陰沉的女兒、前王后蒂魯馬拉·提毗，另一邊是端莊內斂但臉色愉悅的外孫女蒂魯馬拉姆芭·提毗。三個女人直挺挺坐著，吃得很少，喝得不多，默默無語，早早退席。那天晚上，那伽羅·提毗過世。

那天晚上，大雨一度停歇，蛙聲四起，老太太躺在床上聆聽，安靜離開。「那是她這一輩子唯一安安靜靜做的事。」她的外孫女蒂魯馬拉姆芭在**僧院**裡告訴潘帕·坎帕納，然後哭了出來，「有時候儘管妳感覺某個人並不愛妳，但妳還是會繼續愛她，正是如此。」她哭著說，「也許那樣反而更糟。如果妳不再愛某個人，痛苦也會減少。我還是個小女孩的時候，會坐在她腳邊聽她講故事，被她帶出去見世面。當時她和後來不一樣，也許比較快樂。她曾經告訴我蒂魯馬拉亞的故事，據她說這位領導人在五百多年前建造了我們偉大的神廟。然後她帶我到神廟，一樣一樣解說，一直進到神廟最深處，甚至包括供奉神祇與七頭蛇的聖堂。她也帶我去那座美麗的瀑布。室利朗格帕特塔納是一座島嶼，位於卡弗里河；那條河在抵達我們的家園之前一分為二，流過之後又合而為一。她告訴我兩道水流再度會合的地方，也正是全世界拋撒骨灰最吉利的地方。她曾經帶我過去，指給我看最適合的位置。所以現在我們要帶她去到那裡，將她的骨灰撒在河水上。」

「跟妳母親談談，」潘帕．坎帕納說道，「她剛失去自己的母親，很需要女兒陪伴。」

「現在妳是我的母親，」蒂魯馬拉姆芭．提毗說道，「我是妳的女兒。」

「不行，」潘帕．坎帕納告訴她，「今天不行。」

蒂魯馬拉姆芭發現母親蒂魯馬拉．提毗一個人待在寢宮裡，眼睛是乾的，臉色高深莫測，有如一道上鎖的門。「妳的外祖母放棄自己的婚姻，陪我來到毗斯納伽生活。她深愛妳的外祖父，他至今仍然愛她，然而他們還是決定她要陪伴我，確保我在這個可怕的地方安全無虞；這地方的每一個人都認定我們只會毒害別人。」

「我們應該帶她回到她丈夫的身邊。」蒂魯馬拉姆芭說道。

「我也想回去，」她母親告訴她，「妳不想要我，也不需要我，我在這裡已經沒有立足之地。如今我只想回到家鄉度過餘年，再一次當我父親的女兒，相互安慰。」

「懇求國王，」蒂魯馬拉姆芭告訴她，「我相信他一定會同意。」

她們沒有擁抱，也沒有一起哭泣。有些傷口太深，永遠無法癒合。

蒂魯馬拉．提毗請求晉見阿鳩多，他正式接見她，自己坐在王座上，讓她站在前方，有如一般的陳情民眾。她無視於這樣的侮辱，很有禮貌地發言：「我的丈夫和母親都已離開我們，因此我請求回到我父親的宮廷，我在這裡的工作已經完成。」

「還沒完成，」阿鳩多說道，一邊從牙齒間剔出肥肉，「只要妳還在毗斯納伽，就可以確保妳父親不會耍詐，無論如何都不敢違背我們的協議，只要妳還在我們手中。」

「我必須將我母親的骨灰撒在卡弗里河上，」蒂魯馬拉．提毗說道，「那是她最後的心願，我必須幫她實現。」

「我們這裡也有聖河，」國王輕蔑地說，「把她撒進潘帕河或者克里希納河，兩條河都可以。沒理由要大老遠趕去南方。」

「所以如今我成了你的囚犯，」蒂魯馬拉．提毗說道，「或者我應該該說，你的人質。」

「妳有如真人化身的和平條約，」阿鳩多回答，「妳要這樣想，感覺會比較好。嗯，就算不會也無所謂。」

前任正宮王后回到寢宮，女兒見到她，一張臉仍然有如鐵板。

「既然國王拒絕，」蒂魯馬拉姆芭．提毗說道，「我會跟阿利亞談一談，他一定有辦法。」

然而結果卻是，毗斯納伽兩巨頭平日針鋒相對，在這件事情上卻罕見地異口同聲，阿利亞・羅摩・羅耶告訴妻子：「如果我們放走妳母親，我們也會失去毗羅波提亞王，現在已經有謠言傳出，他的忠誠越來越有問題。妳母親必須留下。」

「你們有我，」她爭辯，「還不夠嗎？」

「不夠，」阿利亞告訴她，完全無意減輕這番話的衝擊，「還不夠，直到我真正登上雄獅王座。」

「我想你的意思應該是『除非』，」公主糾正他。

「如果我的意思是『除非』，」他回答，「我就不會說『直到』。」

蒂魯馬拉姆芭離開丈夫，把壞消息帶回給蒂魯馬拉・提毗，「他不肯幫忙。」她說道，她母親絲毫不掩飾自己的不屑，「原來妳仍然是次等人物。」蒂魯馬拉・提毗告訴自己唯一存活的孩子，「如果我兒子還活著，今天我的處境會大不相同。」

她的女兒轉身離去，「不用擔心我，」蒂魯馬拉・提毗在女兒身後喊道，「我知道怎麼離開這裡，而且不需要任何人幫助。」然後她將目光轉向窗口，看著大雨，一場不可思議、不肯示弱、沒有盡頭的大雨。第二天早晨，人們發現她死在自己床上，手裡拿著一個小瓶子，裡面盛裝一種極為致命、沒有解方的毒藥。克里希納提婆羅耶的預言果然實現：**製造毒藥的人終將喝下毒藥。**

阿利亞．羅摩．羅耶陪同蒂魯馬拉姆芭．提毗踏上大雨滂沱的旅程，帶著母親與外祖母的骨灰回到室利朗格帕特塔納，還有一支全副武裝的儀隊隨行。毗羅波提亞王也出動同樣全副武裝的隨扈迎接，護送他們前往卡弗里河的匯流處。大雨突然止息，雲層散去，藍天綻放，有如揭開一道帷幕，有如天空也要為兩位王后致上最後的敬意。骨灰撒下之後是祈禱儀式、追思宴會；第二天，一行人啟程返回毗斯納伽。

「我很遺憾必須告訴妳，妳的外祖父毗羅波提亞王一定正在謀劃，準備脫離與我們的聯盟。」一行人安全離開室利朗格帕特塔納之後，阿利亞立刻告訴蒂魯馬拉姆芭，「我和他面對面，看過他叛徒一般的眼神，現在我對他的動向毫無疑問。」

《闍耶帕羅闍耶》為我們講述毗羅波提亞王的結局，行文只能以「簡明扼要」來形容，原因可能是潘帕．坎帕納不想對國王的外孫女造成不必要的痛苦，也有可能是蒂魯馬拉姆芭．提毗在抄錄時自行刪節。如今我們看到的內容只有：毗羅波提亞王確實宣布他與毗斯納伽的協議已經結束，要求駐紮在室利朗格帕特塔納的毗斯納伽部隊撤離。沒過多久，強大的鄰國邁索爾看到室利朗格帕特塔納不再擁有毗斯納伽的軍力奧援，於是發動攻擊，推翻毗羅波提亞王，將室利朗格帕特塔納併入邁索爾王國。詩文中並沒有著墨毗羅波提亞王本人的命運：他的腦袋是否被砍下、是否被塞滿稻草、是否被邁索爾宮廷當成戰利品展示，我們不得而知。

這場悲劇厄運過後，毗斯納伽的南部疆界變得脆弱、門戶洞開；但它的敵國們卻愈來愈有信心，國力也蒸蒸日上。

遺憾的是禍不單行，阿鳩多國王在自己的惡習中愈陷愈深。在曼達納的房間裡，潘帕．坎帕納聆聽著城市的耳語，聲聲入耳：阿鳩多原本想將克里希納提婆羅耶所有的遺孀送進他的火葬堆，但是被摩陀婆阿闍黎阻止——他與潘帕．坎帕納的友誼愈來愈深，對於燒死寡婦的見解也因此改觀。阿鳩多索性將她們全部逐出王宮，讓她們淪落街頭，甚至包括那些高階——如今相當老邁——的天神克里希納**牧牛女**化身。之後，阿鳩多為自己娶了五百名妻妾，每天清醒的時間幾乎都在尋歡作樂（她們居住在宿舍的小房間裡，緊鄰王宮；不必侍奉國王的時候，她們的生活比較像獨身的修女）。阿鳩多還堅持高階貴族每天都要親吻他的腳，我們可以說，這不是什麼拉攏人心的作法。那些真心誠意親吻國王雙腳的人，會被恩賜犛牛尾扇子；但我們可以毫不誇張地說，拿到扇子禮物的貴族也正是最憎恨國王的人。阿鳩多睡在一張純金打造的床上，任何衣物都只穿一次就丟棄；他的奢華宮廷開銷如此高昂，迫使大臣必須對人民加稅，於是人民也開始憎恨國王。宮廷裡每天晚上都有盛宴，十七道菜輪番上桌，美酒源源不絕，國王與他的親信大啖鹿肉、鷓鴣與鴿子，老百姓卻只能以貓、蜥蜴與老鼠果腹；市集中販賣這些活體動物，因此人們還知道自己吃的是新鮮肉品。

潘帕．坎帕納也出現變化。當蒂魯馬拉姆芭．提毗來為她抄寫詩句，兩個人往往會哀歎她有如恩賜也有如詛咒的長壽、她別無選擇只能活到生命的苦澀盡頭。「我可以看到，」她告訴蒂魯馬拉姆芭，「就好像已經發生，我可以看到維塔拉神廟的**瞿布羅**遭到重創，潘帕與哈奴曼的雕像遭到摧毀，蓮花宮陷入火海。但是我必須等到時間追上我，然後才能夠將這些事寫下來。」

「這些事也許不會發生，」蒂魯馬拉姆芭說道，為這些毀滅的景象感到難過，「也許只是一場噩夢。」

潘帕．坎帕納於心不忍，未做爭辯，「是的，也許是。」

她逐漸顯露許多老年人的特質。蒂魯馬拉姆芭眼前的這個女人，儘管面容因為眼睛被戳瞎而變形，看起來仍然約只有三十多歲近四十歲。但是潘帕．坎帕納再也不會在意自己的面容。青春的假象對她已經毫無重要性可言，她再也不必觀看自己年輕到愚蠢地步的倒影，因此能夠安心接受她對自己的觀感：一個醜陋的老太婆。她的皮膚乾燥，因此經常搔抓；她的關節鬆動，站立時需要拐杖，而且無法挺直身體。「到了我這個年紀，各種狀況都會變得很糟，」她告訴蒂魯馬拉姆芭，「但是管他的，這世界已經夠糟了。」

她也出現嗜睡的症狀。蒂魯馬拉姆芭有時候會發現她趴在地上，不省人事。剛開始蒂魯馬拉姆芭會驚慌失措，以為老婦人已經死亡，但是潘帕·坎帕納粗重的呼吸聲讓她安心。有時候潘帕·坎帕納一睡就是幾天幾夜，後來漸漸拉長到幾星期，甚至幾個月，醒來時飢腸轆轆，像一頭捱餓的大象。蒂魯馬拉姆芭覺得這樣的睡眠並不是自然現象，感覺似乎來自神聖的領域，也許又是潘帕·坎帕納收到的禮物，讓她更容易打發時間，直到最後女神的魔咒終於解除。

就是在這些漫長的睡眠中，潘帕·坎帕納開始夢到未來。因此對她而言，睡眠並不全然是休息。

此時的蒂魯馬拉姆芭也不再年輕，身體也出現各種病痛，牙齒不好，腸胃欠佳。然而她絕口不提這些事，讓老婦人安心大發牢騷。「如果妳繼續訴說故事，」她溫柔地建議，「也許就會舒服一點。」

「我的確做了一個夢，」潘帕·坎帕納說道，「兩隻神獸**耶利**來看我，不是木雕或石像，而是真實、活生生的動物。」她先前也曾夢到過**耶利**，而且很開心能和這種神獸在一起——牠們一半是獅子一半是馬，還有大象的長牙，被視為通道的守護者。「牠們來看我是要讓我安心，告訴我：『不要擔憂，當時候到來，我們會出現在妳身邊，帶妳跨越界限，前往永恆境地。』聽了讓人很安慰。」這段回憶驅散了她的壞心情，「好的，」她說，「我們繼續。」

令蒂魯馬拉姆芭訝異的是，她接下來竟然引述了悉達多．喬達摩，因此《闍耶帕羅闍耶》明明不是佛教著作，仍然出現佛教的「五憶念」。

我有衰老的本質，無法逃避衰老。
我有生病的本質，無法逃避生病。
我有死亡的本質，無法逃避死亡。
一切我所摯愛的人與事，都將與我別離。
我的行動所積聚的業，是我存有於世的基礎。

畢查浦的蘇丹阿迪爾．沙阿曾經立誓，在收復來楚爾之前滴酒不沾。這並不容易，他向來愛喝美酒，立誓後也經常遭遇破戒的誘惑，但始終守住。五位蘇丹在毗斯納伽那場很不愉快的聚會，阿鳩多與其他幾位蘇丹都開懷暢飲，但阿迪爾．沙阿熬過那個漫長而尷尬的夜晚；聚會過後，他認定採取行動的時機到了。當年克里希納提婆羅耶傳給阿迪爾．沙阿的羞辱訊息——**親吻我的腳**——讓他耿耿於懷；毗斯納伽等而下之的繼任者阿鳩多對吻腳更加著迷，連大臣也要受到屈辱；現在阿迪爾．沙阿決定要給阿鳩多好好上一課，教他克里希納提婆羅耶從來沒學會的行為禮節。

阿迪爾．沙阿集結大軍，攻打來楚爾。畢查浦的奇襲讓毗斯納伽守軍猝不及防，很快就被擊敗。接下來的幾個星期，整個來楚爾的**河間地**都被畢查浦收復。阿迪爾．沙阿站在來楚爾城堡著名的泉水旁邊宣示：「今天這座泉湧出的不是水，而是美酒。」

阿鳩多．提婆．羅耶的處境很不樂觀，被克里希納提婆羅耶視為「王冠上的寶石」的來楚爾遭到攻陷；南方邁索爾的國王在擊敗毗羅波提亞王之後，準備繼續擴張勢力範圍；葡萄牙人派駐果阿的新總督唐．康士坦丁諾．德．布拉干薩不甘心只做馬匹買賣，他放眼整個西海岸，帝國主義者野心勃勃。

阿鳩多無所作為，彷彿不敢採取任何行動。他在朝廷、在民間、在軍中原本就不受歡迎，無所作為更注定了他的命運。阿利亞．羅摩．羅耶把握時機，將他推翻，送回昌德拉吉里囚禁，不久之後死在當地。就這樣，毗斯納伽最後一位統治者上台。

第二十一章

如今阿利亞・羅摩・羅耶成為鑽石王座上的雄獅，或者雄獅王座上的鑽石。與此同時，講述毗斯納伽歷史的潘帕・坎帕納與負責抄寫的蒂魯馬拉姆芭・提毗，終於追趕上此時此刻。她們的詩篇一清二楚、紮紮實實，描述來楚爾如何陷落、野心勃勃的葡萄牙總督與王侯如何分別在西部與南部崛起，同時進行的新國王加冕也出現在詩篇之中。（我們可以認定，從手稿也看得出來，當失去人心、流放囚禁的阿鳩多死在昌德拉吉里城堡的君臨宮，關於這樁無人哀悼的事件，相關詩句是後來才加入。）

阿利亞登基之後，朝廷無可避免發生重大改變。蒂魯馬拉姆芭・提毗升格為毗斯納伽的王后，阿鳩多的五百位妻妾也被遣散，離開宿舍。阿利亞除了狡猾奸詐，也是個簡樸節制的人，因此決定除了王后之外，不娶任何妻妾；這麼做雖然背離傳統，但是頗受好評；另一方面，就算他曾經以奸詐手法金屋藏嬌，我們也不得而知。蒂魯馬拉姆芭．提毗走出母親與外祖母——兩個惡名昭彰的毒藥王后——的陰影，也很受人民愛戴。她為潘帕．坎帕納抄寫詩篇的工作博得許多人的好感；對於自己的王后工作，她打算要大力發展文學與建築藝術。因此如今看來，毗斯納伽有希望進入一個新的榮耀年代。

（然而據說當重病纏身的人們來到生命盡頭，有時候會迴光返照，讓親友歡欣以為康復奇蹟出現，然而最後卻躺回病榻，斷氣死亡，有如冬天的沙漠一般冰冷。）

潘帕．坎帕納回到王宮，這是蒂魯馬拉姆芭．提毗王后的堅持，她也堅持年邁的潘帕住進毗斯納伽王后的寢宮。「我們必須讓整個毗斯納伽看到，愛戰勝了恨，」她說，「非理性的憤怒不能是最後的贏家，理性必須正面回應；而且，的確，異議之後會是和解。此外，我個人也想讓妳知道，我現在是、也永遠是妳的抄寫員，坐在妳的腳邊，妳現在是、也永遠是真正的王后。」

「如果妳希望如此，那麼我也願意配合。」潘帕．坎帕納告訴她，「但是我不在乎舒適與否，而且我再也不覺得自己是王后了。」

她們沒有多少工作要做，那本書的內容已經及時更新，阿利亞的統治才剛起步，因此可以記錄的事情很有限。「我夢到未來，」潘帕．坎帕納告訴蒂魯馬拉姆芭，「但是還沒發生的事，並不適合寫下來。」王后請求她：「至少告訴我，讓我可以為即將發生的事做好準備。」潘帕・坎帕納推托了好一陣子，終於說道：

「親愛的，妳的丈夫將會犯下一個致命的錯誤，一個歷程漫長的錯誤，有時候看起來不像錯誤，但是到最後會毀滅我們。妳無法阻止，我也一樣，因為這世界的真理就是，人們總是依循自身的本性行動，未來發生的事也是如此。妳的丈夫將會依循他的本性行動，妳曾經形容為**狡猾奸詐**、**鬼鬼祟祟**、**精於算計**、**偷偷摸摸**，就是這些特質將會毀滅我們。我們所在的此時此刻，也正是災難來臨前的時期。趁這個時期還沒結束好好享受，也許會持續二十年。這二十年間，妳將是全世界歷來最偉大帝國的王后。然而偉大的表象底下，錯誤將會發生，慢慢發生。當世界終結時，妳會是一位老婦人，而我終於得以死亡。」

蒂魯馬拉姆芭雙手摀臉，「妳告訴我的事情，何等殘酷。」她啜泣著說，然而潘帕・坎帕納並沒有哭，她以嚴厲態度回答：「妳不應該要求我告訴妳。」

阿利亞・羅摩・羅耶在那場由阿鳩多・提婆・羅耶做東的尷尬晚宴上，觀察到五位蘇丹各懷鬼胎，因此盤算若要捍衛毗斯納伽的北疆，就必須確保這些分歧永遠無法彌合。只要五位蘇丹彼此爭執不休，阿利亞就可以輕鬆對付南部邁索爾或者西海岸葡萄牙總督的威脅。他寫信給五位蘇丹，伸出假惺惺的友誼之手，「如今倒楣的阿鳩多已經不在其位，」他寫道，「我們沒有理由繼續爭鬥，我們各有各的王國，坐擁享用不完的財富，現在應該要結為朋友，國家穩定才能帶來繁榮。」

當他告訴蒂魯馬拉姆芭自己的作法時，她對潘帕．坎帕納的預言記憶猶新，因此激動起來，「你信上寫的是真心話嗎？」她問，「我太瞭解你的為人，因此不會相信。這一定是什麼可怕計謀的開端。」

「計謀？是的。可怕？不會。請妳記得一件事：我比妳年長三十歲，也是這場婚姻中比較睿智的一方。妳應該專注於詩歌、舞蹈、音樂，或者蓋一座神廟來讓自己開心，但是國家大事是我的事。」

這是一場傲慢、侮辱人、渺視人的談話。她無可奈何，只能設法維持個人尊嚴，「小心一點，」她離開時說道，「否則你的睿智將毀滅我們每一個人。」

剛開始的時候，阿利亞想要報復來楚爾的失陷，因此他假裝是亞美德納加與哥康達兩國蘇丹的朋友，宣稱握有阿迪爾．沙阿對兩國心懷不軌的情報，說服兩位蘇丹出兵攻打畢查浦。

然後他說服亞美德納加換邊站，與畢查浦講和，然後兩國聯手攻打哥康達。

後來，哥康達蘇丹庫特布．沙阿與弟弟易卜拉辛失和，阿利亞安排後者前往亞美德納加避難，導致兩個蘇丹國再度開戰。

那場紛爭平息之後，阿利亞說服畢查浦的阿迪爾·沙阿向亞美德納加的胡賽因·沙阿索討兩座堡壘，後者一如阿利亞的預期嗤之以鼻，畢查浦與亞美德納加因此再度開戰。

五蘇丹國情勢大亂，對阿利亞而言卻是正中下懷。他煽動各國內部的低層貴族起事反抗蘇丹，因此這些國家一方面相互征伐，一方面進行內戰。

時間一年一年過去。葡萄牙人蹂躪馬拉巴海岸，大肆屠殺曼加羅的居民，但是阿利亞並沒有干預。他與葡萄牙總督康士坦丁諾·德·布拉干薩簽訂和平條約，對宗教裁判所在果阿掀起的腥風血雨無動於衷，對外國勢力顛覆西部局勢更是欣然接受，因為那樣會引發五蘇丹國高度關切。

此外，阿利亞說服亞美德納加與畢查浦再次攻打哥康達，但又暗中牽線促成畢查浦與哥康達講和，導致亞美德納加遭到羞辱式的慘敗。

時間一年一年過去，一年一年過去。

阿利亞的陰謀詭計持續進行，拜他之賜，五蘇丹國之間征戰不休，各種同盟關係此起彼落，各國頻繁換邊。每一場勝利、每一次失敗都有國家要割讓土地、堡壘、金礦與戰象，拿出黃金與寶石進行朝貢，因此阿利亞·羅摩·羅耶——他持續聲稱與各國保持友好關係——很容易就可以煽動更多的衝突，藉此讓自己收復失土、獲取財富與榮耀。

時間一年一年過去，每個人都變老了。蒂魯馬拉姆芭·提毗不敢再探問潘帕·坎帕納任何關於未來那場大災難的問題，但是知道已經為期不遠。潘帕．坎帕納的詩作對五蘇丹國戰役草草帶過，蒂魯馬拉姆芭忠實記錄，寫好後放進一個陳舊的袋子裡，那是那部偉大作品的歸宿。阿利亞．羅摩．羅耶歡度九十歲生日，很自豪能夠確保毗斯納伽與五蘇丹國保持安全距離；那幾位蘇丹憎恨彼此更勝於憎恨阿利亞。

「這是一種策略，」他告訴蒂魯馬拉姆芭．提毗，「我稱之為『分而治之』。」

西元一五六四年的某一天，畢查浦蘇丹國年邁的阿迪爾．沙阿突然間大徹大悟，召集王族與親信宣示，就像是諸神——以他的信仰應該是一神——給予他啟示。「我們竟然如此盲目！」他宣稱，「過去二十年間，我們之所以像貓狗互咬一樣相互攻伐，原因都在於一個人，這個人偽裝成我們的朋友。」他立刻送一封信給哥康達的易卜拉辛．庫特布．沙阿：「那個老奸巨猾愚弄我們夠久了，我們單憑自身力量無法擊敗他，但如果我們合作，一定可以扳倒對方。」阿迪爾．沙阿與亞美德納加的胡賽因．沙阿是死對頭，但庫特布．沙阿居中調停，安排兩場婚事：胡賽因．沙阿的女兒錢德．碧比嫁給阿迪爾．沙阿的兒子阿里，胡賽因．沙阿的兒子穆塔札迎娶阿迪爾．沙阿的妹妹。比達爾的阿里．巴里德得知這個新的組合，順勢加入。於是五位蘇丹之中的四位締結盟約，對抗毗斯納伽的領導人。只有貝拉爾的蘇丹拒絕加入，因為先前五蘇丹國混戰時期，他的一位將軍賈漢吉爾．汗恩被亞美德納加的胡賽因・沙阿處決。

四位蘇丹來到畢查浦集會，正式批准盟約，阿迪爾・沙阿宣示：「我們今天聚集在這裡，絕不代表我們的唯一真神要對抗他們的諸多偽神。如果是為了一神與諸神之爭，我們五國過去二十年來不會彼此征戰，讓真神對抗同樣的真神。簡而言之，我們要為那個狡猾奸詐的混帳東西好好上一課，讓他永難忘懷。」

西元一五六五年一月，一個寒冷乾燥的冬季，聯盟軍隊分頭並進，約定在小鎮塔利科塔附近的大平原會師。

塔利科塔位於頓尼河岸邊，毗斯納伽城北方一百哩路。大軍雲集的消息快速傳播，但是毗斯納伽的人們並不特別擔心。這類戰役不時會發生，也許四位蘇丹這回又會內鬨。無論如何，毗斯納伽的七道城牆堅不可摧，毗斯納伽的大軍戰無不勝，人們完全不必憂慮。城中一切如常，牛車組成的車隊繼續前往西部海港，並不擔心遭到攔截。但是最後，阿利亞・羅摩・羅耶終於——有一點遲緩，有一點倉促——動員大軍，向北方出發。毗斯納伽的兵力幾乎全員出動，只留下一支部隊戍守七道城牆，儘管沒有人認為有必要這麼做。阿利亞帶了六十萬名步兵，十萬名騎兵大部分騎乘訓練有素、披覆盔甲的戰象，還有一支使用火砲、弓箭與標槍的拋射兵。「如果他們全部都是衝著我們而來，」他告訴蒂魯馬拉姆芭・提毗，「他們將會發現毗斯納伽的真正實力。妳要讓大家保持平靜，沒有什麼好擔心的。」

沒有什麼好擔心的這句話讓蒂魯馬拉姆芭打從心裡感到恐懼，儘管如此，她還是鼓起勇氣面對，並且宣布在王城大門設置舞台，舉行一場詩歌朗誦大會，歡迎全體市民參加。當年的「大象詩人」這時只有兩位還在世：「鼻子」提馬納與阿拉薩尼．佩達納；儘管兩人又老又病，她還是堅持要兩人上台，對著眾人朗誦自己的傑作。這場活動目的是要展現毗斯納伽歷久不衰的豐富文化，以及屹立不搖的宏偉壯麗，但結果卻適得其反。兩位老人家牙齒掉光、頭頂光禿、身形消瘦，而且記憶力大不如前，朗誦詩句結結巴巴。活動徹底失敗，蒂魯馬拉姆芭提前喊停。這不是一個好兆頭。儘管阿利亞．羅摩．羅耶堅持「沒有什麼好擔心的」，整個城市很快就開始擔心：如果才華足以撐起天空的大象詩人已經走到時代盡頭，那麼天空是不是要塌下來了？

蒂魯馬拉姆芭．提毗心情低落，前去造訪潘帕．坎帕納，發現老婦人正在等候她，整個人站起來，拿著紙張、羽毛筆與墨水，肩膀上斜背著那個裝有她畢生傑作手稿的袋子。

「時候到了，」她說，「我們要上去象廄的屋頂。」**更多的大象**，蒂魯馬拉姆芭心想，然而並沒有多做爭辯。兩人不帶隨從，走過戒備森嚴的王城，來到十一道拱門；潘帕．坎帕納佝僂地拄著拐杖，王后還能挺直腰桿。兩人踩過沒有裝飾的樓梯，走向象廄屋頂。潘帕．坎帕納攀登的速度很慢，得在台階與台階之間休息，但是拒絕讓別人幫忙。

「找一找有沒有鳥巢，」潘帕．坎帕納說道，兩人已經登上屋頂，「**黑鳶**喜歡在這裡築巢，就在穹頂旁邊。提馬羅蘇的鴿子比較喜歡王宮屋頂，但從來不會飛到這裡，因為這裡有**黑鳶**。」

「現在是冬天，」蒂魯馬拉姆芭說道，「有一些舊巢，但都是空巢。」

「有羽毛嗎？」潘帕·坎帕納問道。

蒂魯馬拉姆芭看一看，「有的，有一些羽毛。」

「拿起來，」潘帕·坎帕納吩咐，「今天是時候了。」

她坐下來，背靠著一根柱子，柱子支撐最大的中央穹頂，就像一座小涼亭，上層形狀有如角樓。她拿出書寫用具，要蒂魯馬拉姆芭接過去。

「寫，」她說，「戰鬥要開始了。」

「妳怎麼知道？」

「我知道，」潘帕·坎帕納回答，「我知道很久了，現在是講述的時候。」

她將眼睛轉向北方，一陣微風吹拂她的臉龐，她迎風嗅聞，彷彿其中有訊息足以證實她已經知道的事。一百哩外正在發生的事，她失明的雙眼似乎看得一清二楚。

「妳的兩個兒子分別在左翼與右翼，」她說，「蒂魯馬拉·羅耶在左翼，前方是畢查浦的大軍。溫卡塔德里在右翼，對抗哥康達與比達爾的部隊。妳的丈夫儘管年事已高，仍然堅持親赴戰場指揮官兵，他騎著戰象，位居中央，帶領前鋒衝向胡賽因·沙阿與亞美德納加的部隊。戰爭就這樣開始。」

（值得注意的是，這是詩人在整部作品中頭一回告訴我們，蒂魯馬拉姆芭・提毗王后與阿利亞・羅摩・羅耶有兩個孩子，兩個都是兒子，如今都已成年，都是他們父親在塔利科塔戰役（*Battle of Talikota*）的副手。我們甚至可以說，先前的略而不提是這本書的一個錯誤。然而時間已經過了數個世紀，我們有誰能夠揣測潘帕・坎帕納的理由？也許她從未見過兩人？也許她不認為他們值得以詩句描述，因為他們在這一天之前並無任何事蹟可言？無論如何，他們在這裡出現，繃緊神經，準備戰鬥。）

「開始了！」潘帕・坎帕納嘶吼，模樣有如一個著魔的女人。

「噢，他們的火砲，他們的火砲！噢，他們前方有大型火砲，後方有可旋轉的小型火砲，向四面八方射擊！火砲後方是弓箭手！來自土庫曼的外國人，噢，神準致命的弓箭手，比我們的葡萄牙傭兵更厲害！噢，他們的十字弓，殺傷力比我們的弓箭更強！噢，他們的波斯戰馬快速敏捷、隨時轉向，我們的戰象卻龐大遲緩、行動笨拙！噢，大麻煩來了！大麻煩！

「毗斯納伽大軍撤退！我們人數占優勢，但是敵方攻勢猛烈，武器更現代化，我們要撤退，撤退！」

「結束了嗎？」蒂魯馬拉姆芭哭著問，「我們輸了嗎？」

「我們試圖扭轉戰局！」潘帕．坎帕納尖叫，**「啊，局面改觀！我們的火箭部隊痛擊敵軍！右翼有溫卡塔德里和他的重型火砲！比達爾的部隊遭到重創，四散奔逃！噢，哥康達撤退了！幹得好，大膽的溫卡塔德里！左翼的蒂魯馬拉．羅耶同樣大膽，他奮勇向前！他發動攻擊！畢查浦，這場陰謀的起源地，畢查浦也撤退了！」**

「啊，」蒂魯馬拉姆芭驚呼，「我們贏了嗎？我們是今天的勝利者？」

「噢，這場戰役中最關鍵的一場戰役！亞美德納加的胡賽因．沙阿騎著戰馬，四處衝殺。看看他是如何激勵部隊！看看他們是如何戰鬥！」

「我丈夫呢？」蒂魯馬拉姆芭．提毗哭喊，「國王怎麼了？」

潘帕．坎帕納無言以對，雙手摀住臉龐。

「國王呢？」蒂魯馬拉姆芭．提毗嘶吼，「潘帕．坎帕納，到底發生了什麼事？」

「啊，國王年紀大了，」潘帕．坎帕納悲歎，**「他年紀大了，戰役進行很久，他一直騎在那頭戰象上。」**

「發生了什麼事？」蒂魯馬拉姆芭．提毗哭喊，「立刻告訴我！」

「**啊，我們都會這樣，我的王后，**」潘帕．坎帕納看不見的雙眼哭泣著，「**國王……國王……想要小便。**」

「小便？潘帕．坎帕納，妳是說小便？」

「**噢，國王從戰象下來，解放自己。他站在地上。噢，亞美德納加的戰象來了！胡賽因．沙阿的猛獸！我看到一頭戰象的象鼻，伸展出來，捲住妳丈夫！牠俘虜了小便到一半的國王。**」

「他被俘虜了？噢，恐怖的一天，宿命的一天！」

「**噢，我的王后，我不敢說現在必須說的話，我不能說那些話然後又要妳寫下來。**」

「告訴我。」蒂魯馬拉姆芭．提毗說道，她突然間變得非常平靜，眼神一片空白。

「**他們把國王帶到胡賽因．沙阿面前，阿利亞並沒有懇求對方饒恕，也沒有得到饒恕。噢，我的王后，我的女兒，他們砍掉他的頭顱。**」

蒂魯馬拉姆芭．提毗看似無動於衷，人們會覺得她全神貫注在當潘帕．坎帕納的抄寫員。

「他的頭顱。」她覆述一遍，然後寫下來。

「**噢，他們將他的頭顱塞滿稻草，插在一根長竿頂端，在戰場上來回展示，讓毗斯納伽所有官兵都看到。噢，我們的男女官兵大受打擊，他們停止戰鬥，他們退卻，他們轉身，他們奔竄。噢，溫卡塔德里陣亡，蒂魯馬拉．羅耶逃離戰場，現在正趕回毗斯納伽。大軍遭到**

擊潰，我們輸掉這場戰役。」

「我們輸掉這場戰役。」蒂魯馬拉姆芭．提毗一邊覆述，一邊寫下：「我們輸掉這場戰役。」

潘帕．坎帕納從有如神靈附身的昏睡狀態醒來，「真是抱歉，我的女兒，」她說，「現在妳必須離開。聯盟大軍即將抵達，不能讓他們抓到毗斯納伽的王后。」

「我能去哪裡？」蒂魯馬拉姆芭．提毗以她克制到不可思議的聲音問道，「我怎麼能夠離開？我是毒藥王后的女兒與外孫女，我應該學我母親的方式了斷，喝下我的死亡。」

「妳曾說妳想成為一個外國人，」潘帕．坎帕納說道，「妳說妳羨慕他們以陌生人身分四方漫遊、無牽無掛的生活。現在妳就應該這麼做，妳應該高飛遠颺，海闊天空。遠離這裡，遠離殺戮與烈火。現在請妳放下羽毛筆，拿起另一根羽毛。還沒寫完的東西不多，我自己來。」

「高飛遠颺。」蒂魯馬拉姆芭．提毗覆述一遍。

「妳願意這麼做嗎？」潘帕．坎帕納追問，「妳必須這麼做，不能讓敵人俘虜妳。」

「妳怎麼辦？」

「沒有人會在乎一個老邁、垂死、失明的女人，」潘帕．坎帕納說道，「我在這個地方的時日終於要結束了，妳不必擔心我。拿起那根**黑鳶**羽毛，然後就可以動身了。」

「妳真的做得到？」

「這一次是最後一次。」潘帕．坎帕納回答。

蒂魯馬拉姆芭．提毗站起身來，手裡拿著那根黑鳶羽毛。

「再會了，我的母親，」她說，「做吧，送我離開。」

沒有人看到那一刻，毗斯納伽的末代王后飛上天空，永遠離開，飛往我們猜也猜不到的地方。就連送給王后最後一件禮物、讓她化身變形的那個人，也無法預見自己造就了什麼。

潘帕．坎帕納再一次坐下來，在象廄屋頂的角樓穹頂，她還有一些東西要寫。

第二十二章

摩陀婆阿闍黎在幾年之前過世之後，另一位年輕的阿闍黎接掌曼達納僧院，但是為了尊重起見，摩陀婆的僧房原封不動，就好像他只是暫時走出房門，還沒回來。那是一個擺設簡單的小房間：一張木床、一張木桌、一張木椅，此外還有一架子的書，包括摩陀婆阿闍黎個人收藏的《過去如是說》——包括《摩訶婆羅多》、《羅摩衍那》等最重要的經典，以及十八卷《大往世書》與十八卷《小往世書》——據僧院流傳的說法，曾經屬於毗德薩伽。潘帕．坎帕納當年還是個小女孩、到毗德薩伽的山洞尋求庇護時，他曾經用這些書籍來教導她傳統，聲稱其中蘊含了塵世人生需要的所有知識，她也默記了書中許多最重要的段落。在她的王后朋友化成黑鳶飛走之後，潘帕．坎帕納回到這間僧房、這些書籍。她拄著拐杖走過城市的嘈雜喧囂，肩膀上小心翼翼斜背著那個小袋子，一路走向僧院。她知道自己已經來到生命的盡頭，想在一切結束之前尋求經典的慰藉，儘管她已不再閱讀這些作品。她渴望再一次將《迦樓羅往世書》（《金翅鳥往事書》）抱在懷中，因為她想到蒂魯馬拉姆芭．提毗變形化身為鳥，也想到自身即將遭逢的死亡——死亡正是人生最後一次變形；她想要朗誦書中對於鳥神迦樓羅的描述，以及祂與毗濕奴——最會變形的神祇——的對話。

年輕一輩的阿闍黎名叫羅摩奴闍，取名自十一世紀那位傳奇聖人；他在僧院門口迎接潘帕·坎帕納，「我們輸掉戰爭，」她告訴他，「勝利者即將來到。」他並沒有問她如何知道，「請進來。」他說，「也許他們很有風度，不會屠殺僧侶，也不會褻瀆這個神聖的地方。」

「也是，」潘帕·坎帕納回答，「然而我並不認為這是一個展現風度的時代。」

一名快腿信差奔回城市，他從塔利科塔戰場跑了一百哩路回來，抵達時已是瀕死，用最後一口氣傳達戰敗的消息。之後，毗斯納伽全城陷入混亂。四個蘇丹國的聯軍正在路上，毗斯納伽的部隊逃竄一空，數十萬名戰士散入廣大的鄉村地區，破壞社會秩序。如今只剩七道城牆還有可能抵擋步步進逼的敵軍，然而守城的官兵士氣渙散，也已逃離崗位。人們有生以來第一次想到：如果無人守衛，再堅固的城牆也保護不了人們；歸根究柢，對人類的拯救還是必須來自其他人類，無法以**事物**取代，不論這些事物有多麼巨大雄偉。

隨著城牆守衛部隊棄職潛逃的消息傳出，城市陷入徹底的恐慌。群眾湧入街道，帶著行李，裝滿貨車，趕著牛隻，偷盜馬匹，能拿什麼就拿什麼，能逃多遠就逃多遠。一百萬人迫不及待要離開，任何目的地都好，儘管他們知道帝國正在崩潰，其實已經無處藏身。男男女女當眾哭泣，孩童放聲尖叫。敵軍還沒進城，劫掠已經開始；貪婪存在於人性，有時候會是比恐懼更強大的驅動力。

塔利科塔潰敗的第二天，阿利亞．羅摩．羅耶與蒂魯馬拉．提毗還活著的兒子蒂魯馬拉．羅耶回到毗斯納伽，手臂和腿都帶傷，頭上纏著繃帶，但是仍然騎在馬上，二十四名忠誠的士兵隨行，保護他逃出血腥的潰敗；他們是一群剽悍的老兵，在殺戮戰場上橫衝直撞；帶頭的兩個人更是無比剽悍：巨人提馬幾乎同等巨大的後裔「幾乎同等巨大的提馬」，以及優樓比二世的後裔「更年輕的優樓比」。「七道城門全部洞開！」蒂魯馬拉．羅耶在市集中間高喊，「我們需要優秀的男女來關閉城門、保衛城市！誰願意上陣？誰願意跟隨我？」但是沒有人理會他；儘管在父親與兄弟遇害之後，他成了毗斯納伽名義上的國王。他的話聽來荒謬，來自世界的另一個年代，一個擁有信心、勇氣與榮譽的年代。新的黑暗年代已在一天之前降臨，現在人人只求自保，男男女女都是如此。騎在馬上的新國王有如幽靈，或者一座石雕。市民在他身邊蜂擁來去，無視於他的存在。他並不是戰勝凱旋的英雄，他只是一個落敗的傻瓜。

蒂魯馬拉．羅耶改變計畫，「我們心須立刻前往國庫，盡可能帶走裡面的黃金，然後前往南方的室利朗格帕特塔納，那是我家族的王國，四個蘇丹國不敢到那裡追擊我們，離他們自己的國家太遠了。我們會受到歡迎，安全無虞，而且我們有黃金在手，不必依靠任何人；

我們在那裡可以重新組建一支軍隊，開始從敵人手中拯救帝國。」

「陛下，」提馬回答，「恕我們直言，我們拒絕。」

「我們的家園在這裡，」優樓比說道，「我們將矗立在城門，面對敵人，將恐懼打進他黑暗的心腸。」

「但是敵人可能多達五十萬人，」蒂魯馬拉．羅耶大喊，「裝備精良，而且大勝之後士氣高昂。你們只有二十四人，會立刻遭到對方殲滅，除了死亡一無所得。」

「他們五十萬人對戰我們二十五人左右，」優樓比若有所思地說，「聽起來很合理。提馬，你覺得怎麼樣？」

「很公平，」提馬回答，「我覺得我們很有勝算。」

年輕的國王沉默了半晌，說道：「你們說的完全正確，那些混帳毫無機會，我也留下。」

「國庫還要去嗎？」優樓比問道。

「管他什麼國庫，」蒂魯馬拉．羅耶回答，「我們要捍衛城門。」

塔利科塔戰役結束第三天，聯盟軍隊抵達毗斯納伽城門，潘帕．坎帕納站在摩陀婆阿闍黎的房間，將《迦樓羅往世書》抱在胸前，有如抱著一面盾牌。劫掠者兵臨城下的嘈雜，有如一千頭狼的嗥叫；城市裡絕望民眾的聲音，有如無助羊群的瀕死尖叫。她聽見了難以置信的哭喊，因為七道城牆已經崩塌，化為塵土，彷彿它們的魔力無法抵擋城市的絕望，彷彿它們的地基是城市的信心與希望，當信心與希望消失，幻象將難以為繼。城牆崩潰解體之後，雷霆萬鈞的攻勢響徹雲霄。這是一場死亡的眾聲喧嘩，那二十四人被淹沒在其中，他們進行最後一場戰鬥，由他們最後一位國王帶領，直到終結的天使降臨——死神本人，在古老的故事中又被稱為**光明摧毀者、社稷割裂者、居所廢棄者、墓地收集者**。死神。街道血流成河，天空飛滿禿鷹，國庫遭到洗劫；一切能被奪走的都被奪走，包括人命。大火焚城，吞沒磚造與木造建築，燒到只剩石造地基。粉碎的聲音似乎永遠不會止息，但也許持續了六個月，或者六個小時，或者六天：王宮、雕像與所有曾經美麗的事物都被毀滅。猴王哈奴曼與女神潘帕的巨大雕像粉碎得如此徹底，以致於後世無法相信它們曾經存在。市集付之一炬，「外國人賓館」付之一炬；城市做為毗斯納伽帝國首都的一切，幾乎全部淪為瓦礫、鮮血與灰燼。就連最古老的那座神廟——人稱「地下神廟」，因為它是在種子播撒下去、毗斯納伽誕生的那一天，完完整整從地下浮現——也化為火海，徹底毀滅。原本住在神廟的猴子，從火焰中逃之夭夭。

毗斯納伽的故事來到終點，一如它的開端：一顆被砍下的頭顱與一場大火。

少數幾件事物倖免於難：幾座神廟還在，曼達納**僧院**的一部分依然屹立，只有局部損壞，許多僧人逃過死劫，然而那些趕到街上救助傷患、悼祭死者的僧人都沒有回來，**僧院**領導人、年輕的羅摩奴闍阿闍黎也是後者之一，他的屍體藏在堆積如山的死者之中，大火焚城之後，屍體也在街道上焚燒，往日的毗斯納伽成為一座火葬堆，禿鷹從天而降，啄食殘餘屍首。

潘帕．坎帕納也活了下來，她在自己書中的尾聲寫道：「沒有什麼事物能夠長存不滅，但也沒有什麼事物是了無意義。我們興起，我們毀滅；我們再度興起，我們再度毀滅。我們繼續下去。我也是如此，曾經成功，曾經失敗。如今死亡近在咫尺，在死亡之中，勝利與失敗謙卑地會合。與勝利相比較，我們能從失敗學到更多更多更多。」

盟國軍隊完成任務、揚長而去的那一天，寂靜像裹屍布一樣籠罩著毀滅的城市。在曼達納**僧院**裡，潘帕．坎帕納寫下作品最後幾頁。她回到自己房間的角落，找出那個她親手製作、用來收藏作品的陶罐，將手稿放進去。我們必須假定她在之後有人幫忙，可能是某位倖存的僧人，我們無法確知。我們只知道後來她離開僧院，設法來到潘帕雕像的碎石堆中；她帶著密封的陶罐（誰幫她密封？）和一把（或者幾把）用來挖掘的鏟子。然後她或者她那位身分不明的幫手，找到一小片沒有被碎石覆蓋的土地，她或者他或者他們，開始挖掘。

她埋藏《闍耶帕羅闍耶》之後坐下來，兩腿交疊，大聲說道：「我已經說完整個故事，請讓我解脫。」然後她靜靜等候。

我們之所以知道最後的過程，是因為她在作品的尾聲中寫下自己會怎麼做。我們可以想像她如願以償：數個世紀的時光終於將她淹沒，她的肌膚枯萎、骨骼碎裂；片刻之後，地上只剩她簡單的衣物，其中滿是塵埃；一陣微風揚起，將塵埃吹散。或者我們可以相信更奇幻的場景：她夢中的神獸**耶利**出現，引導她穿越天界大門，進入永恆境地；在那裡，她恢復了視力，而永恆不再是詛咒。

她活了兩百四十七歲，以下是她最後的話語：

我，潘帕．坎帕納，是這本書的作者。

我的一生目睹了一個帝國的興起與毀滅。

他們如今是什麼樣的記憶，這些國王，這些王后？

他們只存在於文字之中。

他們活著的時候是勝利者或失敗者，或兩者皆是。

如今他們兩者皆非。

文字是唯一的勝利者。

他們做過、想過、感受過的事，都已不再存在。

只有描述那些事的文字留存。

他們如何被人們記憶決定於我如何記憶他們。
他們的事蹟如何為人所知決定於我如何寫下。
這些事蹟的意義就是我賦予的意義。
我如今已是虛無，只留下這座文字的城市。
文字是唯一的勝利者。

謝辭

以下為撰寫本小說之前及過程中，我所閱讀的一些書籍。此外，我查閱了大量學術（以及報刊）文章、論文和網站，無法一一列舉。對此，我深表感謝。這些資源對我幫助甚巨。小說文本中如有所錯誤，皆由我個人負責。

Vijayanagar—City and Empire: New Currents of Research, Vol. I—Texts and Vol. 2—Reference and Documentation, edited by Anna Libera Dallapiccola in collaboration with Stephanie Zingel-Ave Lallemant

A Social History of the Deccan, 1300–1761, by Richard M. Eaton

India in the Persianate Age, 1000–1765, by Richard M. Eaton

Beyond Turk and Hindu, edited by David Gilmartin and Bruce B. Lawrence

The Travels of Ibn Battuta

From Indus to Independence—A Trek Through Indian History: Vol. VII, Named for Victory: The Vijayanagar Empire, by Dr. Sanu Kainikara

Toward a New Formation: South Indian Society Under Vijayanagar Rule, by Noboru Karashima

India: A Wounded Civilization, by V. S. Naipaul

A History of South India: From Prehistoric Times to the Fall of Vijayanagar, by Sastri K. A. Nilakanta and R. C. Champakalakshmi

Court Life Under the Vijayanagar Rulers, by Madhao P. Patil

Raya: Krishnadevaraya of Vijayanagara, by Srinivas Reddy

City of Victory, by Ratnakar Sadasyula

Hampi, by Subhadra Sen Gupta, with photographs by Clare Arni

A Forgotten Empire, by Robert Sewell, which also contains his translations of *The Narrative of Domingo Paes*, written c.1520–22, and *The Chronicle of Fernão Nuniz*, written c.1535–37

《勝利之城》譯後記

閻紀宇

小說家魯西迪（Salman Rushdie）曾說：「我一直覺得我的作品要比我的人生更有趣；遺憾的是，這世界似乎不這麼認為。」

對他而言，作品與人生的辯證關係有時候是作品改變人生。一九八九年二月十四日，歐美社會歡度情人節之際，伊朗最高領導人何梅尼（Ruhollah Khomein）對魯西迪下達誅殺令，理由是他前一年出版的第四部長篇小說《魔鬼詩篇》（*The Satanic Verses*，其實「Verses」指的是「經文」，《古蘭經》中一段傳說中的爭議性經文）褻瀆伊斯蘭教與先知穆罕默德（Muhammad），他從此接受英國警方全天候保護，度過約莫十年戰戰兢兢的歲月。

但有時候是人生模仿作品。二〇二二年夏天，魯西迪第十五部長篇小說《勝利之城》（*Victory City*）殺青，進入出版社編輯後製作業。書中女主角潘帕·坎帕納（Pampa Kampana）是一位魔法師、先知、政治家與敘事詩人，一生反抗宗教狂熱與政治權力的鉗制、仇恨與排斥，追求一個更為平等、自由、開放的社會，幾乎可說是一位「女版魯西迪」（政治家部分除外）。潘帕．坎帕納晚年遭遇劇變，被一位幾近瘋狂的暴君指控「妖言惑眾」，以燒紅的鐵棒戳瞎雙眼。

二〇二二年八月十二日，魯西迪來到美國紐約州風景如畫的小鎮沙托克瓦（Chautauqua），為一場文學活動發表演講，一名黑衣男子突然衝上舞台，持刀朝他猛刺，短短二十七秒之內，他身中十多刀，其中一刀直直插入他的右眼。《勝利之城》最血腥、最恐怖的一幕在魯西迪的真實人生改編上演。

黑衣男子是因為《魔鬼詩篇》而動殺機（其實他只翻了幾頁）。儘管魯西迪遇襲兩個星期之前接受德國《亮點》（*Stern*）周刊專訪時才說：「現在我的生活相當正常。」儘管他早已不再需要安全人員保護，出入美國上層文化社交圈如魚得水。但是在三十三年又六個月之後，一個宗教暴君——何梅尼——下達的誅殺令終於追上了他。

魯西迪奇蹟般逃過死劫，復健到讓醫師嘖嘖稱奇的地步，當然右眼視力永遠救不回來了。先知、詩人似乎總難免要為自己預言的願景付出沉重的代價。養傷期間，《勝利之城》在二〇二三年二月順利問世。

《勝利之城》與現實的關係同樣耐人尋味。魯西迪曾說：「寫實主義傳統注定要淪入某種無止境的重複。」因此小說家「必須轉向非寫實主義（irrealism），找尋新的方式來透過謊言、趨近真相。」魯西迪本人以身作則，成為魔幻寫實（magical realism）、後設小說（metafiction）的大師，從《午夜之子》（*Midnight's Children*）、《魔鬼詩篇》、《佛羅倫斯女巫》（*The Enchantress of Florence*）到《吉訶德》（*Quichotte*）精彩迭出，《勝利之城》也一脈相承。

但「現實」又是極豐富的創作資源，運用之妙存乎一心。《勝利之城》看似魔幻——女主角活了二百四十七歲且容顏幾乎不變，雄偉壯麗的城市從土地中升起，芸芸眾生的記憶來自先知的耳語，人物變形為飛鳥遠颺異國……但這部小說其實有很濃厚的「史實」成分。《午夜之子》奠基於一九四七年的印巴分治（Partition of India），《魔鬼詩篇》來往於現代與西元七世紀伊斯蘭教創立初期，《佛羅倫斯女巫》並置阿克巴大帝（Akbar the Great）與梅迪奇家族（House of Medici），都是人所熟知，《勝利之城》則帶領讀者來到一個比較陌生的時間與空間：西元一三三六年至一六四六年間雄踞印度次大陸南部的毗奢耶那伽羅帝國（Vijayanagara Empire），也就是小說中的毗斯納伽帝國（Bisnaga Empire）。

這個帝國得名於首都毗奢耶那伽羅，意思正是「勝利之城」，位於今日的漢匹（Hampi），部分遺址在一九八六年被列入聯合國教科文組織世界遺產。毗奢耶那伽羅是印度南部最後一個印度教帝國，歷經四個王朝，一五六五年的塔利科塔戰役（Battle of Talikota）被北方德干高原（Deccan Plateau）五個蘇丹國（sultanate）聯軍重創，從此一崛不振，都城毗奢耶那伽羅遭到毀滅性破壞劫掠。英國史學家席威爾（Robert Sewell）《被遺忘的帝國》（*A Forgotten Empire*）如此形容「勝利之城」的末日：「毗奢耶那伽羅是世界史上被戰爭毀滅的最大一座城市，遭受摧殘之慘、之速實在是史無先例，令人不忍卒書。富庶、繁榮的毗奢耶那伽羅在旦夕之間化為烏有。」

魯西迪多年前曾經實地走訪漢匹／毗奢耶那伽羅／毗斯納伽遺址，輔以自身劍橋大學國王學院的歷史學訓練，在《勝利之城》化身為一個不知名的敘事者，透過虛構的女主角潘帕．坎帕納與她虛構的梵文史詩《闍耶帕羅闍耶》（Jayaparajaya，意為《勝利與失敗》），融匯、重現毗奢耶那伽羅帝國的兩百多年興衰史，真實人物在魔幻情節中此起彼落（一部分改換了名號）：帝國肇建者桑伽馬家族（Sangama）兄弟、功業鼎盛的克里希納提婆羅耶（Krishnadevaraya）、拖垮國運的羅摩．羅耶（Rama Raya）、印度教高僧毘德南耶（Madhava Vidyaranya，改名 Vidyasagar）、葡萄牙旅行家多明哥．努涅斯與費爾南．帕埃斯（Domingo Paes 與 Fernão Nunes 的姓名重組）……還有諸多印度教神祇與傳說人物現身，推動或見證了一個偉大帝國的成住壞空，帶來虛實搖曳、美好與殘酷與荒謬與諧謔兼而有之的奇特閱讀經驗。

對於如何處理歷史人物，魯西迪接受《紐約客》（*The New Yorker*）雜誌專訪時表示：「毗奢耶那伽羅的肇建者正經八百地宣稱他們是月亮王朝（lunar dynasty）的後裔……這就像是宣稱『我來自阿基里斯（Achilles）家族或者亞加曼農（Agamemnon）家族。』所以我心想：好樣的，如果你們能這樣說，我就什麼都能寫。」

奇趣之外，《勝利之城》可能是魯西迪最具啟蒙主義精神的一部作品，他讓女主角潘帕．坎帕納兩度登上帝國攝政大位，有如化身為一位哲人王（philosopher king or philosopher queen），將她（與魯西迪）的理想與價值觀付諸實行，推動變革：性別平權、價值多元、信仰包容、政教分離、對外開放、鼓勵藝術文化、情欲自然流動。但是有理想並不等於天真，魯西迪也讓我們看到父權社會宗教與政治保守勢力的殘酷反撲。

其中又以宗教議題最耐人尋味。魯西迪出身一個世俗派穆斯林家庭，但早早就成為無神論者，在生命最黑暗的時刻——被追殺與遭刺殺——依然不改其志。《勝利之城》對印度教著墨甚深，除了神話與傳說天女散花，還有更深一層的批判與冀望，尤其是印度教與伊斯蘭教的關係。相較於《魔鬼詩篇》，《勝利之城》對伊斯蘭教要友善得多，儘管毗奢耶那伽羅／毗斯納伽最後是被穆斯林蘇丹國征服，小說中仍然強調宗教兼容並蓄的重要性。面對今日奉行印度教民族主義（Hindutva）、打壓排斥穆斯林（視之為外來侵略者餘孽）不遺餘力的印度統治階層，魯西迪似乎想藉由《勝利之城》傳遞某種訊息。

諷刺的是，魯西迪差一點就死在一個狂熱無知的穆斯林手中。所幸《勝利之城》不像《闍耶帕羅闍耶》，沒有成為他的遺作。逃過死劫一年八個月之後，魯西迪的新書在二〇二四年四月問世，書名說明了一切：《刀：一樁謀殺未遂案的沉思錄》（*Knife: Meditations After anAttempted Murder*）。

一位作家的生命力不僅展現在身體的韌性與復原，更會展現為源源不絕、無可抑遏的寫作歷程，就像魯西迪筆下的潘帕．坎帕納，儘管最終形體灰飛煙滅，世人仍會讀到她滿懷信心的話語：「我如今已是虛無，只留下這座文字的城市／文字是唯一的勝利者。」

譯名表

人名

Achyuta	阿鳩多	克里希納提婆羅耶的弟弟
Achyuta Deva Raya	阿鳩多提婆羅耶	阿鳩多的稱號
Adil Shah	阿迪爾・沙阿	畢查浦蘇丹
Aka Manah	阿卡・馬納	祆教中「惡思」的代表，與瓦胡・馬納為敵
Ali	阿里	阿迪爾・沙阿的兒子
Ali Barid	阿里・巴里德	比達爾蘇丹
Aliya Rama	阿利亞・羅摩	蒂魯馬拉姆芭公主的丈夫
Aliya Rama Raya	阿利亞・羅摩・羅耶	阿利亞・羅摩為自己起的稱號
Allasani Peddana	阿拉薩尼・佩達納	八象之一
Alphonso de Albuquerque	阿芳索・德・阿爾布克爾克	葡萄牙貴族、海軍將領，1453-1515
Andal	安妲爾	七世紀時的塔米爾神祕主義者
Aranyani	阿蘭尼耶尼	森林女神
Arjuna	阿周那	《摩訶婆羅多》中的核心人物
Arjuna Kampana	阿周那・坎帕納	潘帕・坎帕納的父親
Aryabhata	阿耶波多	印度天文學家，提出地動說
Ashoka	阿育王	孔雀王朝君主
Ashqar	阿希卡	幽靈蘇丹王的三眼坐騎
Azrael	亞茲拉爾	滅絕天使
Bhagwat	薄伽	布卡羅耶一世次子
Bhima Devi	碧瑪・提毗	提婆羅耶迎娶的耆那教徒女子
Brahman	梵天	印度教三位主神之一
Budha	部陀	月神之子，胡卡假託的毗斯納伽王室祖先
Bukka Raya I	布卡羅耶一世	布卡・桑伽馬即位後的尊稱
Bukka Raya II	布卡羅耶二世	胡卡羅耶二世次子即位後的稱號
Bukka Sangama	布卡・桑伽馬	毗斯納伽帝國創建者之一

Champaka — Mallika	錢帕伽一摩莉伽	克里希納提婆羅耶王妃的名稱之一
Chand Bibi	錢德・碧比	胡賽因・沙阿的女兒
Chandrashekhar	錢卓謝卡爾	腰果酒館酒保
Chitra	齊多羅	克里希納提婆羅耶王妃的名稱之一
Chukka Sangama	楚卡・桑伽馬	胡卡、布卡的弟弟
Commander Adi	阿迪隊長	「雪山姊妹」宮廷軍官負責監視胡卡與布卡的弟弟普卡
Commander Gauri	皋麗隊長	「雪山姊妹」宮廷軍官負責監視胡卡與布卡的弟弟戴夫
Commander Shakti	沙伽蒂隊長	「雪山姊妹」宮廷軍官負責監視胡卡與布卡的弟弟楚卡
Darya	達里亞	貝拉爾蘇丹
Daud	達烏德	刺殺哲弗拉巴德王朝國王哲弗爾二世主謀
Dev Sangama	戴夫・桑伽馬	胡卡、布卡的弟弟
Deva Raya	提婆羅耶	胡卡羅耶二世之子
Devi	提毗	指女神，也為印度女性使用的名字
Dhurjati	杜闍提	詩人
Dom Constantine de Braganza	唐・康士坦丁諾・德・布拉干薩	葡萄牙派駐果阿港總督（1558-61）
Domingo Nunes	多明哥・努涅斯	葡萄牙商人，探險家，名字結合了兩位葡萄牙探險家 Domingo Paes, Fernão Nunes
Draupadi	黑公主	《摩訶婆羅多》中重要角色
Durga	難近母	印度教女神，雪山神女的化身之一
Ekdanta	伊克丹塔	一根象牙的迦尼薩（象頭神）
Erapalli	伊拉帕里	潘帕與布卡的兒子
Fernão Paes	費爾南・帕埃斯	葡萄牙馬匹商人，姓名結合了兩位葡萄牙探險家 Fernão Nunes, Domingo Paes
Ganesh	迦尼薩	象頭神
Gangadevi	恆伽提毗	意即恆河女神
Gunda Dimdima	甘達・迪姆蒂瑪	梵文詩人
Gundappa	甘達帕	潘帕與布卡的兒子
Haleya Kote	訶里亞・寇特	「異義」發起人，以腰果酒店的買醉老兵隱藏身分
Hector Barbosa	哈克特・巴博沙	葡萄牙人，毗斯納伽的外國訪客，恰好與《神鬼奇航》人物同名
Hiranyakashyap	金床	印度教神話中的魔王

Hukka Raya Eradu	胡卡羅耶二世	薄伽・桑伽馬即位後的稱號
Hukka Raya I	胡卡羅耶一世	毗斯納伽帝國首位君主
Hukka Sangama	胡卡・桑伽馬	毗斯納伽帝國創建者之一
Hussain Shah	胡賽因・沙阿	亞美德納加蘇丹
Ibn Battuta	伊本・巴圖塔	摩洛哥探險家，1304-1369
Ibrahim	易卜拉辛	哥康達蘇丹國國王的弟弟
Ibrahim Qutb Shah	易卜拉辛・庫特布・沙阿	哥康達蘇丹
Indra	因陀羅	吠陀經典裡的眾神之首
Indulekha	英度雷伽	克里希納提婆羅耶王妃的名稱之一
Jahangir Khan	賈漢吉爾・汗恩	貝拉爾蘇丹國的將軍
Ka-ah	卡阿艾瓦	阿蘭尼耶尼森林中的烏鴉隊長
Kama	伽摩	愛神
Kampila	坎毗拉	坎毗離王國統治者
Kampila Raya	坎毗拉羅耶	坎毗拉的稱號
King Veerappodeya	毗羅波提亞王	斯里朗格帕特塔納地區統治者
Krishna	克里希納／黑天／奎師那	印度天神，為毗濕奴的化身
Krishna Raya	克里希納羅耶	圖魯瓦王朝功績最為輝煌的國王
Krishnabhatta	克里希納跋陀	婆羅門天才雕刻家
Krishnadevaraya	克里希納提婆羅耶	克里希納羅耶為自己加上提婆的稱號
Kumara Kampana	鳩摩羅・坎帕納	毗斯納伽帝國王子，其妻子將其征服蘇丹國的歷程寫成敘事長詩《馬都來的征服》
Kumara Vyasa	鳩摩羅・毗耶娑	康納達語詩人
Lady Akkadevi	阿卡提毗夫人	南方省分的長官
Lakshman	羅什曼	羅摩的兄弟，記載於《羅摩衍那》之中
Lakshmi	吉祥天女	印度教的財富女神，毗濕奴的妻子
Lalita	羅莉陀	克里希納提婆羅耶王妃的名稱之一，第二級別，首席侍臣之一
Li Ye-He	李義和	來自中國的毗斯納伽帝國宮廷武術老師
Lord Hanuman	猴王哈奴曼	《羅摩衍那》中的神猴，風神之子
Lord Virupaksha	毗樓博叉	印度教中濕婆的化身，原屬於月神系統
Madhava Acharya	摩陀婆阿闍黎	大祭司，曼達納僧院領導人，毗德薩伽哲學繼承者
Madhuri Devi	瑪杜麗・提毗	占星師

Magnolia Queen	木蘭王后	錢帕伽—摩莉伽，克里希納提婆羅耶的第三級牧牛女王妃
Mahamantri Timmarasu	宰相提馬羅蘇	圖魯瓦開國宰相
Mahishasura	摩希剎修羅	印度教神話中的牛魔王
Mahmood	馬赫穆德	哲弗拉巴德蘇丹
Marco Polo	馬可・波羅	威尼斯共和國商人、探險家，1254-1324
Masti Madahasti	摩斯諦・摩達訶斯諦	戰象，克里希納提婆羅耶所乘
Mukku Thimmana	穆庫・提馬納	蒂魯馬拉帶進毗斯納伽宮廷的詩人，八象之一
Murtaza	穆塔札	胡賽因・沙阿的兒子
Nachana	納卡納	宮廷詩人
Nagala Devi	那伽羅・提毗	那伽羅王后在毗斯納伽帝國的稱號
Nagamamba	納伽曼芭	克里希納提婆羅耶的母親
Narasimha	那羅僧訶	克里希納提婆羅耶同父異母哥哥
Nataraja	納塔羅闍	舞蹈之王
Niccolò de' Vieri	尼科洛・德・維耶利	義大利旅行家，潘帕的情人
Nosey Thimmana	鼻子提馬納	穆庫・提馬納的意思
Pampa	女神潘帕	潘帕河河神，雪山神女的化身
Pampa Kampana	潘帕・坎帕納	本書主角，毗斯納伽帝國的母親
Pandava	般度族	《摩訶婆羅多》記載般度的五名孩子
Parvati	雪山神女	印度教女神，濕婆的妻子
Prataparudra	普拉塔帕魯德拉	加賈帕提王朝國王
Pukka Sangama	普卡・桑伽馬	胡卡、布卡的弟弟
Pururavas	洪呼王	印度神話人物，月亮王朝創始者
Queen Nagala	那伽羅王后	蒂魯馬拉的母后
Qutb Shah	庫特布・沙阿	哥康達蘇丹
Radha	羅陀	克里希納提婆羅耶為王后取的稱呼
Radha Kampana	羅陀・坎帕納	潘帕・坎帕納的母親
Radha-	羅陀－羅尼	克里希納提婆羅耶的王后尊稱
Ram	羅摩	史詩《羅摩衍那》主角，毗濕奴的化身
Ramabhadramba	拉瑪巴德蘭巴	詩人，女性
Ramanuja	羅摩奴闍	毗斯納伽新一代的阿闍黎
Ramanuja Acharya	羅摩奴闍阿闍黎	曼達納僧院領導人
Ranga	蘭伽	克里希納提婆羅耶王妃的名稱之一

Rautaraya	羅塔羅耶	普拉塔帕魯德國王手下將軍
Ravana	羅波那	印度神話中的反派角色劫持了摩羅的妻子悉多
Saluva	薩盧瓦	終結桑伽馬王朝的將軍，薩盧瓦王朝創建者
Saluva Timmarasu	薩盧瓦・提馬羅蘇	圖魯瓦開國宰相
Sayana	剎耶納	DAS 領袖，毗德薩伽的兄弟
Serpent King	蛇王	Nagaraja，納伽人的領袖，生有女兒優樓比
Shiva	濕婆	印度教三大主神之一，與梵天、毗濕奴並稱
Siddhartha Gautama	悉達多・喬達摩	釋迦牟尼佛在人間的名諱
Signor Rimbalzo	來去先生	尼科洛・德・維耶利為自己取的綽號
Sinbad	辛巴達	《一千零一夜》中的水手
Sisters of the Mountains	雪山姊妹	阿迪、皋麗、沙伽蒂三位王室隊長
Sita	悉多	《羅摩衍那》中濕婆的妻子
Soma	蘇摩	印度教中的月神
Sri Laxman	室利・拉克斯曼	水果小販
Sri Narayan	室利・納拉揚	穀物小販
Srinatha	室利那陀	泰盧固語詩人，詩歌之王
Sudevi	蘇提毗	克里希納提婆羅耶王妃的名稱之一
Surya	蘇利耶	太陽神
Tallapalka T	塔拉帕卡	詩人，女性
Tenali Rama	泰納利・羅摩	八象之一
Thimma the Almost As Huge	幾乎同等巨大的提馬	巨人提馬的後裔
Thimma the Huge	巨人提馬	毗斯納伽帝國的大力士戰神
Tippamba	提潘芭	那羅僧訶的母親
Tirumala	蒂魯馬拉	斯里朗格帕特塔納王女，克里希納提婆羅耶迎娶的王后
Tirumala Deva	蒂魯馬拉・提婆	蒂魯馬拉的兒子
Tirumala Devi	蒂魯馬拉・提毗	蒂魯馬拉封后後的稱號
Tirumala Raya	蒂魯馬拉・羅耶	蒂魯馬拉姆芭的兒子
Tirumalaiah	蒂魯馬拉亞	西元 984 年建造了拉馬納塔斯瓦米寺
Tirumalamba	蒂魯馬拉姆芭	蒂魯馬拉的女兒
Tirumalamba Devi	蒂魯馬拉姆芭・提毗	蒂魯馬拉女兒的稱號
To-oh-ah-ta	圖歐阿塔	阿蘭尼耶尼森林中的鸚鵡隊長

Tuka	圖佳	普拉塔帕魯德拉的女兒，嫁給克里希納提婆羅耶
Tuluva Narasa Nayaka	圖盧瓦・那羅薩・納耶卡	圖魯瓦王朝建立者，
Tungavidya	童伽維迪亞	克里希納提婆羅耶王妃的名稱之一
Turvasu	杜爾婆藪	洪呼王的兒子
Twice-Queen	二度王后	指潘帕・坎帕納兩度成為毗斯納伽帝國王后
Ulupi	優樓比	毗斯納伽帝國的宮中侍衛
Ulupi Junior	優樓比二世	毗斯納伽帝國的女戰神
Ulupi the Even More Junior	更年輕的優樓比	優樓比二世的後裔
Valmiki	蟻垤	《羅摩衍那》作者
Vatsyayana of Pataliputra	巴連弗邑的筏蹉衍那	以著作《愛經》馳名的印度哲學家
Veera Ballala the Third	域拿・巴拿那三世	曷薩拉王朝國王
Venkatadri	溫卡塔德里	蒂魯馬拉姆芭的兒子
Vidyasagar	毗德薩伽	毗斯納伽帝國曼德納僧院領導
Virupaksha	毗樓博叉	胡卡羅耶二世之子
Visakha	毗莎伽	克里希納提婆羅耶第三級別的王妃稱號，首席侍臣之二
Vishnu	毗濕奴	印度教三大主神之一，與梵天、濕婆並稱
Vohu Manah	瓦胡・馬納	祆教中的「善靈」
Vyāsa	廣博仙人	《摩訶婆羅多》作者
Yadu	雅度	洪呼王之子，毗斯納伽帝國王室假托的祖先
Yotshna	尤喜娜	潘帕・坎帕納的長女
Yudhisthira	堅戰	《摩訶婆羅多》中般度族首領，般度的長子
Yuktasri	尤克塔絲麗	潘帕・坎帕納么女
Zafar the first	哲弗爾一世	哲弗拉巴德蘇丹
Zamorin	扎莫林	位於印度西南部馬拉巴海岸線的王國
Zerelda	澤瑞妲	潘帕・坎帕納二女
Zerelda Li	澤瑞妲・李	泛指澤瑞妲與李義和的女性後代

—— 歷史 ——

Ahmadnagar	亞美德納加	由哲弗拉巴德分裂出的蘇丹國
Battle of Talikota	塔利科塔戰役	1565 年 1 月 23 日開始的戰爭，決定了毗斯納伽帝國衰亡的命運。
Berar	貝拉爾	由哲弗拉巴德分裂出的蘇丹國
Bidar	比達爾	由哲弗拉巴德分裂出的蘇丹國
Bijapur	畢查浦	由哲弗拉巴德分裂出的蘇丹國
Bisnaga	毗斯納伽帝國	由胡卡、布卡·桑伽馬兄弟創建的帝國
Calicut	卡利刻特王國	位於印度南部印度洋岸的悠久王國
Chola	朱羅王朝	位於印度南部的古老王朝
Eight Elephants	八象	因為蒂魯馬拉帶來一位詩人，毗斯納伽的宮廷詩人增加為八象
Five Sultanates	五蘇丹國	亞美德納加、貝拉爾、比達爾、畢查浦、哥康達等五國
Gajapati dynasty	加賈帕提王朝	位於印度東部的王朝，毗斯納伽的勁敵
Ghost Sultan	幽靈蘇丹	幽靈大軍的領導人，手執三叉矛，坐騎為三眼馬
Ghost Sultanate	幽靈蘇丹國	與毗斯納伽帝國作戰陣亡的士兵組成的大軍
Golconda	哥康達	由哲弗拉巴德分裂出的蘇丹國
Hoysala Empire	曷薩拉王朝	印度南部的王朝，遭毗斯納伽攻陷後滅亡
Inquisition	宗教裁判所	1560 年葡萄牙於果阿設立宗教裁判所，推廣天主教，排斥其他宗教信仰
Jaffna	賈夫納王國	位於錫蘭的王國
Kampili	坎毗離王國	潘帕河流域的一個小王國
Kishkindha	猴王國	《羅摩衍那》第四書中提到的國度
Lunar Lineage	月神譜系	胡卡假託毗斯納伽帝國王室為月神的後裔
Madurai	馬都來蘇丹國	馬都來短暫的統治政權，在 43 年內歷經了八位統治者
Mahamantri	宰相	薩盧瓦・提馬羅蘇的稱號
Mughals	蒙兀兒人	波斯人對該區域蒙古人的稱呼

premarajya	普瑞瑪羅闍	意指「愛的王國」
Reddis	瑞德斯王國	位於毗斯納伽帝國東北的印度洋沿岸
royal council	樞密院	城市治理機構和帝國的管理機構
Saluva dynasty	薩盧瓦王朝	毗斯納伽帝國的第二個王朝
Sangama	桑伽馬王朝	毗斯納伽帝國的第一個王朝
Seven Remaining Elephants	七象	宮廷裡的天才詩人集團
Shambhuvaraya	夏姆布羅耶王國	位於印度南部印度洋岸，遭布卡一世征服
Srirangapatna	室利朗格帕特塔納	毗斯納伽南方的帝國，以和親的方式成為從屬國
Tuluva dynasty	圖盧瓦王朝	毗斯納伽帝國的第三個王朝
Zafarabad	哲弗拉巴德	蘇丹國

—— 地 理 ——

Arcot	阿科特
Aden	亞丁港
Badami	巴達米
Barkuru	巴庫魯
Bhadra river	巴德拉河
Bharat	婆羅多
Bhima	比馬河
Bisnaga	毗斯納伽
Brindisi	布林底希
Brunei	汶萊
Cashew	腰果酒館
Ceylon	錫蘭
Chandragiri	昌德拉吉里
Chandragutti	錢卓古提

Cochin	科欽
Colossus of Rhodes	羅德島太陽神巨像
Coromandel	科羅曼德
Cuttack	刻塔克
Dandaka forest	丹達卡森林
Diwani	迪瓦尼
doáb	河間地
Doni River	頓尼河
Eastern Mountain	東山
Egyptian Pyramids	埃及金字塔
Europe	歐羅巴洲
Firenze	翡冷翠
Florence	佛羅倫斯
Forest of Women	女人森林
Friday Mosque	星期五清真寺
Genoa	熱內亞
Georgia	喬治亞
Goa	果阿港
Gooty	古提
Green Destiny kwoon	青冥宮
Hall of Private Audience	私人覲見大廳
Hall of Public Audience	覲見大廳
Hanging Gardens of Babylon	巴比倫空中花園
Hazara Rama temple	哈札拉羅摩神廟
Hindustan	興都斯坦
Holy Basil Forest	聖羅勒森林
Horn of Africa	非洲之角（索馬利半島）
Ikshuvana	甘蔗林
Imlivana	羅望子林
Indus	印度河
Jagannath Temple	札格納特神廟
Java	爪哇
Jodhpur	久德浦
Kadalivana	大蕉林

Kaladgi	卡拉吉
Kalinga	羯陵伽
Kashi	迦尸
Kaveri river	卡弗里河
Khyber Pass	開伯爾山口
Konarak	科納拉克
Kondavidu	孔達維杜
Konkan	康坎
Krishna	克里希納河
La Dominante	高高在上之城（威尼斯共和國）
La Serenissima	平靜祥和之城（威尼斯共和國）
Lanka	楞伽島
Lion Throne Room	雄獅王座廳
Lotus Palace	蓮花宮
Malabar	馬拉巴（印度南部大西洋狹長海岸）
Malindi	馬林迪（肯亞加納納河口城市）
Malprabha river	馬拉普拉巴河
Mangalore	曼加羅（印度南部大西洋沿岸海港）
Map Room	地圖廳
Mehrangarh	梅蘭加爾城堡
Monkey Temple	猴神廟
Mount Kailash	吉羅娑山，岡仁波齊峰
Mudgal	穆德加爾
Mulbagal	穆爾巴加爾
Mysore	邁索爾
Nellore	內羅爾
New Temple	新神廟
Odisha	奧迪薩
Orya	奧里亞
Pampa river	潘帕河
Pampanagar	潘帕納伽
Puri	普里
Rachakonda	拉查康達
Raichur	來楚爾

Raj Mahal	君臨宮（位於昌德拉吉里）
Red Sea	紅海
Republic of Venice	威尼斯共和國
Royal Enclosure	王城
sangam	桑伽
Sarandib	錫蘭迪布
Sarju	薩拉育河
Siam	暹羅
Simhachalam	辛哈查拉姆
Stone Town	石頭城（位於占吉巴島）
Swahili Coast	斯瓦希里海岸
Talikota	塔利科塔（蘇丹國進攻毗斯納伽的會師點）
Tamil	坦米爾
the Room of Compulsory Crying	非哭不可廳（地圖廳的別稱）
Timbuktu	廷布克圖
Tirupati	蒂魯帕蒂神廟
Toruń	托倫
Tunga river	通加河
Turkmenistan	土庫曼
Twenty-Three Mines	二十三礦場
Udayagiri	優曇耶耆利城堡
Underground Temple	地下神廟
Vidyanagar	毗德納伽
Vijayanagar	勝利之城／毗奢耶城
Vitthala	維塔拉神廟
Vrindavan	沃林達文森林
Warangal	瓦蘭加爾
Yamuna river	雅木納河
Ye-	義和鎮
Yellamma	葉藍瑪神廟
Zanzibar	占吉巴島
Zereldaville	澤瑞妲城

—— 著作 ——

Brhadaranyaka Upanishad	《廣林奧義書》
Garuda Purana	《迦樓羅（金翅鳥）往世書》
Itihasa	《過去如是說》
Jayaparajaya	《闍耶帕羅闍耶》
Kamasutra	《愛經》
Madurai Vijayam	《馬都來的征服》
Mahabharata	《摩訶婆羅多》
major Puranas	《大往世書》
minor Puranas	《小往世書》
Natya-Shastra	《樂舞論》
Prelude	〈序曲〉
Ramayana	《羅摩衍那》
The Giver of the Worn Garland	《戴上花環再獻上花環的人》
Victory and Defeat	《勝利與失敗》

—— 宗教 ——

apsara	飛天
Aravinda	蓮花（愛神伽摩的第一支箭）
asceticism	禁欲主義
Ashoka	阿育王樹（愛神伽摩的第二支箭）
atman	梵我

Bliss Potency	內在力量
Carnatic	卡那提克
Choota	芒果（愛神伽摩的第三支箭）
devadasis	廟妓
Essence	自性
Evil Mind	惡念
Five Remembrances	五憶念
Five Remonstrances	五大異議
Gokulashtami	黑天誕辰
Good Mind	善念
gopi	牧牛女
gopuram	瞿布羅（印度教神廟門樓）
houri	天堂美女
Jain	耆那教
Kalyug	爭鬥時
karma	業力
kismet	宿命
maithuna	性交（寺廟牆面的雕刻種類）
Mandana	曼達納
mithuna	愛侶（寺廟牆面的雕刻種類）
moksha	解脫
mutt	僧院
Navamallika	茉莉花（愛神伽摩的第四支箭）
Neelotpala	藍蓮花（愛神伽摩的第五支箭）
New Orthodoxy	新正統
New Religion	新宗教
Old Religion	舊宗教
padmasana	跏趺坐，蓮花坐
pagoda	帕哥達
peetham	寺院
puja	普闍，供奉
Purusha	神我
rakshasa	羅剎

Remonstrance	異議
Sixteen Systems of Philosophy	十六種哲學體系
Tantric	怛特羅
varaha	婆羅訶
Vijaya	毗奢耶

—— 其他 ——

adhirasam	阿迪拉薩姆（甜點）
agyatvaas	偽裝藏匿
Anthropophagi	食人族
antyeshti	最後的獻祭
arajakta	無政府地帶、狀態
barbican	甕城
bebinca	貝賓卡（甜點）
Bukkaists	布卡派
Carnatic	卡那提克
cashew feni	腰果芬尼酒
cheel	黑鳶
Chief Companion	首席侍臣（克里希納提婆羅耶王妃階級僅次於王后）
council of protectors	護民官會議
Created Generation	被創生世代
cross-pollination	異花授粉
devil's distillate	魔鬼的餾出物
Diamond Throne	鑽石王座
Divine Ascendancy Senate，DAS	神聖權威參議院
Eradu	二世
Enchanted Forests	魔法森林
flag of convenience	方便旗

gaddi	坐墊
galão	加隆咖啡（葡萄牙拿鐵咖啡）
ghat	河壇
Great Table Diamond	大台面鑽石
gujjiya	古吉亞（甜點）
gungajumna	恆雅木納
Hanuman langurs	哈努曼葉猴
houris	伊斯蘭教中未曾被男子或精靈碰觸過的天堂美女
Iberian	伊比利人
Imperial Defense Force	帝國防衛軍
Imperishable Gateway	不朽之門
junior queen	二房王后
kabayi	卡巴伊（阿拉伯服飾風格）
Kacu	開庫（粉紅猴子指稱的錢幣）
Kallar	卡拉爾
Kannada	康納達語
kozhukkattai	科祖卡塔（南印度的甜餃子）
kuldh	卡德赫
kulldyi	卡德伊
kursi	王座
Lion Throne	雄獅王座（取代皇家坐墊的毗斯納伽國王寶座）
lords of the bedchamber	寢宮侍臣
lungi	籠吉
Malayalam	馬拉雅拉姆語
mandapa	曼達帕（石砌挑高建築）
Maravar	馬拉瓦爾
marga	瑪卡（音樂類型）
Master Language	主人語言
mridangam	木丹加鼓
mutt	寺院
New Remonstrance	新異議
Newborn	新誕生世代
pagoda	帕哥達

paisley	佩斯利（起源於波斯的花紋風格）
Puppet King	傀儡王
queen's companion	王后侍臣
Ras Lila	拉斯里拉（神聖崇拜之舞）
rekha	瑞伽
rukh	大鵬鳥
sandesh	桑代希（孟加拉甜點）
sarong	紗籠
Shrimati Visha	毒藥夫人
Sweet Hands	甜點聖手
Tabla drums	塔布拉鼓
Telugu	泰盧固語
Time of Fable	寓言時代
Urdu	烏爾都語
vanvaas/vanavasa	森林流亡
varaha	婆羅訶
varisthas	頂級牧牛女
vidya-sagara	知識的海洋
Vidyaites	毗德薩伽派
Vijaya	毗奢耶
vina	維納琴
yali	耶利（如獅子般的神獸）
Ye-He-ites	義和人
zenana	女眷區
Zereldans	澤瑞妲人

鑽石孔眼　09

勝利之城 Victory City

薩爾曼．魯西迪（Salman Rushdie）　著
閻紀宇　譯

堡壘文化有限公司　雙囍出版
總編輯：簡欣彥｜副總編輯：簡伯儒｜責任編輯：廖祿存｜裝幀設計：陳恩安

出版：堡壘文化有限公司　雙囍出版｜發行：遠足文化事業股份有限公司（讀書共和國出版集團）｜地址：231 新北市新店區民權路 108-2 號 9 樓｜電話　02-22181417｜Email：service@bookrep.com.tw｜郵撥帳號：19504465 遠足文化事業股份有限公司｜網址：www.bookrep.com.tw｜法律顧問：華洋法律事務所／蘇文生律師｜印製:中原造像股份有限公司｜初版1刷:2024年09月｜定價:600元｜ISBN 978-626-98571-8-0

勝利之城／薩爾曼．魯西迪（Salman Rushdie）著；閻紀宇譯. -- 初版. -- 新北市：堡壘文化有限公司雙囍出版：遠足文化事業股份有限公司發行，2024.09｜400 面；14.8×21 公分. --（鑽石孔眼；9）｜譯自：Victory City｜ISBN 978-626-98571-8-0（精裝）｜873.57｜113012682